U0865232

粮食安全保障法一本通

GRAIN SECURITY GUARANTEE LAW

李蕊　苏嵘钰　李奇玥　编著

法律出版社
LAW PRESS · CHINA
—— 北京 ——

图书在版编目(CIP)数据

粮食安全保障法一本通 / 李蕊，苏嵘钰，李奇玥编著. -- 北京 : 法律出版社，2024
ISBN 978 - 7 - 5197 - 9050 - 9

Ⅰ. ①粮… Ⅱ. ①李… ②苏… ③李… Ⅲ. ①粮食安全保障法 - 基本知识 - 中国 Ⅳ. ①D922.4

中国国家版本馆 CIP 数据核字(2024)第 097274 号

粮食安全保障法一本通
LIANGSHI ANQUAN BAOZHANGFA YIBENTONG

李 蕊 苏嵘钰 李奇玥 编著

策划编辑 毛镜澄
责任编辑 毛镜澄
装帧设计 李 瞻

出版发行 法律出版社
编辑统筹 法治与经济出版分社
责任校对 裴 黎
责任印制 吕亚莉
经　　销 新华书店

开本 880 毫米×1230 毫米 1/32
印张 9.125 **字数** 253 千
版本 2024 年 5 月第 1 版
印次 2024 年 5 月第 1 次印刷
印刷 固安华明印业有限公司

地址:北京市丰台区莲花池西里 7 号(100073)
网址:www.lawpress.com.cn
投稿邮箱:info@lawpress.com.cn
举报盗版邮箱:jbwq@lawpress.com.cn
销售电话:010 - 83938349
客服电话:010 - 83938350
咨询电话:010 - 63939796
版权所有·侵权必究

书号:ISBN 978 - 7 - 5197 - 9050 - 9
定价:48.00 元
凡购买本社图书,如有印装错误,我社负责退换。电话:010 - 83938349

依法保障粮食安全
筑牢“国之大者”法治根基

五谷者，万民之命，国之重宝。确保国家粮食安全始终是治国理政的头等大事。当下，粮食安全已然超越能源安全和金融安全，成为国家三大经济安全之首。法治是治国理政的基本方式，保障粮食安全必须立足于法治。2023年岁末，第十四届全国人民代表大会常务委员会第七次会议通过《粮食安全保障法》。

作为保障粮食安全的基本法和龙头法，《粮食安全保障法》有效统合衔接既有相关实体和程序规范，与之形成“一般法与特别法”的关系。从而初步构造了以《粮食安全保障法》为牵引，以《粮食流通管理条例》《中央储备粮管理条例》两部专门性行政法规为骨干，有序发挥相关法律法规及规范性文件协同作用的粮食安全保障法治体系。

《粮食安全保障法》为国家粮食安全战略实施提供法治路径

以习近平同志为核心的党中央始终高度重视粮食安全，把解决好14亿中国人的吃饭问题作为头等大事来抓。党的十八大以来，着眼底线思维，党中央不仅确立了“谷物基本自给，口粮绝对安全”的新粮食安全观，并且高屋建瓴地提出“以我为主、立足国内、确保产能、适度进口、科技支撑”和“藏粮于地”“藏粮于技”的国家粮食安全战略，聚焦生产“要素”和“产业链”双重维度，为提升粮食安全综合保障能力提供了战略引领。

《粮食安全保障法》正是以粮食安全战略为引领,从纾解我国粮食安全保障面临的主要矛盾和问题出发,明确界定耕地保护以及粮食生产、储备、流通、加工、应急、节约等环节的重点任务,把粮食安全战略中具有稳定性、普遍性、可操作性的部分凝练上升为法律规则。从而实现了以法治手段对于国家粮食安全战略予以确认和巩固,并保障其有效实施。

《粮食安全保障法》为全方位夯实粮食安全根基提供法治支撑

研判粮食安全保障面临的国际、国内新形势、新问题,党的二十大提出“全方位夯实粮食安全根基”,为新时代保障粮食安全指明方向,也对我国粮食安全保障提出了新要求。全方位夯实粮食安全根基的要旨和难点在于“全方位”。《粮食安全保障法》以“牢牢把握粮食安全主动权”为宗旨与皈依,统筹总结既有实践经验,有效衔接全方位夯实粮食安全根基的目标要求,围绕建立粮食安全责任制,厘定了鼓励倡导的方向路径,也厘划出禁止限制的底线红线。不仅眷注粮食数量安全,也关注粮食质量安全和粮食结构安全;不仅眷注生产要素安全,也关注产业链安全;不仅聚焦国内粮食安全,也考量国际粮食安全;不仅着眼当下粮食安全,也立足未来粮食安全。将全方位夯实粮食安全根基过程中必须遵循的核心原则、主要制度及机制等系统予以梳理并规范确认,全面回答了粮食安全“谁来保障”“如何保障”等关键问题。

《粮食安全保障法》为粮食安全保障法治体系构建提供统领

粮食安全具有整体性和多维性,保障粮食安全离不开更高层次、更高质量、更具系统性的粮食安全保障法治体系的构建。《国家安全法》秉持总体国家安全观,将保障粮食安全列为“维护国家安全的任务”。《乡村振兴促进法》以专条对于粮食安全战略予以诠释，并着眼产业振兴，规定国家采取措施“保障粮食和重要农产品有效供给和质量安全”义务。作为农业领域基本法的《农业法》，则专章规定粮食安全，对于耕地保护、粮食主产区激励、粮食安全预警、储备调节、粮食风险基金等粮食安全保障核心制度予以表达。此外，《粮食流通管理条例》《中央储备粮管理条例》两部专门性法规，以及《民法典》《土地管理法》《农村土地承包法》《农产品质量安全法》《农业机械化促进法》《食品安全法》《反食品浪费法》《粮食质量安全监管办法》《土地管理法实施条例》《农村土地经营权流转管理办法》等几十部相关法律法规规范性文件，均着眼不同维度，为粮食安全保障予以制度供给。但是，受立法目的、立法功能及立法容量等限制，既有立法对于粮食安全保障的表达还相对分散芜杂，缺乏系统性和体系性。

自 2008 年第十一届全国人民代表大会常务委员会明确将粮食法作为任期内提请审议的 49 件法律草案之一，列为立法规划第一类项目开始，到 2023 年年末《粮食安全保障法》最终通过，《粮食安全保障法》的制定前后历时 15 年。检视这部关涉 14 亿中国人能否端牢端稳饭碗的民生之法、国本之法，虽然仅有 74 个条文，但其所内蕴的鲜明独特的本土性、协同性和时空性已然折射出中华法治文明之光，必将成为中国特色社会主义法治体系建设中浓墨重彩的一笔。

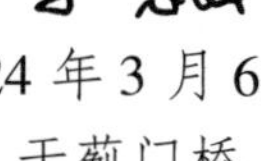

2024 年 3 月 6 日

于蓟门桥

目　　录

第一章　总　　则

法条

> **第一条**　为了保障粮食有效供给，确保国家粮食安全，提高防范和抵御粮食安全风险能力，维护经济社会稳定和国家安全，根据宪法，制定本法。

法条释义

本法第一条概括规定了本法的立法目的和依据。

概括而言，本条明确了保障粮食有效供给、确保国家粮食安全以及提高防范和抵御粮食安全风险能力的具体立法目的。在确保国家粮食安全的基础上，进一步实现维护经济社会稳定和国家安全的目标。最后，明确本法的立法根据为《宪法》。

一、提出保障粮食有效供给的具体目的

本法着眼粮食供给侧的法治保障，通过强化粮食全产业链制度支持，有序推进粮食产业供给侧结构性改革，是现阶段破解粮食领域结构性、体制性矛盾，构筑高层次国家粮食安全保障体系的必然选择。在此过程中，本法重点回应粮食产业深层次矛盾的法治克服，力求通过有效的制度调整优化供给结构，实现更高层次的粮食供需动态平衡。针对粮食全产业链发展，着重统合耕地保护制度体系建设，健全完善粮食生产相关制度保障体系，完备粮食收储机制，着力构建粮食流通社会化服务机制，加强粮食应急制度构建，强调粮食节约相关规范，并注重国家粮食安全保障的监督管理及责任落实。

二、提出确保国家粮食安全的具体目的

粮食事关国运民生，粮食安全是国家安全的重要基础。党的十八大以来，我国已确立并深入实施“以我为主、立足国内、确保产能、适度进口、科技支撑”，和“藏粮于地”“藏粮于技”的国家粮食安全战略，粮食安全保障体系逐步建立。在此基础上，本法立法是粮食安全治理由政策之治迈向良法善治的必要转型。新形势下我国的粮食安全治理是一个极具综合性、复杂性和动态性的系统工程，其有效实现离不开完善的制度设计与体制机制建设。针对既有粮食安全战略及相关政策突出存在的原则性、非规范性以及零散性特征，本法为粮食安全治理提供了具备确定性、实质约束性和形式理性的制度支持，有效地将党中央关于粮食安全战略的重大决策和部署，以及在地方已经证明行之有效的实践经验法定化，形成政策与法律的相互制约与良性互动，为粮食安全保障相关战略及政策的实施提供兼具政策张力与制度效力的规范框架。

三、提出提高防范和抵御粮食安全风险能力的具体目的

从粮食安全保障到粮食安全法治保障的内在逻辑即粮食安全风险规制的法治化。进言之，粮食安全风险规制法治化的本质是探究既有粮食安全风险规制政策的法律表达、规制方法的完备以及规制领域的延展，为粮食安全保障赋予法治的确定性及形式理性。其核心要义是良法善治，即秩序、公平、效率等良法价值，以及以人为本、民生保障等善治机制。依据市场规律，粮食安全风险从生产开始即向下一环节转移，每一环节的风险都有可能直接威胁粮食产业链的整体安全。故而对粮食安全的保障必须强调对每个环节的风险规制，以确保严格防范化解风险、守住国家安全底线。本法着重发挥了法治的底线治理效能，围绕粮食全产业链研判各环节的法治保障路径与手段，统筹粮食供应前端的风险防范及中后端的风险化解，能够有效促进粮食系统韧性提升。

四、强调维护经济社会稳定和国家安全的更高目标

粮食安全从政治安全、经济安全、军事安全、社会稳定等诸多面向深刻影响着国家安全,需要立足国家战略层面予以全面审视。[①]《国家安全法》第二十二条明确强调,国家应健全粮食安全保障体系,保护和提高粮食综合生产能力,完善粮食储备制度、流通体系和市场调控机制,健全粮食安全预警制度,保障粮食供给和质量安全。以《国家安全法》为重要立法基础,本法着力通过法治手段加强耕地保护,促进种业与科技要素创新。力求提升粮食生产能力,完备粮食储备机制,创新完善粮食市场体系制度,健全粮食应急保障措施,规范引导粮食节约机制,并确保严格落实相应责任机制,构建全方位、全流程、全覆盖的国家粮食安全保障机制,进而保障经济社会稳定和国家安全的实现。

五、明确本法的立法根据为《宪法》

《宪法》是国家的根本大法,具有最高法律效力,是其他一切法律制定的前提和依据。任何法律规范都不得同《宪法》相抵触。因此,从制度统一和《宪法》效力的角度观之,本法应严格以《宪法》为根据,遵循《宪法》的基本目的、原则及具体规范,保证与《宪法》相统一。

相关规定

《国家安全法》第二十二条 国家健全粮食安全保障体系,保护和提高粮食综合生产能力,完善粮食储备制度、流通体系和市场调控机制,健全粮食安全预警制度,保障粮食供给和质量安全。

---

① 参见周冠华、王世海:《确保国家粮食安全需要处理好几个关系》,载《红旗文稿》2014 年第 9 期。

法条

第二条 国家粮食安全工作坚持中国共产党的领导，贯彻总体国家安全观，统筹发展和安全，实施以我为主、立足国内、确保产能、适度进口、科技支撑的国家粮食安全战略，坚持藏粮于地、藏粮于技，提高粮食生产、储备、流通、加工能力，确保谷物基本自给、口粮绝对安全。

保障国家粮食安全应当树立大食物观，构建多元化食物供给体系，全方位、多途径开发食物资源，满足人民群众对食物品种丰富多样、品质营养健康的消费需求。

法条释义

本法第二条明确规定了坚持党的领导，贯彻总体国家安全观，统筹发展和安全，实施国家粮食安全战略，提高粮食生产、储备、流通、加工能力，坚持新粮食安全观和大食物观等国家粮食安全工作应遵循的必然要求和战略方针。

概括而言，(1)“坚持党的领导”应为国家粮食安全保障工作的基本原则。(2)“贯彻总体国家安全观，统筹发展和安全”应为国家粮食安全保障工作的基本要求。(3)“实施以我为主、立足国内、确保产能、适度进口、科技支撑的国家粮食安全战略，坚持藏粮于地、藏粮于技，提高粮食生产、储备、流通、加工能力，确保谷物基本自给、口粮绝对安全”则为国家粮食安全的实现路径。“实施以我为主、立足国内、确保产能、适度进口、科技支撑的国家粮食安全战略，坚持藏粮于地、藏粮于技”为国家粮食安全保障工作的战略指引；“提高粮食生产、储备、流通、加工能力”为国家粮食安全保障要求的具体实现。聚焦粮食产业链，强调粮食产能的系统提升。“确保谷物基本自给、口粮绝对安全”的新粮食安全观则进一步着眼于国内粮食产能的提升，强调谷物这一类重要粮食作物的基本自给以及口粮的绝对安全，确保把饭碗牢牢端在自己手上。

(4)“保障国家粮食安全应当树立大食物观，构建多元化食物供给体系，全方位、多途径开发食物资源，满足人民群众对食物品种丰富多样、品质营养健康的消费需求”，着重提出树立并贯彻大食物观这一新发展阶段国家粮食安全保障的新要求，实现由单一“粮食观”向多元“大食物观”的法治转型。

一、国家粮食安全工作应始终坚持中国共产党的领导

党的十八大以来，以习近平同志为核心的党中央高度重视国家粮食安全，始终把确保粮食安全作为治国理政的头等大事。习近平总书记在庆祝中国共产党成立100周年大会上明确指出，中国共产党领导是中国特色社会主义最本质的特征，是中国特色社会主义制度的最大优势，是党和国家的根本所在、命脉所在，是全国各族人民的利益所系、命运所系。[①] 在国家粮食安全工作中，应始终坚持党的领导核心地位，加强党对粮食安全保障系统工程的统一领导、统一部署、统筹协调，发挥党总揽全局、协调各方的关键作用。此外，党中央对粮食安全问题的重要论述，应是新时代我国粮食安全治理有序推进的根本遵循和行动指南。把党的领导落实到国家粮食安全治理的具体领域与环节。在相应的配套规则制定过程中，应进一步通过法定程序将党对国家粮食安全工作的具体要求上升为国家意志、转化为法律法规，推进党的领导制度化、法治化、规范化。

二、国家粮食安全工作应坚持贯彻总体国家安全观，统筹发展和安全

1. 坚持贯彻总体国家安全观

基于总体国家安全观，应坚持以人民安全为宗旨，以政治安全为根本，以经济安全为基础，以军事、文化、社会安全为保障，以促

---

① 参见《习近平：在庆祝中国共产党成立100周年大会上的讲话》，载中华人民共和国中央人民政府官网2021年7月15日，https://www.gov.cn/xinwen/2021-07/15/content_5625254.htm，最后访问日期：2024年2月5日。

进国际安全为依托。粮食安全不仅紧密关涉人民的基本生存保障,亦位列世界"三大经济安全"之首,更与军事、社会与国际安全密不可分,乃是国家安全的根基。如果没有粮食安全的底线保障,国家总体安全必然难以实现。

2. 统筹发展和安全

发展和安全是一体之两翼、驱动之双轮,粮食安全保障应统筹发展和安全。党的十九届五中全会首次把统筹发展和安全纳入"十四五"时期我国经济社会发展的指导思想。党的二十大报告再次强调要统筹发展和安全。习近平总书记强调,"安全是发展的前提,发展是安全的保障,安全和发展要同步推进"。[①] 坚持粮食全产业链高质量发展与确保粮食高水平、可持续安全是国家粮食治理体系和治理能力现代化的必然要求。本法通过立法手段积极提升粮食产能的同时,亦强调对于耕地、水资源等的严格保护,实现发展和安全并重。

三、国家粮食安全工作应实施"以我为主、立足国内、确保产能、适度进口、科技支撑"的国家粮食安全战略,坚持藏粮于地、藏粮于技,提高粮食生产、储备、流通、加工能力,确保谷物基本自给、口粮绝对安全

1. 实施"以我为主、立足国内、确保产能、适度进口、科技支撑"的国家粮食安全战略,坚持藏粮于地、藏粮于技

作为国家根本性的粮食安全方针举措,我国粮食安全战略聚焦生产"要素"和"产业链"双重维度,旨在从根本上解决新时代粮食安全面临的"耕地""科技""生产""进口"等主要矛盾和问题,是粮食领域相关活动的主要指南和依据。(1)其中"以我为主"是粮食安全保障的基本立场,对于其他战略具有统领作用,是国家粮

① 《科学统筹实现发展和安全动态平衡》,载《经济日报》2022 年 9 月 28 日,第 1 版。

食安全保障的逻辑指针。在粮食问题上,我国必须将独立自主作为解决我国粮食问题的主基调,始终注重牢牢掌握粮食问题的主动权。(2)贯彻粮食安全战略必须统筹利用国际国内两个市场、两种资源,同时防范国际市场风险冲击国内粮食安全,因而需要平衡“立足国内”与“适度进口”的关系,这是国家粮食安全保障的主体框架。具体而言,“立足国内”应是重要基础。保障我国粮食安全应以深入研判我国粮情为基点,着力提升国内粮食产能。在此基础上,借助国际粮食市场,系统保障国家粮食安全。(3)“耕地”与“科技”同属粮食领域的关键要素,对整个国内粮食产业链起支撑作用。“藏粮于地”“藏粮于技”着眼“确保产能”,聚焦保障粮食安全的两大要素资源——耕地和科技提出具体要求,为全方位夯实粮食安全根基奠定物质基础。

2. 提高粮食生产、储备、流通、加工能力

为提升粮食安全综合保障能力,必须在国家粮食安全战略指引下,重点提升粮食综合生产、储备调控、市场流通、粮食加工等能力。[①] 着眼粮食全产业链,统筹推进耕地数量、质量及生态保护,粮食生产效能系统提升,实现粮食多元储备安全,促进粮食市场现代化流通体系构建,引导粮食加工结构优化。

3. 确保谷物基本自给、口粮绝对安全

近年来,我国粮食生产稳定发展,已实现十九连丰,口粮自给率在100%以上,谷物自给率在95%以上,人均粮食占有量约480公斤,高于国际公认的400公斤粮食安全线,做到了谷物基本自给、口粮绝对安全。[②] 确保谷物基本自给、口粮绝对安全应作为粮

① 参见颜波:《加快提升“五种能力”　全方位夯实国家粮食安全根基》,载《中国粮食经济》2022年第12期。

② 参见杜海涛:《做到谷物基本自给、口粮绝对安全》,载《人民日报》2023年5月12日,第2版。

食安全保障的基础目标。着眼需求侧维度,保障国家谷物基本自给,人民的口粮绝对安全。参照前述国际标准,我国的谷物自给率应达到95%以上,人均粮食占有量应达到400公斤以上。在此基础上,进一步保障各地区的谷物自给率以及人均粮食占有量,确保国家粮食安全。

四、保障国家粮食安全应树立大食物观,构建多元化食物供给体系,全方位、多途径开发食物资源,满足人民群众对食物品种丰富多样、品质营养健康的消费需求

大食物观主要指面向耕地、草原、森林、海洋等全部国土资源,面向植物、动物、微生物等全部生物资源,全方位、多途径开发食物资源的一种观念。大食物观的提出主要基于对新形势下人民群众食物消费结构变化趋势的整体把握,着力满足人民群众食物消费多元化、健康化、个性化的营养健康需求。本条第二款将大食物观的具体规定入法,并增加"全方位"开发要求。以此为指导,在本法具体规范中,第十五条提出"支持推广绿色、高效粮食生产技术",在保护耕地生态安全的同时,满足人民对绿色食物的需求;第十八条提出"支持育种基础性、前沿性研究和应用技术研究,鼓励粮食作物种子科技创新和产业化应用",保障高品质食物种子的开发和推广;第二十五条提出"鼓励农业生产者种植优质农作物",提高农民对种植优质食物的生产积极性;第四十二条提出"协调推进粮食初加工、精深加工、综合利用加工",适度提高食物加工质量。前述具体规定有效贯彻了大食物观对于粮食安全保障的指引,有助于推动深化粮食供给侧结构性改革,进一步构建更高质量的国家粮食安全保障体系。

相关规定

(1)《乡村振兴促进法》第八条　国家实施以我为主、立足国内、确保产能、适度进口、科技支撑的粮食安全战略,坚持藏粮于地、藏粮于技,采取措施不断提高粮食综合生产能力,建设国家粮食安全产业带，完善粮食加工、流通、储备体系，确保谷物基本自给、口粮绝对安全，保障国家粮食安全。

国家完善粮食加工、储存、运输标准，提高粮食加工出品率和利用率，推动节粮减损。

(2)《粮食安全保障法》第十五条　县级以上人民政府应当建立耕地质量和种植用途监测网络，开展耕地质量调查和监测评价，采取土壤改良、地力培肥、治理修复等措施，提高中低产田产能，治理退化耕地，加强大中型灌区建设与改造，提升耕地质量。

国家建立黑土地保护制度，保护黑土地的优良生产能力。

国家建立健全耕地轮作休耕制度，鼓励农作物秸秆科学还田，加强农田防护林建设；支持推广绿色、高效粮食生产技术，促进生态环境改善和资源永续利用。

(3)《粮食安全保障法》第十八条　国家推进种业振兴，维护种业安全，推动种业高质量发展。

国家加强粮食作物种质资源保护开发利用，建设国家农业种质资源库，健全国家良种繁育体系，推进粮食作物种质资源保护与管理信息化建设，提升供种保障能力。

国家加强植物新品种权保护，支持育种基础性、前沿性研究和应用技术研究，鼓励粮食作物种子科技创新和产业化应用，支持开展育种联合攻关，培育具有自主知识产权的优良品种。

(4)《粮食安全保障法》第二十五条　国家加强粮食生产功能区和重要农产品生产保护区建设，鼓励农业生产者种植优质农作物。县级以上人民政府应当按照规定组织划定粮食生产功能区和重要农产品生产保护区并加强建设和管理，引导农业生产者种植目标作物。

(5)《粮食安全保障法》第四十二条　国家鼓励和引导粮食加工业发展，重点支持在粮食生产功能区和重要农产品生产保护区发展粮食加工业，协调推进粮食初加工、精深加工、综合利用加工，保障粮食加工产品有效供给和质量安全。

粮食加工经营者应当执行国家有关标准,不得掺杂使假、以次充好,对其加工的粮食质量安全负责,接受监督。

法条

> **第三条** 国家建立粮食安全责任制,实行粮食安全党政同责。县级以上地方人民政府应当承担保障本行政区域粮食安全的具体责任。
>
> 县级以上人民政府发展改革、自然资源、农业农村、粮食和储备等主管部门依照本法和规定的职责,协同配合,做好粮食安全保障工作。

法条释义

本法第三条明确规定应健全粮食安全保障责任机制。

概括而言,本条首先明确国家建立粮食安全责任制,实行粮食安全党政同责。在此基础上,规定县级以上地方人民政府应当承担具体责任,县级以上人民政府有关部门应当协同配合做好粮食安全保障工作。

一、国家建立粮食安全责任制,实行粮食安全党政同责

粮食安全责任制是确保国家粮食安全的关键。1994 年我国开始施行粮食省长负责制。2014 年国务院就全面落实地方政府粮食安全责任出台首个专门文件——《关于建立健全粮食安全省长责任制的若干意见》。2020 年 12 月中央农村工作会议提出,地方各级党委和政府要扛起粮食安全的政治责任,实行党政同责,"米袋子"省长要负责,书记也要负责。2021 年,中央一号文件中共中央、国务院《关于全面推进乡村振兴加快农业农村现代化的意见》首次明确提出要实行粮食安全党政同责。具体而言,粮食安全党政同责主要是指对于国家粮食安全保障工作,地方各级党委和政府应当共同承担国家粮食安全保障的政治责任。参照《地方党政领导干部食品安全责任制规定》第五条对于食品安全党政同责制的具体规定,党政同责制度强调粮食安全保障应由党委、政府齐抓共管,在具体实施过程中应明确划定二者的具体粮食安全保障权责,并完备失职追责以及尽职免责机制。

二、明确国家建立粮食安全四级政府责任制

本条第一款明确国家粮食安全政府责任的具体承担主体,提出县级以上地方人民政府应当承担保障国家粮食安全的相应责任。中央应建立粮食安全责任制度。县级以上地方人民政府则应在中央的领导之下切实承担主体责任,保障本行政区域粮食安全。该规定为中央与县级以上地方人民政府粮食安全四级政府责任制的原则性规定,明确划定了纵向四级政府间的粮食安全保障责任。

三、强调县级以上人民政府有关主管部门的职责划分与协同

本条第二款规定县级以上人民政府发展改革、自然资源、农业农村、粮食和储备等主管部门依照本法和规定的职责,协同配合,做好粮食安全保障工作。根据该条款的规定,(1)县级以上人民政府发展改革、自然资源、农业农村、粮食和储备等主管部门首先应严格依法担责,依照本法以及粮食安全保障的相关规定履行相应的职责。具体而言,发展改革部门应统筹粮食安全保障工作,拟订并组织实施粮食安全相关国民经济和社会发展规划及专项规划,协同推进粮食产业供给侧结构性改革,组织落实粮食安全责任制考核,保障粮食数量与质量安全;自然资源部门应落实国土空间用途管制,强化耕地红线保护责任,加强土地整理复垦等生态修复,落实耕地保护责任制考核;农业农村部门应加强粮食生产安全保障,负责粮食产业生产资料及投入品监督管理,指导新型农业生产经营主体建设与发展,落实耕地及永久基本农田质量保护工作,负责粮食防灾减灾、重大病虫害防治工作,加强粮食科技创新与推广工作,并组织粮食领域综合执法监管;粮食和储备部门应负责完备全国粮食流通和物资储备管理相关法律和政策体系,管理国家粮食储备,加强粮食收储、轮换管理工作,监测国际国内粮食和战略物资供求变化并预测预警,承担全国粮食流通宏观调控的具体工作,承担粮食安全省长责任制考核日常工作。(2)考虑粮食安全保障工作的系统性和复杂性,前述主管部门应基于该规定进一步明确划定各自的职权范围,并推动构建相应的协同配合机制,对于信息共享、联合执法等具体措施予以明确。

相关规定

《粮食流通管理条例》(2021年修订)第七条 省、自治区、直辖市应当落实粮食安全党政同责,完善粮食安全省长责任制,承担保障本行政区域粮食安全的主体责任,在国家宏观调控下,负责本行政区域粮食的总量平衡和地方储备粮等的管理。

县级以上地方人民政府粮食和储备行政管理部门负责本行政区域粮食流通的行政管理、行业指导;县级以上地方人民政府市场监督管理、卫生健康等部门在各自的职责范围内负责与粮食流通有关的工作。

法条

> **第四条** 国家加强粮食宏观调控,优化粮食品种结构和区域布局,统筹利用国内、国际的市场和资源,构建科学合理、安全高效的粮食供给保障体系,提升粮食供给能力和质量安全。
>
> 国家加强国际粮食安全合作,发挥粮食国际贸易作用。

法条释义

本法第四条规定了国家加强粮食宏观调控的基本职责、具体要求以及基本目标,并强调国家应加强国际粮食安全合作,发挥粮食国际贸易作用。

概括而言,本条第一款首先原则性提出“国家加强粮食宏观调控”,并分别提出“优化粮食品种结构和区域布局”“统筹利用国内、国际的市场和资源”“构建科学合理、安全高效的粮食供给保障体系”3 项具体要求，以实现“提升粮食供给能力和质量安全”的目标。第二款聚焦国际粮食安全合作，进一步明确相应要求。

一、国家加强粮食宏观调控

粮食具有特殊使用价值，其不仅是一种财产，更是一种战略物资；不仅具有食物属性，亦具有政治属性、金融属性、能源属性乃至人权属性。进言之，粮食安全紧密关涉国家政治安全、经济安全、军事安全与社会稳定，具有极端重要的公共属性，并具有外部性。基于粮食以及粮食安全的双重特殊属性，政府必须加强对粮食的宏观调控，依法实施适度干预。由此，从宏观上对于粮食产业的整体运行活动进行规范调节和控制，保障粮食持续、稳定、协调供给。具体而言，政府可综合运用财税、金融手段，完备粮食领域相关的财政补贴、转移支付、税收优惠、最低收购价、农业保险、信贷支持等具体政策，并保障具体政策的有效贯彻落实。

二、优化粮食品种结构和区域布局

1. 优化粮食品种结构

《“十四五”推进农业农村现代化规划》主要针对重要粮食种类分别予以规定。具体包括：(1)稳定发展优质粳稻，巩固提升南方双季稻生产能力；(2)大力发展强筋、弱筋优质专用小麦，适当恢复春小麦播种面积；(3)适当扩大优势区玉米种植面积，鼓励发展青贮玉米等优质饲草饲料；(4)实施大豆振兴计划，增加高油高蛋白大豆供给；(5)稳定马铃薯种植面积，因地制宜发展杂粮杂豆。结合大食物观导向下人民对于优质粮食日益增长的需求，对于优化粮食品种结构的理解应进一步转向对于优质粮食作物品种的结构调整，引导发展生态高值粮食产业。在确保主粮供给的同时，多渠道拓展特色食物来源。

2. 优化粮食区域布局

国务院《关于建立粮食生产功能区和重要农产品生产保护区的指导意见》(国发〔2017〕24 号)分别划定粮食生产功能区和重

要农产品生产保护区，并综合运用财税、金融等支持手段推进“两区”强化综合生产能力建设、发展适度规模经营以及提高农业社会化服务水平。在此基础上，《“十四五”推进农业农村现代化规划》新增加强特色农产品优势区建设的要求。通过发掘各地区的特色资源优势，完善特色农产品优势区体系，进一步优化“三区”共建的粮食区域布局。

三、统筹利用国内、国际的市场和资源

统筹利用国内、国际的市场和资源是对我国长期以来对外开放成果的重要总结，是新形势下发展现代农业、保障国家粮食安全的必然要求。按照对党的十七届三中全会决定的解读，[①]需要着重提高利用国内外两种资源、两个市场的能力。在扩大粮食产业对外开放的过程中，扬长避短、趋利避害，扩大开放领域，优化开放结构，提高开放质量，进一步拓展粮食产业对外开放的广度和深度。对此，可从以下几个方面予以改进：(1)完善粮食进出口战略规划和调控机制；(2)加强国际粮食市场研究和信息服务；(3)强化粮食进出口检验检疫和监管；(4)积极引导外商投资发展现代粮食产业；(5)完备粮食领域的外资准入和安全管理制度；(6)积极实施“走出去”战略，统筹开展对外粮食产业合作，逐步建立健全国际粮食产业链。

四、构建科学合理、安全高效的粮食供给保障体系

粮食供给保障体系主要强调对于粮食常态化供应和突发情况下临时保障机制的系统构建。(1)应着力提升粮食全产业链的粮食供给能力，高质量推进粮食保障体系建设，强化粮食生产、外部供应和粮食储备等关键领域的效能提升。(2)应重视突发情况下

---

① 参见《决定解读：提高统筹利用国际国内市场、资源能力》，载中华人民共和国中央人民政府官网，https://www.gov.cn/govweb/jrzg/2008－12/24/content_1186208.htm，最后访问日期：2024年1月5日。

的临时供给保障,完善临时性粮食救助保障机制。对此,应结合《突发事件应对法》的有关规定,完备临时性救助保障的整体制度框架,强调以优先保障人民基本生存需求为核心,有效调动粮食储备,加强粮食风险基金的管理和利用,着力平抑粮食市场价格,避免发生系统性风险。

五、提升粮食供给能力和质量安全

具体而言,(1)提升粮食供给能力的目标体现了本法对于平衡粮食供给与需求这一粮食安全保障最基本要求的保障。对此,主要着眼粮食供给维度,通过优化粮食品种结构和区域布局,统筹利用国内、国际的市场和资源,以及构建科学合理、安全高效的粮食供给保障体系,实现粮食供给能力的系统提升。(2)提升粮食质量安全的目标应当作为粮食宏观调控的重心。此外,对于粮食质量安全的保障,需要从粮食安全保障工作全流程以及粮食供给保障整个体系维度统筹把握,以实现粮食质量安全的系统提升。

六、国家加强国际粮食安全合作,发挥粮食国际贸易作用

本条第二款强调,国家加强国际粮食安全合作,发挥粮食国际贸易作用。党的二十大报告明确指出,要"全方位夯实粮食安全根基",这对保障国家粮食安全提出更高要求,也是对牢牢把住粮食安全主动权的重大战略部署。[①] 事实上,我国粮食安全除面临国内层面的供求紧平衡、生产结构性矛盾等风险外,在国际层面还面临我国粮企参与产业环节单一、缺乏国际竞争力、投资风险防范能力不足,国内关税配额制度失范等问题。上述困境在相当程度上造成了我国粮企在国际粮食市场的定价议价能力弱以及投资贸

---

① 参见《习近平:高举中国特色社会主义伟大旗帜 为全面建设社会主义现代化国家而团结奋斗——在中国共产党第二十次全国代表大会上的报告》,载中华人民共和国中央人民政府官网,https://www.gov.cn/xinwen/2022-10/25/content_5721685.htm,最后访问日期:2024年1月6日。

易的影响力与控制权不足等问题。[①] 这不仅制约我国粮企参与粮食国际贸易与合作的广度和深度,而且可能传导国际风险影响我国粮食进口供应链的稳定性,进而诱发冲击国内粮食市场安全稳定的深层次危机。

故而"全方位夯实粮食安全根基"不仅需要着眼国内层面的粮食安全,更要关注国际粮食安全事件所可能带来的外部冲击,"统筹利用国内、国际的市场和资源",从"国内—国际"双维度保障国家粮食安全。对此,一方面,应从宏观层面推动国内粮企参与国际粮食全产业链发展、国内粮企国际化制度化培育;另一方面,应从微观层面推进粮食国际投资保险制度革新以及农产品关税配额改革。

具体而言,可综合采取以下措施:(1)法治推动我国粮企参与粮食国际全产业链发展。我国粮企因融资支持不足、国内指引缺失、国际规则制约等而对粮食国际全产业链的参与不足。对此,应强化对粮企"走出去"的信贷支持制度,出台粮食海外全产业链投资官方指引,与投资所在国达成具体可行的粮食投资双边协定,同时推动优化粮食相关国际规则及国际标准。(2)为我国粮食国际贸易与合作培育强有力的跨国粮企。我国缺少强有力的跨国粮企参与国际市场竞争,运用法治手段将国内粮企培育为跨国粮企至关重要。鉴于当前扶持制度模糊笼统、培育效果欠佳,应制定适配企业规模的匹配性支持政策、适配产业环节的导向性培育机制、适配投资国别的针对性扶持方案,以培育合法、有力、坚实的国际粮食市场主体。(3)优化我国粮企海外投资保险制度,有效分担投资风险。因粮食国际投资风险防范制度缺失,我国粮企"走出去"往往面临高风险,海外粮食投资保险制度成为法治优化重点。对

① 参见赵霞、陶亚萍、胡迪:《粮食安全视角下我国粮食产业国际竞争力的提升路径》,载《农业经济问题》2021 年第 5 期。

此，应加快完善我国粮食国际投资保险规范制度体系，构建保险求偿双边模式以促进投资保险代位求偿权的实现，同时推动粮食国际投资担保机制的应用与创新。(4)优化国内层面农产品关税配额制度。针对目前农产品关税配额欠缺适度性、透明性等问题，可通过完备制度约束，限制农产品关税配额的无度扩张确保“适度进口”，并在具体制度适用时强调“事前—事中—事后”全过程透明化。

由此，可直接推动我国粮企深度参与粮食国际全产业链发展，稳步提升国际市场竞争力，有效防范国际投资风险，并适用更合理关税配额制度。同时，可间接增强我国粮食进口供应链的稳定性，提升我国在国际粮食市场上的话语权，进一步保障国家粮食安全。

相关规定

(1)《突发事件应对法》第四十九条　自然灾害、事故灾难或者公共卫生事件发生后，履行统一领导职责的人民政府可以采取下列一项或者多项应急处置措施：

(一)组织营救和救治受害人员，疏散、撤离并妥善安置受到威胁的人员以及采取其他救助措施；

(二)迅速控制危险源，标明危险区域，封锁危险场所，划定警戒区，实行交通管制以及其他控制措施；

(三)立即抢修被损坏的交通、通信、供水、排水、供电、供气、供热等公共设施，向受到危害的人员提供避难场所和生活必需品，实施医疗救护和卫生防疫以及其他保障措施；

(四)禁止或者限制使用有关设备、设施，关闭或者限制使用有关场所，中止人员密集的活动或者可能导致危害扩大的生产经营活动以及采取其他保护措施；

(五)启用本级人民政府设置的财政预备费和储备的应急救援物资，必要时调用其他急需物资、设备、设施、工具；

(六)组织公民参加应急救援和处置工作，要求具有特定专长的人员提供服务；

（七）保障食品、饮用水、燃料等基本生活必需品的供应；

（八）依法从严惩处囤积居奇、哄抬物价、制假售假等扰乱市场秩序的行为，稳定市场价格，维护市场秩序；

（九）依法从严惩处哄抢财物、干扰破坏应急处置工作等扰乱社会秩序的行为，维护社会治安；

（十）采取防止发生次生、衍生事件的必要措施。

（2）《突发事件应对法》第五十一条　发生突发事件，严重影响国民经济正常运行时，国务院或者国务院授权的有关主管部门可以采取保障、控制等必要的应急措施，保障人民群众的基本生活需要，最大限度地减轻突发事件的影响。

（3）《突发事件应对法》第五十二条　履行统一领导职责或者组织处置突发事件的人民政府，必要时可以向单位和个人征用应急救援所需设备、设施、场地、交通工具和其他物资，请求其他地方人民政府提供人力、物力、财力或者技术支援，要求生产、供应生活必需品和应急救援物资的企业组织生产、保证供给，要求提供医疗、交通等公共服务的组织提供相应的服务。

履行统一领导职责或者组织处置突发事件的人民政府，应当组织协调运输经营单位，优先运送处置突发事件所需物资、设备、工具、应急救援人员和受到突发事件危害的人员。

法条

第五条　县级以上人民政府应当将粮食安全保障纳入国民经济和社会发展规划。县级以上人民政府有关部门应当根据粮食安全保障目标、任务等，编制粮食安全保障相关专项规划，按照程序批准后实施。

法条释义

本法第五条对于粮食安全保障相关国民经济和社会发展规划及专项规划的编制及实施要求予以明确。

概括而言，本条分别聚焦县级以上人民政府以及县级以上人民政府有关部门，规定县级以上人民政府应当将粮食安全保障纳入国民经济和社会发展规划，而县级以上人民政府有关部门应根据粮食安全保障目标、任务等，编制粮食安全保障相关专项规划，并按照程序批准后实施。

一、县级以上人民政府应当将粮食安全保障纳入国民经济和社会发展规划

国民经济和社会发展规划是全国或者某一地区经济、社会发展的总体纲要，统筹安排和指导全国或某一地区的社会、经济、文化等建设工作，是具有重要战略意义的指导性文件。对于优化公共资源配置方向，引导市场主体行为，提供国家战略落实落地的重要载体以及提升国家治理体系和治理能力现代化水平具有重要作用。①聚焦粮食安全保障工作，县级以上人民政府应当贯彻落实将粮食安全保障纳入国民经济和社会发展规划的法律规定，列明本级政府粮食安全保障工作的目标、任务和具体措施，并将所需经费纳入本级预算。在此基础上，实现粮食安全保障相关部署与其他国民经济和社会发展具体安排相统筹。

二、县级以上人民政府有关部门应当根据粮食安全保障目标、任务等，编制粮食安全保障相关专项规划，按照程序批准后实施

在前述粮食安全保障相关国民经济和社会发展规划编制的基础上，县级以上人民政府有关部门应当根据粮食安全保障目标、任务等，编制粮食安全保障相关专项规划，按照程序批准后实施。参

---

① 参见林念修：《更好发挥国家发展规划战略导向作用》，载《全国人大》2019年第24期。

照《国家粮食安全中长期规划纲要(2008—2020年)》,粮食安全保障相关专项规划可覆盖耕地保护、粮食生产、粮食流通、粮食储备、粮食加工、粮食应急、粮食节约等各方面,具体可包括:粮食生产能力规划(由发展改革委牵头会同农业农村、水利、交通运输、生态环境等部门组织编制)、耕地保护和土地整理复垦开发规划(由自然资源部门牵头会同有关部门组织编制)、水资源保护和开发利用规划(由水利部门牵头会同有关部门组织编制)、农业及粮食科技发展规划(由科技部门牵头会同有关部门组织编制)、节粮型畜牧业发展规划(由农业农村部门牵头会同有关部门组织编制)、油料及食用植物油发展规划(由发展改革委牵头会同农业农村、商务、工业和信息化、自然资源等部门组织编制)、粮食储备体系建设规划(由发展改革委牵头会同有关部门组织编制)、粮食加工业发展规划(由工业部门牵头会同有关部门组织编制)、促进居民科学健康消费粮油规划(由国家粮食和物资储备局等牵头会同有关部门组织编制)等重要粮食安全保障相关专项规划。各相关部门在编制、执行前述专项规划时,应重视粮食安全专项规划与粮食安全保障相关国民经济和社会发展规划之间,以及各粮食安全专项规划间的统筹与协调,更好地发挥粮食安全保障相关规划对于国家粮食安全保障工作的系统指引和导向作用。

三、配套粮食安全保障相关规划编制、执行的监督与责任机制

申言之,对于前述粮食安全保障相关规划的编制和执行,也应配套相应的监督与责任机制,并重点针对规划的执行予以监督考核,确保规划内容的有效贯彻与落实。当前,本法尚未明确规定相关政府及其主管部门违反规划编制的具体责任后果,仅可依据本法第六十五条,按照地方人民政府和县级以上人民政府有关部门不履行粮食安全保障职责的相应后果予以处理。此外,由于第六十五条仅笼统规定“对负有责任的领导人员和直接责任人员依法给予处分”,根据该规定适用的具体处分类型亦有待明确。

相关规定

《粮食安全保障法》第六十五条　违反本法规定，地方人民政府和县级以上人民政府有关部门不履行粮食安全保障工作职责或者有其他滥用职权、玩忽职守、徇私舞弊行为的，对负有责任的领导人员和直接责任人员依法给予处分。

法条

第六条　国家建立健全粮食安全保障投入机制，采取财政、金融等支持政策加强粮食安全保障，完善粮食生产、收购、储存、运输、加工、销售协同保障机制，建设国家粮食安全产业带，调动粮食生产者和地方人民政府保护耕地、种粮、做好粮食安全保障工作的积极性，全面推进乡村振兴，促进粮食产业高质量发展，增强国家粮食安全保障能力。

国家引导社会资本投入粮食生产、储备、流通、加工等领域，并保障其合法权益。

国家引导金融机构合理推出金融产品和服务，为粮食生产、储备、流通、加工等提供支持。国家完善政策性农业保险制度，鼓励开展商业性保险业务。

法条释义

本法第六条明确规定，国家建立健全粮食安全保障投入机制，系统构建多主体参与、多环节协同、多措施并举的粮食安全保障投入体系。

概括而言，本条第一款总体规定，国家建立健全粮食安全保障投入机制，并列明具体制度要求；第二款专门强调，国家对于社会资本投入粮食产业的引导与保障，以扩充粮食安全保障的投入来源；第三款则突出发展金融产品和服务以及农业保险的重要性，进一步完备粮食安全保障投入机制的具体措施。

一、针对粮食安全保障投入的具体措施

本条明确规定国家建立健全粮食安全保障投入机制,采取财政、金融等支持政策加强粮食安全保障。在此过程中,注重引导金融机构合理推出金融产品和服务,完善政策性农业保险制度,鼓励开展商业性保险业务。(1)着眼粮食安全保障相关财政政策,主要包括农业支持保护补贴、农业保险保费补贴等财政资金补贴政策,粮食企业相关税收优惠政策,粮食主产区转移支付政策以及粮食最低保护价政策等政策。(2)聚焦粮食安全保障相关金融政策,在夯实粮食安全根基过程中,金融服务是提高粮食安全稳定性的另一重要着力点。目前,我国已初步构建包括信贷、保险、期货、股权、政策性金融等在内的多层次粮食安全金融保障体系。在此基础上,可针对粮食安全保障的关键环节,围绕农业生产经营主体的融资需求,多维度推进涉农企业通过股权、债券市场及期货等方式融资。同时,着力提升农业保险水平,探索"政府、银行、保险、担保"合作模式,运用政府性融资担保机制,合理分担风险。通过投资补助、财政贴息等方式及担保机构的担保,增加金融机构信贷投放的积极性。申言之,对于本条中的"等支持政策"应作"等外等"的解释。除财政、金融支持政策外,仍应完备服务支持、用地用电支持、人才支持等多重支持政策。

二、针对粮食安全保障投入机制的具体保障环节

1. 完善粮食生产、收购、储存、运输、加工、销售协同保障机制

具体而言,(1)在粮食生产环节,应着力完备耕地地力保护补贴、耕地生态保护补偿等耕地保护相关制度,并切实提升制度绩效。同时,积极推进粮食适度规模经营补贴,侧重加强对规模化粮食生产主体的金融保障,推进粮食规模化种植。(2)在粮食收购环节,应严格落实最低收购价政策。中国储备粮管理集团有限公司应在相关部门的监督之下履行政策执行责任,及时申请在符合条件的地区启动最低收购价执行预案,并保障预案的规范有序实

施。(3)在粮食储存环节,可着眼财政补贴、税收优惠和金融支持,激励粮食企业扩充社会责任储备,并引导企业积极优化粮食储备结构。(4)在粮食运输环节,国家应积极投入财政资金保障粮食物流基础设施建设,完备对粮食物流的税收优惠政策。(5)在粮食加工环节,可通过财税、金融、服务等支持手段引导粮食加工企业调整优化粮食加工结构,推进大食物观导向下的粮食精细化加工的技术升级。(6)在粮食销售环节,应侧重完备粮食销售企业的税收优惠政策体系,综合运用减税、免税等多重手段,减轻粮食销售企业的成本负担。

2. 建设国家粮食安全产业带

在前述各环节保障的基础之上,亦应支持粮食安全产业带建设,系统提升粮食产业竞争力。国家粮食安全产业带的表现是在现有粮食生产功能区和重要农产品生产保护区建设的基础上,以全方位夯实粮食安全根基为目标,以推进粮食产业高质量发展为核心,通过集聚整合资源要素提升粮食综合生产能力,打造粮食产业体系,以全面增强粮食安全综合保障能力。

在国家粮食安全产业带建设过程中,需侧重完备耕地、种业和农业科技等重点要素发展的支持机制。(1)加大对高标准农田、农田水利基本建设等方面的金融支持力度,围绕农地开发、生产、经营等建立全方位的金融支持体系,提高耕地基础地力对提升粮食生产竞争力的贡献度。(2)运用信贷风险补偿和专项贷款等优惠手段支持种质资源基础研究、开发、应用等种源关键核心技术联合攻关。针对种业研发中突出的融资难题,金融机构应进一步匹配长期资金,让更多金融资源投入农业育种重大科技项目。(3)协同金融、财税等政策合力,促进农业科技升级。具体而言,可为保护性耕作、农业机械化、绿色高效农机装备研发制造提供金融与财政支持,增加对农业科技的信贷投入,并为产业融合发展、数字农业、智慧农业等提供金融服务。

三、针对粮食安全保障投入机制的具体参与主体

国家在建立健全粮食安全保障投入机制的基础上,亦应引导社会资本投入粮食生产、储备、流通、加工等领域,并保障其合法权益。考虑国家财政有限的负担能力,仅依赖单一政府主体显然无法承担粮食安全保障的全部投入责任。对此,国家应积极拓宽融资渠道,充分发挥财政保障、直接融资、间接融资、社会资本参与等多方力量,纾解粮食安全保障投入资金不足的现实困境,切实发挥多元主体的粮食安全保障合力。

法条

> **第七条** 国家加强粮食安全科技创新能力和信息化建设,支持粮食领域基础研究、关键技术研发和标准化工作,完善科技人才培养、评价和激励等机制,促进科技创新成果转化和先进技术、设备的推广使用,提高粮食生产、储备、流通、加工的科技支撑能力和应用水平。

法条释义

本法第七条明确规定,国家应加强粮食安全科技创新能力和信息化建设。

概括而言,本条规定了国家加强粮食安全科技创新能力和信息化建设的总体要求,主要强调粮食产业发展内驱动力提升的技术赋能。在此规定的指导下,应实施支持粮食领域基础研究、关键技术研发和标准化工作,完善科技人才培养、评价和激励等机制,促进科技创新成果转化和先进技术、设备的推广使用,以及提高粮食生产、储备、流通、加工的科技支撑能力和应用水平的具体措施。

一、支持粮食领域基础研究、关键技术研发和标准化工作

国家应综合运用财税、金融等多重支持措施,聚焦粮食领域科技创新的核心需求,推动粮食质量安全、粮食储备安全、粮食物流现代化、粮油加工增值、粮情监测预警、粮食节约减损等方面的基

础研究，强化生物技术、信息技术等在粮食全产业链的应用与技术创新，并着力推动粮食行业相关标准的制定与修订进程。

二、完善科技人才培养、评价和激励等机制

根据本条规定，国家应完善科技人才培养、评价和激励等具体机制。(1)科技人才培养机制主要是指为满足科技创新和发展需求，培养科技领域的专门人才。针对粮食安全保障领域，国家应着力完备对学生以及实务工作人员的基础教育、高等教育、职业教育以及技术培训等教育、培训体系，加大对粮食领域科技教育、培训的财政支持力度，鼓励提升科学素养和创新能力，发展粮食科技领域的专门技术人才。(2)科技人才评价机制主要指通过客观科学的方法及评价指标体系，衡量科技人才的专业能力、素养和具体贡献。参照科学技术部等部门发布的《关于开展科技人才评价改革试点的工作方案》，国家应按照创新活动类型构建以创新价值、能力、贡献为导向的科技人才评价体系，并确定符合科研活动特点的评价指标及评价方式。(3)科技人才激励机制主要指通过各类激励手段，有效激发科技人才对于技能提升、推进技术创新的积极性。对此，国家应着重针对粮食安全保障领域的特殊性，完备对科技人才引进、科研成果转化等的奖励、补贴机制，优化科研项目支持机制，并加大对科技人才培训、深造等的保障力度。

三、促进科技创新成果转化和先进技术、设备的推广使用

促进科技创新成果转化和先进技术、设备的推广使用应兼顾以下两个方面。(1)国家应促进形成科技创新与成果转化合力。着力加大对科技成果后续试验、开发应用和推广活动的制度支持，贯彻落实国家科技成果转化政策，完备相关的科研奖励制度，并推动形成粮食产业相关的新产品和新工艺。(2)国家应加大对先进技术、设备推广使用的支持力度。引导各地加快科技成果推广体系和服务信息平台建设，培育专业化、社会化、网络化的粮食科技中介服务机构，并完备对先进技术、设备推广使用的财政补贴、技术指导等制度支持。

四、提高粮食生产、储备、流通、加工的科技支撑能力和应用水平

首先，在粮食科技成果不断创新推广的基础之上，国家应综合运用财政补贴、农业保险、用电优惠、技术培训服务等多样化的支持政策，加大粮食生产经营者应用现代化粮食科技的制度支持。其次，为促进形成多主体合力，可积极鼓励引导社会资本参与粮食科技创新与推广运用；加快建立基层农业科技推广机构，并加强监督考核，进一步发挥科技在粮食安全保障中的重要作用。申言之，粮食科技创新应兼顾发展与安全。在确保粮食科技产品生产安全、质量安全，粮食科技产品消费者人身财产安全，粮食科技产品应用场域的生态安全等多重安全要求的基础之上，推进粮食科技转型升级。

相关规定

(1)《种子法》第十二条　国家支持科研院所及高等院校重点开展育种的基础性、前沿性和应用技术研究以及生物育种技术研究，支持常规作物、主要造林树种育种和无性繁殖材料选育等公益性研究。

国家鼓励种子企业充分利用公益性研究成果，培育具有自主知识产权的优良品种；鼓励种子企业与科研院所及高等院校构建技术研发平台，开展主要粮食作物、重要经济作物育种攻关，建立以市场为导向、利益共享、风险共担的产学研相结合的种业技术创新体系。

国家加强种业科技创新能力建设，促进种业科技成果转化，维护种业科技人员的合法权益。

(2)《种子法》第十三条　由财政资金支持形成的育种发明专利权和植物新品种权，除涉及国家安全、国家利益和重大社会公共利益的外，授权项目承担者依法取得。

由财政资金支持为主形成的育种成果的转让、许可等应当依法公开进行,禁止私自交易。

(3)《种子法》第二十五条 国家实行植物新品种保护制度。对国家植物品种保护名录内经过人工选育或者发现的野生植物加以改良,具备新颖性、特异性、一致性、稳定性和适当命名的植物品种,由国务院农业农村、林业草原主管部门授予植物新品种权,保护植物新品种权所有人的合法权益。植物新品种权的内容和归属、授予条件、申请和受理、审查与批准,以及期限、终止和无效等依照本法、有关法律和行政法规规定执行。

国家鼓励和支持种业科技创新、植物新品种培育及成果转化。取得植物新品种权的品种得到推广应用的,育种者依法获得相应的经济利益。

(4)《专利法》第二十五条 对下列各项,不授予专利权:

(一)科学发现;

(二)智力活动的规则和方法;

(三)疾病的诊断和治疗方法;

(四)动物和植物品种;

(五)原子核变换方法以及用原子核变换方法获得的物质;

(六)对平面印刷品的图案、色彩或者二者的结合作出的主要起标识作用的设计。

对前款第(四)项所列产品的生产方法,可以依照本法规定授予专利权。

(5)《植物新品种保护条例》第二条 本条例所称植物新品种,是指经过人工培育的或者对发现的野生植物加以开发,具备新颖性、特异性、一致性和稳定性并有适当命名的植物品种。

法条

> **第八条** 各级人民政府及有关部门应当采取多种形式加强粮食安全宣传教育，提升全社会粮食安全意识，引导形成爱惜粮食、节约粮食的良好风尚。

法条释义

本法第八条明确规定，各级人民政府及有关部门应当加强粮食安全宣传教育，提升全社会粮食安全意识，引导形成爱粮、节粮的良好风尚。

概括而言，(1)“各级人民政府及有关部门应当采取多种形式加强粮食安全宣传教育”规定了各级人民政府及有关部门加强粮食安全宣传教育的总要求；(2)“提升全社会粮食安全意识”以及“引导形成爱惜粮食、节约粮食的良好风尚”则是两项具体目标，在粮食安全保障意识的基础之上，还应进一步形成爱惜、节约粮食的良好风尚。

一、各级人民政府及有关部门应当加强粮食安全宣传教育

针对粮食安全宣传教育的具体内容和形式，可依据国家粮食和物资储备局《关于创新举措加大力度进一步做好节粮减损工作的通知》(国粮仓〔2020〕244 号)予以明确。(1)对于粮食安全宣传教育的具体内容，根据该通知，各级人民政府及有关部门应积极宣传节约粮食、反对浪费的思想观念。在此基础之上，为切实促进公众落实节粮减损行为，各地亦应侧重对节粮减损的具体措施及相应技术要求等开展针对性的培训与指导，并对科学文明的粮食消费方式予以普及。(2)对于粮食安全宣传教育的具体形式，该通知提出，可组织开展世界粮食日和全国粮食安全宣传周、粮食和物资储备科技活动周等主题活动，并注重发挥粮食安全宣传教育基地作用，全面开展爱粮、节粮宣传教育。此外，可深入开展“节约一粒粮"宣传教育活动,广泛利用媒体渠道等对相关的内容进行推广和普及。

二、各级人民政府及有关部门应当提升全社会粮食安全意识,引导形成爱粮、节粮的良好风尚

对于本条规定,应至少从以下两个维度予以把握:(1)应在粮食全产业链着力提升节粮减损意识。无可否认,餐饮消费端为粮食浪费的"重灾区"。然而,针对粮食生产、收购、储存、运输、加工、应急等环节的粮食过度损失问题,亦应大力推动粮食节粮减损,树立全社会爱惜、节约粮食的良好风尚。如前所述,本法在总则中对此予以强调,实则体现了对粮食生产、储备、流通、加工、应急、节约等各章的系统指引,突出粮食全产业链节粮减损的重要立法目标。(2)应推动粮食生产经营者、粮食及食品消费者、餐饮行业经营者等全面形成爱粮、节粮的良好风尚。节粮减损的推进乃是一项具有系统性与复杂性的重要工程。各级人民政府及有关部门的宣传教育应覆盖粮食生产经营者、粮食及食品消费者、餐饮行业经营者,并着力调整公务活动、学校餐厅等的用餐规定,加大对推行简餐和标准化饮食的制度供给,以形成全社会多主体的节粮减损合力。

相关规定

(1)《反食品浪费法》第一条　为了防止食品浪费,保障国家粮食安全,弘扬中华民族传统美德,践行社会主义核心价值观,节约资源,保护环境,促进经济社会可持续发展,根据宪法,制定本法。

(2)《反食品浪费法》第五条　国务院发展改革部门应当加强对全国反食品浪费工作的组织协调;会同国务院有关部门每年分析评估食品浪费情况,整体部署反食品浪费工作,提出相关工作措施和意见,由各有关部门落实。

国务院商务主管部门应当加强对餐饮行业的管理,建立健全行业标准、服务规范；会同国务院市场监督管理部门等建立餐饮行业反食品浪费制度规范，采取措施鼓励餐饮服务经营者提供分餐服务、向社会公开其反食品浪费情况。

国务院市场监督管理部门应当加强对食品生产经营者反食品浪费情况的监督，督促食品生产经营者落实反食品浪费措施。

国家粮食和物资储备部门应当加强粮食仓储流通过程中的节粮减损管理，会同国务院有关部门组织实施粮食储存、运输、加工标准。

国务院有关部门依照本法和国务院规定的职责，采取措施开展反食品浪费工作。

(3)《反食品浪费法》第七条　餐饮服务经营者应当采取下列措施，防止食品浪费：

(一)建立健全食品采购、储存、加工管理制度，加强服务人员职业培训，将珍惜粮食、反对浪费纳入培训内容；

(二)主动对消费者进行防止食品浪费提示提醒，在醒目位置张贴或者摆放反食品浪费标识，或者由服务人员提示说明，引导消费者按需适量点餐；

(三)提升餐饮供给质量，按照标准规范制作食品，合理确定数量、分量，提供小份餐等不同规格选择；

(四)提供团体用餐服务的，应当将防止食品浪费理念纳入菜单设计，按照用餐人数合理配置菜品、主食；

(五)提供自助餐服务的，应当主动告知消费规则和防止食品浪费要求，提供不同规格餐具，提醒消费者适量取餐。

餐饮服务经营者不得诱导、误导消费者超量点餐。

餐饮服务经营者可以通过在菜单上标注食品分量、规格、建议消费人数等方式充实菜单信息，为消费者提供点餐提示，根据消费者需要提供公勺公筷和打包服务。

餐饮服务经营者可以对参与“光盘行动”的消费者给予奖励；

也可以对造成明显浪费的消费者收取处理厨余垃圾的相应费用，收费标准应当明示。

餐饮服务经营者可以运用信息化手段分析用餐需求，通过建设中央厨房、配送中心等措施，对食品采购、运输、储存、加工等进行科学管理。

(4)《反食品浪费法》第十五条　国家完善粮食和其他食用农产品的生产、储存、运输、加工标准，推广使用新技术、新工艺、新设备，引导适度加工和综合利用，降低损耗。

食品生产经营者应当采取措施，改善食品储存、运输、加工条件，防止食品变质，降低储存、运输中的损耗；提高食品加工利用率，避免过度加工和过量使用原材料。

(5)《反食品浪费法》第二十一条　教育行政部门应当指导、督促学校加强反食品浪费教育和管理。

学校应当按照规定开展国情教育，将厉行节约、反对浪费纳入教育教学内容，通过学习实践、体验劳动等形式，开展反食品浪费专题教育活动，培养学生形成勤俭节约、珍惜粮食的习惯。

学校应当建立防止食品浪费的监督检查机制，制定、实施相应的奖惩措施。

(6)《粮食流通管理条例》第二十五条　国家鼓励和支持开发、推广应用先进的粮食储存、运输、加工和信息化技术，开展珍惜和节约粮食宣传教育。

县级以上人民政府粮食和储备行政管理部门应当加强对粮食经营者的指导和服务，引导粮食经营者节约粮食、降低粮食损失损耗。

法条

第九条　对在国家粮食安全保障工作中做出突出贡献的单位和个人，按照国家有关规定给予表彰和奖励。

法条释义

本法第九条明确规定了对国家粮食安全保障作出突出贡献的表彰和奖励制度。概括而言，本条原则性规定了粮食安全保障表彰和奖励的对象和具体情形。对于本条的理解可从以下三个维度把握。

一、表彰和奖励的对象包括单位和个人

国家粮食安全保障是我国各公民以及各组织义不容辞的法定义务。在此过程中，不仅中央政府应承担首要责任、地方政府应承担主体责任，公民以及组织均应肩负相应的使命。由于国家粮食安全保障工作的复杂性与系统性，迫切需要粮食生产经营者、行业组织、消费者等在不同环节保障国家粮食安全。因此，对国家粮食安全保障作出突出贡献的表彰和奖励对象也应作广义理解，有效激励公民和组织积极参与粮食安全保障工作。

二、表彰和奖励的具体内容主要为荣誉称号表彰以及财物奖励

作为财政补贴、税收优惠、金融服务外的个别化适用措施，其正当性主要体现于以下三个方面：(1)对国家粮食安全保障作出突出贡献的单位和个人，在保障粮食安全过程中均已投入了相当的人力、财力等资源成本，对其进行表彰和奖励可在一定程度上对所投入的成本予以弥补。(2)考虑国家粮食安全保障的公益性，对国家粮食安全保障作出突出贡献的单位和个人均为社会提供了突出的正外部性，创造了较大的公共利益，对其依法进行表彰和奖励具有合理性。(3)针对前述国家粮食安全保障中社会参与积极性不足的弊病，对在国家粮食安全保障中作出突出贡献的单位和个人予以表彰和奖励，可发挥一定的制度激励作用，实现粮食安全保障中的多元协同。

三、表彰和奖励的适用应有所限制

具体而言，(1)表彰和奖励的适用情形应限于作出突出贡献。根据文义解释，“突出贡献”主要是指明显超越常人的卓越成就。

在粮食安全保障工作中,相应的单位和个人应对国家粮食安全保障作出特殊重要成果,且产生可观的粮食安全保障效能。(2)表彰和奖励的适用程序应严格依照法律规定。有关部门应在制定明确的"突出贡献"表彰和奖励标准的基础上,根据各单位和个人的贡献程度给予差异化的表彰和奖励,确保表彰和奖励的公平公正。

相关规定

(1)《乡村振兴促进法》第十一条　各级人民政府及其有关部门应当采取多种形式,广泛宣传乡村振兴促进相关法律法规和政策,鼓励、支持人民团体、社会组织、企事业单位等社会各方面参与乡村振兴促进相关活动。

对在乡村振兴促进工作中作出显著成绩的单位和个人,按照国家有关规定给予表彰和奖励。

(2)《黑土地保护法》第七条　各级人民政府应当加强黑土地保护宣传教育,提高全社会的黑土地保护意识。

对在黑土地保护工作中做出突出贡献的单位和个人,按照国家有关规定给予表彰和奖励。

(3)《食品安全法》第十三条　对在食品安全工作中做出突出贡献的单位和个人,按照国家有关规定给予表彰、奖励。

(4)《标准化法》第九条　对在标准化工作中做出显著成绩的单位和个人,按照国家有关规定给予表彰和奖励。

(5)《野生动物保护法》第九条　在野生动物保护和科学研究方面成绩显著的组织和个人,由县级以上人民政府按照国家有关规定给予表彰和奖励。

(6)《长江保护法》第十六条　国家鼓励、支持单位和个人参与长江流域生态环境保护和修复、资源合理利用、促进绿色发展的活动。

对在长江保护工作中做出突出贡献的单位和个人,县级以上人民政府及其有关部门应当按照国家有关规定予以表彰和奖励。

第二章　耕地保护

法条

> **第十条**　国家实施国土空间规划下的国土空间用途管制，统筹布局农业、生态、城镇等功能空间，划定落实耕地和永久基本农田保护红线、生态保护红线和城镇开发边界，严格保护耕地。
>
> 国务院确定省、自治区、直辖市人民政府耕地和永久基本农田保护任务。县级以上地方人民政府应当确保本行政区域内耕地和永久基本农田总量不减少、质量有提高。
>
> 国家建立耕地保护补偿制度，调动耕地保护责任主体保护耕地的积极性。

法条释义

本法第十条明确规定，我国实行国土空间用途管制、耕地和永久基本农田保护以及耕地保护补偿制度。

概括而言，(1)本条第一款总体规定了国土空间用途管制和耕地保护要求，强调耕地和永久基本农田保护红线、生态保护红线和城镇开发边界“三条红线”。(2)在前述总体规定之下，本条第二款与第三款分别侧重对具体制度要求的细化。本条第二款聚焦耕地和永久基本农田的数量和质量保护，并明确国务院及县级以上地方人民政府的具体保护责任；第三款着眼耕地保护补偿制度，采用激励手段调动耕地保护责任主体保护耕地的积极性，保障前述制度要求的贯彻落实。

一、国家实施国土空间规划下的国土空间用途管制，严格保护耕地

我国实施国土空间规划下的国土空间用途管制制度。中共中央、国务院《关于建立国土空间规划体系并监督实施的若干意见》明确强调，国土空间规划是国家空间发展的指南、可持续发展的空间蓝图，是各类开发保护建设活动的基本依据。到 2025 年，我国应健全国土空间规划法规政策和技术标准体系，全面实施国土空间监测预警和绩效考核机制，形成以国土空间规划为基础，以统一用途管制为手段的国土空间开发保护制度。申言之，国土空间用途管制制度主要源于《土地管理法》第四条规定的土地用途管制制度。相较单一的土地用途管制，国土空间用途管制更能突出推进全域性综合治理的制度效能。与土地用途管制的平面性相区别，国土空间用途管制更能体现对于海洋与陆地，地下、地表与地上的统合规划与管控。其制度内核主要即在于国土空间规划的制定和具体落实。有关部门应严格按照国土空间的管理要求，分别划定各类功能空间，并分别制定各类功能空间用途的具体管制规则，确保国土空间用途管制的切实有效贯彻。聚焦耕地保护领域，本条明确规定国家应以国土空间规划的编制为基础，统筹布局农业、生态、城镇等功能空间，并划定落实耕地和永久基本农田保护红线、生态保护红线和城镇开发边界，突出强调对于耕地的严格保护要求。

具体而言，在国土空间规划中，应结合《全国国土空间规划纲要（2021—2035 年）》的相应部署，科学布局农业、生态、城镇等功能空间，明确划定并严格落实耕地和永久基本农田保护红线、生态保护红线和城镇开发边界。（1）耕地和永久基本农田保护红线是耕地保护的关键底线，紧密关涉耕地和永久基本农田的数量安全。（2）生态保护红线是耕地保护的重要保障。随着山水林田湖草沙一体化保护和修复工程等的推进，耕地、水域等生态质量均将得到系统改善，保障耕地的可持续利用。(3)城镇开发边界是倒逼土地节约集约利用，促进经济社会绿色转型的有力补充。通过严格划定城镇开发边界，可以在促进城镇集约化、绿色化开发的同时，进一步加强对耕地的保护。当前，国土空间规划法已列入十四届全国人大常委会立法规划。本法的出台，将使国土空间用途管制制度的落实具备更明确规范的制度支持，推进国土空间用途管制的治理结构和治理模式优化创新。

二、国家应加强耕地和永久基本农田保护

本条第二款原则性规定了耕地和永久基本农田数量、质量保护的总体要求，明确应由国务院确定省、自治区、直辖市人民政府耕地和永久基本农田保护任务，县级以上地方人民政府确保本行政区域内耕地和永久基本农田总量不减少、质量有提高。

夯实粮食安全根基，加快建设农业强国的关键因素在于耕地。耕地包括永久基本农田和一般耕地。耕地是粮食生产的“命根子”，是中华民族永续发展的根基。作为系统工程，耕地保护需要质与量并重。在充足的耕地面积保障粮食生产可持续的基础上，优质的耕地资源可以更大拓展粮食产量增长和质量提升的空间。这也是落实“藏粮于地、藏粮于技”战略的关键所在。我国不仅耕地数量不足，而且耕地质量总体不高，中等、低等产田占耕地总面积的2/3以上，且局部区域土壤退化、水土资源不匹配加剧等趋势日益突出，亟待予以系统保障。

随着本法的出台以及《土地管理法》等相关法律的不断修改和完善，我国耕地保护已形成以《粮食安全保障法》《土地管理法》《土地管理法实施条例》《基本农田保护条例》《土地复垦条例》为“主干”的日臻成熟的耕地数量保护法律法规体系，涵盖了耕地数量保护从规划布局到用途管制、从转用审批到新增补充、从调查监测到督察执法的各环节。逐步制定实施了以耕地保护红线、土地用途管制、耕地占补平衡、耕地保护补偿、永久基本农田保护、农用地转用审批、土地调查统计、耕地保护督察等为基础的可操作性、约束性均较强的制度措施；同时，明确了耕地保护相关主体的权责利，加大了对相关违法行为的惩处力度。相比之下，我国耕地质量保护则缺少针对性规定，相关规定分散在《粮食安全保障法》《土地管理法》《乡村振兴促进法》《农业法》《土壤污染防治法》《黑土地保护法》《土地管理法实施条例》等若干法律法规中，仍需通过配套立法予以系统规范。此外，本条第二款着重强调的"耕地和永久基本农田总量不减少、质量有提高"的耕地保护目标，主要仍借鉴《土地管理法》第三十二条、《乡村振兴促进法》第十四条的相应表述，且未明确耕地质量评估标准以及具体耕地质量保护标准，凸显了规定的原则性。为保障法律指引功能的发挥，仍需相应配套的具体制度及措施等对于耕地保护要求予以明确。

三、国家应建立耕地保护补偿制度

耕地作为粮食生产最基本的物质条件，耦合了生产、生态保护、社会保障、景观和文化等多维功能。当前，我国耕地资源凸显连轴转、满负荷的无序、无度利用，不仅导致耕地数量红线面临被突破的威胁、耕地质量退化严重，而且引发耕地生态环境日趋恶化，耕地可持续安全难以保障。针对前述问题，耕地保护补偿制度可作为耕地保护落实的重要制度保障。通过法律手段对利益进行均衡配置，可对耕地资源保护活动产生的生态价值等正外部性作出合理补偿，统合发挥政府与社会在耕地保护中的重要作用。①

耕地保护补偿制度主要源于生态补偿制度，对其具体内涵的解读离不开对于生态补偿制度的洞悉。在社会科学内部，有关生

---

① See Dinar A., Nigatu G. S., *Distributional Considerations of International Water Resources under Externality: The Case of Ethiopia, Sudan and Egypt on the Blue Nile*, Water Resources and Economics, Vol. 2 – 3, p. 14 (2013).

态补偿的主要观点可概括为以下4类:(1)"行为成本—获益说"。支持者认为,对生态破坏行为收取一定费用以期抑制该类行为的发生,同时对生态保护的有益行为进行补偿以达到激励正向行为的目的。[①] 该种学说从生态补偿行为的目的切入,凸显生态补偿兼具抑负性和增益性双重功能的特质。行为人作为一个理性人,决定其行为方向的最重要因素是行为成本与行为收益之间的对比关系。[②] (2)"人为损害补偿说"。支持者认为,广义的生态补偿,是指各种人类的社会开发活动导致环境污染、自然资源的破坏以及发展机会的丧失,通过市场和行政等方式对此进行资金、实物、技术的补偿,以及对造成的污染的恢复和综合治理等活动的总称。[③] 该种学说侧重人类的不合理活动给生态环境带来的风险和副作用,旨在从人类社会现象出发去探寻补偿行为发生的原因。(3)"利益协调说"。支持者认为,生态补偿作为一个利益协调机制,一方面,对处于生态补偿法律关系中的人进行具体识别,明确耕地生态获益者和受益者的身份与地位;另一方面,通过利益的再分配和再调整,使生态功能的提供者获得由受益者支付的费用,达致激励相关主体保护生态环境积极性的目的。[④] (4)"补偿契约说"。支持者认为,国家和相关社会组织通过与生态系统服务功能的受益者和破坏者等主体签订契约的形式,按照约定对其收取

---

① 参见毛显强、钟瑜、张胜:《生态补偿的理论探讨》,载《中国人口·资源与环境》2002年第4期。

② 参见徐以祥、刘海波:《生态文明与我国环境法律责任立法的完善》,载《法学杂志》2014年第7期。

③ 参见吕忠梅:《超越与保守:可持续发展视野下的环境法创新》,法律出版社2003年版,第355页;王金南等:《流域生态补偿与污染赔偿机制研究》,中国环境科学出版社2014年版,第6页。

④ 参见曹明德:《对建立生态补偿法律机制的再思考》,载《中国地质大学学报(社会科学版)》2010年第5期;汪劲:《论生态补偿的概念——以〈生态补偿条例〉草案的立法解释为背景》,载《中国地质大学学报(社会科学版)》2014年第1期。

一定费用，并将其转达至生态利益受损主体，以期生态功能的恢复。①

统观上述观点，关于生态补偿的各种学说观点，立足不同的剖析视角，各有侧重地展示了生态补偿的价值目标、行为原因、运作机理、关键节点、保障机制等制度意蕴。聚焦系统性的耕地保护补偿制度，可借此归纳出法律层面的耕地保护补偿制度的基本内涵，即在法律的规范作用指引下，给予耕地保护活动中利益受损者和保护者物质、政策、技术等多重补偿，实现耕地保护责任主体间不均衡利益的再分配、再调整，着重强调对耕地保护行为的激励。对耕地保护补偿制度予以全面审视，其呈现如下特质：(1)耕地保护补偿是一种兼有动态性、联系性和开放性的机制。耕地保护补偿受自然环境、经济水平甚至政治等多重因素掣肘，跟随社会生活变化的脉搏不断修正和更新自身的运行过程，不仅关涉代内公平，而且要符合代际公平的要求。这也决定了要应用发展的、全面的眼光看待该制度，实现对主体间不均衡利益的妥适调整。②（2)耕地保护补偿具有公私兼容性。从耕地生态补偿机制运行的全过程来看，此中绝非由一项纯粹的私法权利或者行政权力主导始终，而是公法与私法共同调整、公权与私权协同作用的结果。具言之，从耕地保护补偿的主体厘定、标准界定、方式适用、资金筹集、资金使用乃至监督管理，各个运行环节都有强有力的政府发挥作用，但为了克服耕地资源再分配过程中出现的“政府失灵”问题，补偿已经实现了一定程度的市场化，彰显了耕地生态等本身所具有的经济价值。(3)耕地保护补偿的具体方式多样。概括而言，主要可分为

① 参见杜群：《生态补偿的法律关系及其发展现状和问题》，载《现代法学》2005年第3期。

② 参见王清军、蔡守秋：《生态补偿机制的法律研究》，载《南京社会科学》2006年第7期。

资金补偿、社会保障补偿、技术支持、设备支持和教育支持等多种方式，由此切实调动耕地保护责任主体保护耕地的积极性。

相关规定

(1)《土地管理法》第四条 国家实行土地用途管制制度。

国家编制土地利用总体规划，规定土地用途，将土地分为农用地、建设用地和未利用地。严格限制农用地转为建设用地，控制建设用地总量，对耕地实行特殊保护。

前款所称农用地是指直接用于农业生产的土地，包括耕地、林地、草地、农田水利用地、养殖水面等；建设用地是指建造建筑物、构筑物的土地，包括城乡住宅和公共设施用地、工矿用地、交通水利设施用地、旅游用地、军事设施用地等；未利用地是指农用地和建设用地以外的土地。

使用土地的单位和个人必须严格按照土地利用总体规划确定的用途使用土地。

(2)《土地管理法》第三十二条 省、自治区、直辖市人民政府应当严格执行土地利用总体规划和土地利用年度计划，采取措施，确保本行政区域内耕地总量不减少、质量不降低。耕地总量减少的，由国务院责令在规定期限内组织开垦与所减少耕地的数量与质量相当的耕地；耕地质量降低的，由国务院责令在规定期限内组织整治。新开垦和整治的耕地由国务院自然资源主管部门会同农业农村主管部门验收。

个别省、直辖市确因土地后备资源匮乏，新增建设用地后，新开垦耕地的数量不足以补偿所占用耕地的数量的，必须报经国务院批准减免本行政区域内开垦耕地的数量，易地开垦数量和质量相当的耕地。

(3)《土地管理法》第四十三条 因挖损、塌陷、压占等造成土地破坏，用地单位和个人应当按照国家有关规定负责复垦；没有条件复垦或者复垦不符合要求的，应当缴纳土地复垦费，专项用于土地复垦。复垦的土地应当优先用于农业。

(4)《乡村振兴促进法》第十四条　国家建立农用地分类管理制度，严格保护耕地，严格控制农用地转为建设用地，严格控制耕地转为林地、园地等其他类型农用地。省、自治区、直辖市人民政府应当采取措施确保耕地总量不减少、质量有提高。

国家实行永久基本农田保护制度，建设粮食生产功能区、重要农产品生产保护区，建设并保护高标准农田。

地方各级人民政府应当推进农村土地整理和农用地科学安全利用，加强农田水利等基础设施建设，改善农业生产条件。

(5)《基本农田保护条例》第十七条　禁止任何单位和个人在基本农田保护区内建窑、建房、建坟、挖砂、采石、采矿、取土、堆放固体废弃物或者进行其他破坏基本农田的活动。

禁止任何单位和个人占用基本农田发展林果业和挖塘养鱼。

法条

第十一条　国家实行占用耕地补偿制度，严格控制各类占用耕地行为；确需占用耕地的，应当依法落实补充耕地责任，补充与所占用耕地数量相等、质量相当的耕地。

省、自治区、直辖市人民政府应当组织本级人民政府自然资源主管部门、农业农村主管部门对补充耕地的数量进行认定、对补充耕地的质量进行验收，并加强耕地质量跟踪评价。

法条释义

本法第十一条明确规定，国家实行占用耕地补偿制度，并规定了具体制度实施要求。概括而言，本条系统规定了耕地占补平衡的具体要求。(1)本条第一款为我国实行占用耕地补偿制度的总体规定；(2)第二款聚焦省、自治区、直辖市人民政府，对于补充耕地的数量认定、质量验收及跟踪评价等具体制度的落实规则予以明确。

一、国家实行占用耕地补偿制度，严格控制各类占用耕地行为；确需占用耕地的，应当依法落实补充耕地责任，补充与所占用耕地数量相等、质量相当的耕地

本条明确规定，国家实行占用耕地补偿制度，并严格控制各类占用耕地行为。(1)相较既有《土地管理法》第三十条以及中共中央、国务院《关于加强耕地保护和改进占补平衡的意见》等对于"因非农业建设项目等经批准占用耕地的"适用情形之规定，本条着重提出"严格控制各类占用耕地行为"，仅"确需占用耕地的"，才可占用耕地。因此，本条进一步加大了对耕地占用的限制，强调相关部门对耕地占用审批的严格审查责任。(2)参照前述规定，因非农业建设项目等经批准占用耕地的，应按"占多少，补多少"的原则，由占用耕地的单位负责开垦与所占耕地数量相等、质量相当的耕地。没有条件开垦或开垦的耕地不符合要求的，应当按照有关规定缴纳耕地开垦费，专款用于开垦新的耕地。《土地管理法实施条例》第八条亦明确规定，在国土空间规划确定的城市和村庄、集镇建设用地范围内经依法批准占用耕地，以及在国土空间规划确定的城市和村庄、集镇建设用地范围外的能源、交通、水利、矿山、军事设施等建设项目经依法批准占用耕地的，分别由县级人民政府、农村集体经济组织和建设单位负责开垦与所占用耕地的数量和质量相当的耕地。没有条件开垦或者开垦的耕地不符合要求的，应当按照省、自治区、直辖市的规定缴纳耕地开垦费，专款用于开垦新的耕地。此规定要求，为保护耕地这一基本国策的具体落实提供了重要制度支撑，有助于严格确保耕地数量与质量安全。

二、省、自治区、直辖市人民政府应当组织本级人民政府自然资源主管部门、农业农村主管部门对补充耕地的数量进行认定、对补充耕地的质量进行验收，并加强耕地质量跟踪评价

《土地管理法实施条例》第八条已明确规定，省、自治区、直辖市人民政府应当组织自然资源主管部门、农业农村主管部门对开垦的耕地进行验收，确保开垦的耕地落实到地块。划入永久基本农田的还应当纳入国家永久基本农田数据库严格管理。占用耕地补充情况应当按照国家有关规定向社会公布。个别省、直辖市需要易地开垦耕地的，依照《土地管理法》第三十二条的规定予以执行。在此基础上，本法在本条中着重对耕地质量的验收以及跟踪评价制度予以规范，强调对耕地质量的长期监测与评价，体现了占用耕地补偿制度具体落实中对耕地质量的严格把控。

相关规定

(1)《土地管理法》第三十条　国家保护耕地，严格控制耕地转为非耕地。

国家实行占用耕地补偿制度。非农业建设经批准占用耕地的，按照“占多少，垦多少”的原则，由占用耕地的单位负责开垦与所占用耕地的数量和质量相当的耕地；没有条件开垦或者开垦的耕地不符合要求的，应当按照省、自治区、直辖市的规定缴纳耕地开垦费，专款用于开垦新的耕地。

省、自治区、直辖市人民政府应当制定开垦耕地计划，监督占用耕地的单位按照计划开垦耕地或者按照计划组织开垦耕地，并进行验收。

(2)《土地管理法》第三十二条　省、自治区、直辖市人民政府应当严格执行土地利用总体规划和土地利用年度计划，采取措施，确保本行政区域内耕地总量不减少、质量不降低。耕地总量减少的，由国务院责令在规定期限内组织开垦与所减少耕地的数量与质量相当的耕地；耕地质量降低的，由国务院责令在规定期限内组织整治。新开垦和整治的耕地由国务院自然资源主管部门会同农业农村主管部门验收。

个别省、直辖市确因土地后备资源匮乏，新增建设用地后，新开垦耕地的数量不足以补偿所占用耕地的数量的，必须报经国务院批准减免本行政区域内开垦耕地的数量，易地开垦数量和质量相当的耕地。

(3)《土地管理法实施条例》第八条　国家实行占用耕地补偿制度。在国土空间规划确定的城市和村庄、集镇建设用地范围内经依法批准占用耕地，以及在国土空间规划确定的城市和村庄、集镇建设用地范围外的能源、交通、水利、矿山、军事设施等建设项目经依法批准占用耕地的，分别由县级人民政府、农村集体经济组织和建设单位负责开垦与所占用耕地的数量和质量相当的耕地；没有条件开垦或者开垦的耕地不符合要求的，应当按照省、自治区、直辖市的规定缴纳耕地开垦费，专款用于开垦新的耕地。

省、自治区、直辖市人民政府应当组织自然资源主管部门、农业农村主管部门对开垦的耕地进行验收，确保开垦的耕地落实到地块。划入永久基本农田的还应当纳入国家永久基本农田数据库严格管理。占用耕地补充情况应当按照国家有关规定向社会公布。

个别省、直辖市需要易地开垦耕地的，依照《土地管理法》第三十二条的规定执行。

法条

> **第十二条**　国家严格控制耕地转为林地、草地、园地等其他农用地。禁止违规占用耕地绿化造林、挖湖造景等行为。禁止在国家批准的退耕还林还草计划外擅自扩大退耕范围。

法条释义

本法第十二条明确规定国家严格控制耕地转为其他农用地，严禁违法违规占用耕地与擅自退耕。

概括而言，(1)本条针对耕地转为其他农用地行为，明确应予以严格控制。(2)针对违规占用耕地绿化造林、挖湖造景等“非农化”行为，强调应严格禁止。(3)针对在国家批准的退耕还林还草计划外擅自扩大退耕范围的行为，强调应严格禁止。

一、国家严格控制耕地转为林地、草地、园地等其他农用地

1. 本条所指耕地应限缩为“一般耕地”

一般而言，永久基本农田属于耕地范畴。但《土地管理法》第三十五条已明确规定，永久基本农田经依法划定后，任何单位和个人不得擅自占用或者改变其用途。自然资源部、农业农村部、国家林业和草原局《关于严格耕地用途管制有关问题的通知》(自然资发〔2021〕166号)亦强调，永久基本农田不得转为林地、草地、园地等其他农用地及农业设施建设用地，必须严格落实永久基本农田特殊保护制度。故而，本条所指的“耕地”主要限于一般耕地范围，不应涵括永久基本农田。

2. 严格控制耕地转为其他农用地不等同于严格禁止转用

严格控制耕地转为其他农用地并非严格禁止耕地转为其他农用地，经申报若符合转用条件仍可以转用。根据前述《关于严格耕地用途管制有关问题的通知》(自然资发〔2021〕166号)的规定，将耕地转为农业设施建设用地，将流转给工商企业等社会资本的耕地转为林地、园地等其他农用地的，若涉及农村集体土地，须经承包农户书面同意，由发包方向乡镇人民政府申报；其他土地可由实施单位或经营者向乡镇人民政府申报。乡镇人民政府应提出落实耕地“进出平衡”的意见，并报县级人民政府纳入年度耕地“进出平衡”总体方案后，可以实施具体地块的耕地转用。

3. 耕地转为其他农用地应受到严格限制

在耕地转用中，政府的管制核心即在于贯彻耕地“进出平衡”制度。《关于严格耕地用途管制有关问题的通知》(自然资发〔2021〕166号)明确规定，除国家安排的生态退耕、自然灾害损毁难以复耕、河湖水面自然扩大造成耕地永久淹没外，耕地转为林地、草地、园地等其他农用地及农业设施建设用地的，应当通过统

筹林地、草地、园地等其他农用地及农业设施建设用地整治为耕地等方式,补足同等数量、质量的可以长期稳定利用的耕地。

概括而言,耕地"进出平衡"制度主要指对于耕地转为林地、草地、园地等其他农用地,应按照年度耕地"进一出一""先进后出"的方式,通过统筹开展林地、草地、园地等其他农用地及农业设施建设用地整治,补足同等数量、质量的可以长期稳定利用的耕地,确保区域范围内可以长期稳定利用的耕地不减少。由此,通过对农用地内部具体土地用途结构的调整,防止耕地非农化。此外,《土地管理法实施条例》也补充规定,按照国家有关规定需要将耕地转为林地、草地、园地等其他农用地的,应当优先使用难以长期稳定利用的耕地,进一步对被转用的耕地条件进行限制。

二、禁止违规占用耕地绿化造林、挖湖造景等行为,禁止在国家批准的生态退耕规划和计划外擅自扩大退耕范围

本条对于违法违规占用与擅自退耕行为进行了明确列举,突出强调对于前述行为的针对性规制。

1. 禁止违规占用耕地绿化造林、挖湖造景等行为

一般而言,绿化造林行为本身值得提倡,有益于生态环境的改善。挖湖造景行为也主要受《水法》《黄河保护法》等的规制。本条主要针对违规占用耕地所实施的绿化造林、挖湖造景等行为,所体现的是对于耕地的严格保护。根据国务院办公厅《关于坚决制止耕地"非农化"行为的通知》(国办发明电〔2020〕24 号)的规定:(1)对于违规占用耕地绿化造林、挖湖造景等行为的理解应适度拓宽,主要包括违规占用耕地种植苗木、草皮等用于绿化装饰以及其他破坏耕作层的植物,违规占用耕地超标准建设绿化带,以及擅自占用耕地挖田造湖、挖湖造景、建设人造湿地公园、建设人造水利景观等行为。(2)经批准实施的国土绿化,应当在"三调"底图和年度国土变更调查结果上明确实施位置。此外,确需在耕地上建设农田防护林的,应符合农田防护林建设相关标准。建成后达

到国土调查分类标准并变更为林地的，应当从耕地面积中扣除。

2. 禁止在国家批准的退耕还林还草计划外擅自扩大退耕范围

本条规定对在国家批准的退耕还林还草计划外擅自扩大退耕范围的行为予以明确禁止。具体行为主要体现为未经同意在国家批准的退耕还林还草计划外，将耕地作为林地、草地。对此，可从以下四个方面理解：

（1）国家批准的退耕还林还草计划主要是指国务院批准的退耕还林还草还湿还湖相关总体规划及年度计划。例如，《退耕还林条例》第六条明确规定了退耕还林总体规划、年度计划的编制及具体实施机制。

（2）在国家批准的退耕还林还草计划外禁止擅自退耕。参照自然资源部办公厅《关于开展2021年违法违规占用耕地重点问题整治的通知》①的规定，在国家批准的生态退耕规模和范围外擅自退耕还林还草的，应整改恢复为耕地。对于违规占用耕地及永久基本农田造林的，将不予核实造林面积，且不享受财政资金补助政策。②

（3）在国家批准的退耕还林还草计划内应依法依规进行退耕。《土地管理法》第四十条第二款规定，根据土地利用总体规划，对破坏生态环境开垦、围垦的土地，有计划、有步骤地退耕还林、还牧、还湖。《农业法》第六十二条第一款、第二款规定，禁止毁林毁草开垦、烧山开垦以及开垦国家禁止开垦的陡坡地，已经开垦的应当逐步退耕还林、还草。禁止围湖造田以及围垦国家禁止

---

① 参见《自然资源部办公厅发出通知开展2021年违法违规占用耕地重点问题整治》，载中华人民共和国中央人民政府官网，https://www.gov.cn/xinwen/2021-12/02/content_5655388.htm，最后访问日期：2024年1月7日。

② 参见《自然资源部办公厅发出通知开展2021年违法违规占用耕地重点问题整治》，载中华人民共和国中央人民政府官网，https://www.gov.cn/xinwen/2021-12/02/content_5655388.htm，最后访问日期：2024年1月7日。

围垦的湿地。已经围垦的，应当逐步退耕还湖、还湿地。《森林法》第四十六条第二款规定，各级人民政府应当对国务院确定的坡耕地、严重沙化耕地、严重石漠化耕地、严重污染耕地等需要生态修复的耕地，有计划地组织实施退耕还林还草。《防沙治沙法》第二十条亦规定，沙化土地所在地区的县级以上地方人民政府，不得批准在沙漠边缘地带和林地、草原开垦耕地；已经开垦并对生态产生不良影响的，应当有计划地组织退耕还林还草。

为保障有序落实具体退耕计划，根据国务院办公厅《关于坚决制止耕地“非农化”行为的通知》（国办发明电〔2020〕24号）的规定，经国家批准实施的退耕还林还草还湿还湖规划和计划，还应当在“三调”底图和年度国土变更调查结果上明确实施位置，并按照具体位置下达退耕任务。

（4）相较前述《土地管理法》《农业法》《森林法》等具体规范，本条仅规定“退耕还林还草计划”，未体现“退耕还湖还湿还牧”。为切实保障耕地安全，对于“退耕还湖还湿还牧”的具体适用，仍应严格按照既有相关立法的规定。

相关规定

（1）《土地管理法》第三十条　国家保护耕地，严格控制耕地转为非耕地。

国家实行占用耕地补偿制度。非农业建设经批准占用耕地的，按照“占多少，垦多少”的原则，由占用耕地的单位负责开垦与所占用耕地的数量和质量相当的耕地；没有条件开垦或者开垦的耕地不符合要求的，应当按照省、自治区、直辖市的规定缴纳耕地开垦费，专款用于开垦新的耕地。

省、自治区、直辖市人民政府应当制定开垦耕地计划，监督占用耕地的单位按照计划开垦耕地或者按照计划组织开垦耕地，并进行验收。

（2）《土地管理法》第四十四条　建设占用土地，涉及农用地转为建设用地的，应当办理农用地转用审批手续。

永久基本农田转为建设用地的，由国务院批准。

在土地利用总体规划确定的城市和村庄、集镇建设用地规模范围内，为实施该规划而将永久基本农田以外的农用地转为建设用地的，按土地利用年度计划分批次按照国务院规定由原批准土地利用总体规划的机关或者其授权的机关批准。在已批准的农用地转用范围内，具体建设项目用地可以由市、县人民政府批准。

在土地利用总体规划确定的城市和村庄、集镇建设用地规模范围外，将永久基本农田以外的农用地转为建设用地的，由国务院或者国务院授权的省、自治区、直辖市人民政府批准。

(3)《土地管理法实施条例》第十二条　国家对耕地实行特殊保护，严守耕地保护红线，严格控制耕地转为林地、草地、园地等其他农用地，并建立耕地保护补偿制度，具体办法和耕地保护补偿实施步骤由国务院自然资源主管部门会同有关部门规定。

非农业建设必须节约使用土地，可以利用荒地的，不得占用耕地；可以利用劣地的，不得占用好地。禁止占用耕地建窑、建坟或者擅自在耕地上建房、挖砂、采石、采矿、取土等。禁止占用永久基本农田发展林果业和挖塘养鱼。

耕地应当优先用于粮食和棉、油、糖、蔬菜等农产品生产。按照国家有关规定需要将耕地转为林地、草地、园地等其他农用地的，应当优先使用难以长期稳定利用的耕地。

(4)《乡村振兴促进法》第十四条　国家建立农用地分类管理制度，严格保护耕地，严格控制农用地转为建设用地，严格控制耕地转为林地、园地等其他类型农用地。省、自治区、直辖市人民政府应当采取措施确保耕地总量不减少、质量有提高。

国家实行永久基本农田保护制度，建设粮食生产功能区、重要农产品生产保护区，建设并保护高标准农田。

地方各级人民政府应当推进农村土地整理和农用地科学安全

利用,加强农田水利等基础设施建设,改善农业生产条件。

(5)《黄河保护法》第二十五条　国家对黄河流域国土空间严格实行用途管制。黄河流域县级以上地方人民政府自然资源主管部门依据国土空间规划,对本行政区域黄河流域国土空间实行分区、分类用途管制。

黄河流域国土空间开发利用活动应当符合国土空间用途管制要求,并依法取得规划许可。

禁止违反国家有关规定、未经国务院批准,占用永久基本农田。禁止擅自占用耕地进行非农业建设,严格控制耕地转为林地、草地、园地等其他农用地。

黄河流域县级以上地方人民政府应当严格控制黄河流域以人工湖、人工湿地等形式新建人造水景观,黄河流域统筹协调机制应当组织有关部门加强监督管理。

(6)《刑法》第三百四十二条　【非法占用农用地罪】违反土地管理法规,非法占用耕地、林地等农用地,改变被占用土地用途,数量较大,造成耕地、林地等农用地大量毁坏的,处五年以下有期徒刑或者拘役,并处或者单处罚金。

法条

第十三条　耕地应当主要用于粮食和棉、油、糖、蔬菜等农产品及饲草饲料生产。县级以上地方人民政府应当根据粮食和重要农产品保供目标任务,加强耕地种植用途管控,落实耕地利用优先序,调整优化种植结构。具体办法由国务院农业农村主管部门制定。

县级以上地方人民政府农业农村主管部门应当加强耕地种植用途管控日常监督。村民委员会、农村集体经济组织发现违反耕地种植用途管控要求行为的,应当及时向乡镇人民政府或者县级人民政府农业农村主管部门报告。

法条释义

本法第十三条明确规定了耕地种植用途管控制度的具体要求。

概括而言,(1)本条第一款首先明确耕地的种植用途要求。(2)在前述要求的基础上,划定各主体的耕地种植用途管控责任,保障耕地种植用途管控的具体落实。第一款明确县级以上地方人民政府加强耕地种植用途管控的具体责任,并规定应由国务院农业农村主管部门制定具体办法;第二款进一步规定县级以上地方人民政府农业农村主管部门加强耕地种植用途管控日常监督的具体职责。同时,发挥村民委员会、农村集体经济组织的作用,规定其对于违反耕地种植用途管控要求行为的及时报告义务。

一、耕地应当主要用于粮食和棉、油、糖、蔬菜等农产品及饲草饲料生产

本条规定明确了耕地种植用途管控要求。具体而言,根据农业农村部《关于落实党中央国务院2022年全面推进乡村振兴重点工作部署的实施意见》(农发〔2022〕1号)以及国务院办公厅《关于防止耕地"非粮化"稳定粮食生产的意见》(国办发〔2020〕44号)的规定,应分类明确耕地用途。确保耕地主要用于粮、棉、油、糖、菜和饲草饲料等生产,在优先满足粮食和食用农产品生产基础上,适度用于非食用农产品生产;一般耕地主要用于粮食和棉、油、糖、蔬菜等农产品及饲草饲料生产;永久基本农田重点用于粮食生产,特别是保障稻谷、小麦、玉米三大谷物的种植面积;高标准农田原则上全部用于种粮。

二、县级以上地方人民政府应当根据粮食和重要农产品保供目标任务,加强耕地种植用途管控,落实耕地利用优先序,调整优化种植结构。具体办法由国务院农业农村主管部门制定

本条规定分别确立了县级以上地方人民政府以及国务院农业农村主管部门的具体耕地种植用途管控职责。具体可从以下两个方面理解：

1. 为保障耕地种植用途管控的有序实施，必须以科学完备的制度规范为基础

本条规定，县级以上地方人民政府加强耕地种植用途管控等的具体办法由国务院农业农村主管部门制定。（1）此规定系一项授权立法规定，通过在法律条文中明确指出由特定主体针对特定事项制定相关法律法规，赋予该特定主体对特定事项的立法权限。同时，亦强调该特定主体应当对特定事项进行立法的具体职责。（2）国务院农业农村主管部门应在本条的指引下着力制定耕地种植用途管控的具体实施细则，明确耕地种植用途管控的具体实施范围、措施、管控程序以及监管规定。同时，政府的具体管控手段亦应尊重粮食市场的运行规律，避免政府的过度干预。由此，为耕地种植用途管控的逐级规范有序落实提供完备的制度框架。

2. 县级以上地方人民政府应当严格依照前述规范，根据粮食和重要农产品保供目标任务，加强耕地种植用途管控，落实耕地利用优先序，调整优化种植结构

（1）按照文义解释，耕地种植用途管控主要即为对于耕地上的具体种植行为进行细化管理和调控。其制度本质，实则为在粮食安全公益性目标下，对于农业生产经营者耕地利用自由这一“私益”的适度限缩。本法出台前，耕地种植用途仅在限制耕地转为林地、草地、园地等其他农用地的相关规范中予以间接管控。通过严格规制在耕地上种植苗木等行为，限制耕地的具体种植用途。随着本法明确通过单条对于耕地种植用途管控制度进行有针对性的规定，国家对于农用地内部具体地类结构的治理再次细化，构建了土地用途管控、耕地用途管控以及耕地种植用途管控的“三层”用途管控机制。该机制对于耕地用途作了更具明确性的利用限

制，为进一步加强对耕地的严格保护提供了规范基础。[①]

（2）根据国务院办公厅《关于防止耕地"非粮化"稳定粮食生产的意见》（国办发〔2020〕44号）的规定，"耕地利用优先序"主要是指对于一般耕地以及永久基本农田耕地利用和保护的优先级次序规定。永久基本农田是依法划定的优质耕地，要重点用于发展粮食生产，特别是保障稻谷、小麦、玉米三大谷物的种植面积。一般耕地应主要用于粮食和棉、油、糖、蔬菜等农产品及饲草饲料生产。耕地在优先满足粮食和食用农产品生产基础上，适度用于非食用农产品生产。

针对耕地利用优先序的具体落实，《农村土地承包合同管理办法》第四条规定，农村土地承包合同管理应当遵守法律、法规，保护土地资源的合理开发和可持续利用，依法落实耕地利用优先序，发包方和承包方应当依法履行保护农村土地的义务。据此，实践中农村集体经济组织或村民委员会，可以通过农村土地承包合同这一工具，实现对于耕地利用优先序的有效落实。此外，还应逐级制定明确的实施细则。对一般耕地、永久基本农田以及高标准农田分别确立具体的耕地利用规则，确保"良田粮用"。需要强调的是，政府在耕地利用优先序的具体落实过程中，必须严格基于中央规定，在遵循市场法则的基础之上明确政府权力行使的边界，不可任意限制农业生产经营者的耕地利用自由。

三、县级以上地方人民政府农业农村主管部门应当加强耕地种植用途管控日常监督。村民委员会、农村集体经济组织发现违反耕地种植用途管控要求行为的，应当及时向乡镇人民政府或者县级人民政府农业农村主管部门报告

本条规定主要为耕地种植用途管控的常态化分级监督制度。

① 参见王丽惠、赵晓峰：《"非粮化"整治的负外部性及政策优化》，载《学术论坛》2021年第6期。

以县级以上地方人民政府农业农村主管部门的日常监督为主体，以村民委员会、农村集体经济组织的及时报告为补充，构建跨层级的耕地种植用途管控体系。(1)乡镇人民政府应严格落实县级人民政府农业农村主管部门对于耕地种植用途管控日常监督的具体要求，及时将违反耕地种植用途管控要求的行为向县级人民政府农业农村主管部门报告。申言之，对于本条规定的具体适用，还应侧重补足乡镇人民政府对于行政管辖区域内的耕地种植用途管控监督职责，发挥乡镇一级人民政府的“中介”作用。尽管村民委员会、农村集体经济组织具备耕地种植用途管控常态化监督的地理位置与组织管理优势，但考虑实践中村民委员会、农村集体经济组织发展基础仍相对薄弱，乡镇人民政府还应适当引导、支持村民委员会和农村集体经济组织开展耕地种植用途管控监督工作。同时，对村民委员会和农村集体经济组织的具体管控行为予以监督考核，确保耕地种植用途管控的依法有序落实。(2)在耕地种植用途管控的实际推行过程中，还应探索扩大土地承包经营权人的有效参与。具体而言，农业农村部可将合同作为间接管控工具，出台耕地种植用途管控合同示范文本，引导土地承包经营权人在作为发包方时，与相对人签署相应合同或补充相关条款。若相对人违反耕地种植用途管控的合同义务，应承担相应的违约责任。

相关规定

(1)《农村土地承包合同管理办法》第四条　农村土地承包合同管理应当遵守法律、法规，保护土地资源的合理开发和可持续利用，依法落实耕地利用优先序。发包方和承包方应当依法履行保护农村土地的义务。

(2)《国家赔偿法》第二条　国家机关和国家机关工作人员行使职权，有本法规定的侵犯公民、法人和其他组织合法权益的情形，造成损害的，受害人有依照本法取得国家赔偿的权利。

本法规定的赔偿义务机关，应当依照本法及时履行赔偿义务。

法条

第十四条　国家建立严格的耕地质量保护制度，加强高标准农田建设，按照量质并重、系统推进、永续利用的要求，坚持政府主导与社会参与、统筹规划与分步实施、用养结合与建管并重的原则，健全完善多元投入保障机制，提高建设标准和质量。

法条释义

本法第十四条为耕地质量保护制度构建的原则性规定，以及高标准农田建设要求的具体规定。

概括而言，(1)本条首先强调"国家建立严格的耕地质量保护制度"。(2)在前述耕地质量保护要求之下，提出应"加强高标准农田建设"。具体规定"量质并重、系统推进、永续利用"的要求，以及"坚持政府主导与社会参与、统筹规划与分步实施、用养结合与建管并重"的原则。同时，规定"健全完善多元投入保障机制"，保障前述具体要求及原则的贯彻落实。最后，提出"提高建设标准和质量"这一高标准农田建设的核心目标。

一、国家建立严格的耕地质量保护制度

本条规定首次明确将"建立严格的耕地质量保护制度"上升为法律，体现了对于耕地质量保护的极大重视。通过本条规定，各粮食安全保障相关责任主体均应当严格贯彻落实耕地质量保护要求。一方面，应系统考量耕地质量保护相较数量保护的特殊性，对具体耕地质量保护内容、标准设定、质量监测等具体规范予以细化；另一方面，应进一步厘清耕地质量保护制度与土地利用总体规划制度、耕地转用制度等的适用范围及相应边界，确保耕地保护相关规范体系的协调性。

二、加强高标准农田建设，按照量质并重、系统推进、永续利用的要求，坚持政府主导与社会参与、统筹规划与分步实施、用养结合与建管并重的原则，健全完善多元投入保障机制，提高建设标准和质量

1. 按照量质并重、系统推进、永续利用要求

耕地保护是一个系统工程，要突出把握好量质并重、严格执法、系统推进、永续利用等重大要求。本条规定进一步聚焦高标准农田建设，提出应在强调数量、质量并重的基础上，系统化部署具体建设任务。同时，重视高标准农田的建后管护工作，保障高标准农田建设工程的良性可持续利用。

2. 坚持政府主导与社会参与、统筹规划与分步实施、用养结合与建管并重的原则

具体而言，(1)高标准农田建设的全过程囊括了政府、投资者、新型农业经营主体、农民、农村集体经济组织、基层组织、社会力量等多元主体的参与。处理好实践中错综复杂的法律关系，引导各方主体合理支配自己的行为实则为制度落实的关键。根据本条规定，应坚持以政府为主导，积极扩大社会参与。在此过程中，政府应履行好统筹规划、制度供给、支持引导、监督管理、兜底保障等具体职责，保障多元主体的权责相协同。在制定完备的高标准农田建设规划以及制度框架的基础之上，政府应激励社会主体参与高标准农田建设及建后管护的具体环节，并加强对高标准农田建设及建后管护的常态化监督，在紧急情况下及时接管。(2)《全国高标准农田建设规划(2021—2030年)》按照省份及具体时间段下达了高标准农田建设任务，且适时动态调整，为各地科学有序开展建设工作提供了重要依据。鉴于不同区域自然资源特点和经济发展水平的较大差异，目前全国高标准农田7个建设区域在化解粮食生产差异化的制约因素基础上，推进开展建设活动。譬如，东北区以黑土地保护修复为主攻方向；长江中下游区以增强农田防

洪排涝能力为重点，开展田间灌排工程；西北区以培肥耕地地力为目标推行土壤改良。(3)在具体实践中，高标准农田建设工程主要囊括了田块整治、土壤改良、田间道路整修、灌排设施建设、农业科技服务提供、高标准农田建设工程管护等诸多内容，在一定程度上体现耕地数量、质量保护并行，高标准农田建设、管护并重。进言之，解构高标准农田建设法律关系，无一例外都会涉及实际建设、建设监管、建成后的实际利用和运营、后续管护等多重法律关系。①

3. 健全完善多元投入保障机制

在高标准农田建设及建后管护过程中，政府还应健全完善多元投入保障机制。有效发挥政府财政、社会资本、金融机构等在高标准农田建设及建后管护中的投入保障。发挥多元主体对于资金、技术、人力保障等的重要作用，切实提高高标准农田建设及管护的标准和质量。

相关规定

(1)《土地管理法》第三十二条　省、自治区、直辖市人民政府应当严格执行土地利用总体规划和土地利用年度计划，采取措施，确保本行政区域内耕地总量不减少、质量不降低。耕地总量减少的，由国务院责令在规定期限内组织开垦与所减少耕地的数量与质量相当的耕地；耕地质量降低的，由国务院责令在规定期限内组织整治。新开垦和整治的耕地由国务院自然资源主管部门会同农业农村主管部门验收。

个别省、直辖市确因土地后备资源匮乏，新增建设用地后，新开垦耕地的数量不足以补偿所占用耕地的数量的，必须报经国务院批准减免本行政区域内开垦耕地的数量，易地开垦数量和质量

① 参见曾福生：《高标准农田建设的理论框架与模式选择》，载《湖湘论坛》2014年第4期。

相当的耕地。

(2)《乡村振兴促进法》第十四条 国家建立农用地分类管理制度,严格保护耕地,严格控制农用地转为建设用地,严格控制耕地转为林地、园地等其他类型农用地。省、自治区、直辖市人民政府应当采取措施确保耕地总量不减少、质量有提高。

国家实行永久基本农田保护制度,建设粮食生产功能区、重要农产品生产保护区,建设并保护高标准农田。

地方各级人民政府应当推进农村土地整理和农用地科学安全利用,加强农田水利等基础设施建设,改善农业生产条件。

(3)《黄河保护法》第八十八条 国家鼓励、支持黄河流域建设高标准农田、现代畜牧业生产基地以及种质资源和制种基地,因地制宜开展盐碱地农业技术研究、开发和应用,支持地方品种申请地理标志产品保护,发展现代农业服务业。

国务院有关部门和黄河流域县级以上地方人民政府应当组织调整农业产业结构,优化农业产业布局,发展区域优势农业产业,服务国家粮食安全战略。

(4)《黑土地保护法》第二十一条 建设项目不得占用黑土地;确需占用的,应当依法严格审批,并补充数量和质量相当的耕地。

建设项目占用黑土地的,应当按照规定的标准对耕作层的土壤进行剥离。剥离的黑土应当就近用于新开垦耕地和劣质耕地改良、被污染耕地的治理、高标准农田建设、土地复垦等。建设项目主体应当制定剥离黑土的再利用方案,报自然资源主管部门备案。具体办法由四省区人民政府分别制定。

(5)《土地管理法实施条例》第十一条 县级以上地方人民政府应当采取措施,预防和治理耕地土壤流失、污染,有计划地改造中低产田,建设高标准农田,提高耕地质量,保护黑土地等优质耕地,并依法对建设所占用耕地耕作层的土壤利用作出合理安排。

非农业建设依法占用永久基本农田的，建设单位应当按照省、自治区、直辖市的规定，将所占用耕地耕作层的土壤用于新开垦耕地、劣质地或者其他耕地的土壤改良。

县级以上地方人民政府应当加强对农业结构调整的引导和管理，防止破坏耕地耕作层；设施农业用地不再使用的，应当及时组织恢复种植条件。

法条

第十五条　县级以上人民政府应当建立耕地质量和种植用途监测网络，开展耕地质量调查和监测评价，采取土壤改良、地力培肥、治理修复等措施，提高中低产田产能，治理退化耕地，加强大中型灌区建设与改造，提升耕地质量。

国家建立黑土地保护制度，保护黑土地的优良生产能力。

国家建立健全耕地轮作休耕制度，鼓励农作物秸秆科学还田，加强农田防护林建设；支持推广绿色、高效粮食生产技术，促进生态环境改善和资源永续利用。

法条释义

本法第十五条明确了耕地质量保护措施的具体规定。

概括而言，本条第一款明确县级以上人民政府耕地质量保护的具体责任要求以及应当采取的具体措施；第二款聚焦黑土地保护，强调国家建立黑土地保护制度，保护黑土地的优良生产能力；第三款着眼耕地生态保障，提出国家应采取的具体耕地生态保障措施，以实现“促进生态环境改善和资源永续利用”的规范目的。

一、明确县级以上人民政府的耕地质量保护职责

1. 建立耕地质量和种植用途监测网络，开展耕地质量调查和监测评价

针对耕地质量监测，2017 年农业农村部成立耕地质量监测保

护中心，逐步构建起国家、省、市、县四级耕地质量监测网络。通过建立国家耕地质量长期定位监测点以及省、市、县监测点，定期组织开展耕地质量监测与评价工作。2022年第三次全国土壤普查，亦系统化地对全国耕地、园地、林地、草地等土壤质量集中监测。此外，按照国务院办公厅《关于切实加强高标准农田建设提升国家粮食安全保障能力的意见》（国办发〔2019〕50号）的规定，我国逐步强化全国农田建设"一张图"的监管要求，不断推进全国农田建设综合监测监管平台建设，对高标准农田建设项目的立项、实施、验收、使用等各阶段相关信息进行全流程管理，对建成的高标准农田开展上图入库，准确掌握各地农田建设进展，实现高标准农田建设精准监管。

针对耕地种植用途监测，2021年3月自然资源部印发《耕地卫片监督方案（试行）》，建立耕地卫片监督工作机制。该方案主要运用卫星遥感影像和信息化手段，定期对耕地保护利用情况进行动态监测。此外，农业农村部也综合运用卫星遥感、无人机航拍等现代信息技术，每年以抽样方式开展粮食生产功能区和重要农产品生产保护区目标作物种植情况监测，深入分析"两区"目标作物种植变化情况，为"两区"的建设和管护提供数据支撑。

2. 采取土壤改良、地力培肥、治理修复等措施，提高中低产田产能，治理退化耕地

具体而言，中低产田主要为单位面积粮食产量相对较低且难以保障稳定产量的耕地。近年来，随着大量农业投入品的使用以及气候变化等的影响，多数地区的耕地地力状况已呈现较明显的下降趋势。根据《2019年全国耕地质量等级情况公报》，2019年我国被评价为一至三等的耕地面积为6.32亿亩，占耕地总面积的31.24%；被评价为四至六等的耕地面积为9.47亿亩，占耕地总面积的46.81%；被评价为七至十等的耕地面积为4.44亿亩，占耕地总面积的21.95%，平均等级仅为不到五等。基于以上数据，我

国的耕地地力总体状况不容乐观，1/5 以上的耕地地力退化问题严峻，耕地地力质量状况总体上仍待提升。对于前述耕地的治理，可在编制相关规划和专项实施方案的基础上，完备耕地治理、配套水利工程建设、工程建后管护、资金投入保障、责任主体及实施机制等具体制度细则。在明确具体责任主体的基础之上，综合采取土壤改良、地力培肥、治理修复等措施，推进耕地治理工程建设，并加强建后管护，在此过程中，创新多元投入保障机制，引导金融机构和社会资本积极参与耕地治理。

3. 加强大中型灌区建设与改造

大中型灌区，是指灌溉面积较大、水资源利用较充分、灌溉设施较完善的灌区。中共中央、国务院《关于做好 2022 年全面推进乡村振兴重点工作的意见》中指出，应加大大中型灌区续建配套与改造力度，在水土资源条件适宜地区规划新建一批现代化灌区，优先将大中型灌区建成高标准农田。近年来，水利部也在加快推进大中型灌区建设和现代化改造，明确“十四五”期间应完成 1200 多处大中型灌区的现代化改造任务，着力提升供水用水服务能力和水平。为加快提升灌区标准化管理水平，我国还应加快推动大中型灌区改造与建设的制度化、标准化进程。通过完备的制度供给，保障大中型灌区改造与建设的规范化开展。

二、国家建立黑土地保护制度，保护黑土地的优良生产能力

本条规定明确提出国家建立黑土地保护制度，并强调应保护黑土地的优良生产能力。黑土地被誉为“耕地中的大熊猫”，是耕地中的精华。《黑土地保护法》第二条第二款指出，“黑土地，是指黑龙江省、吉林省、辽宁省、内蒙古自治区（以下简称四省区）的相关区域范围内具有黑色或者暗黑色腐殖质表土层，性状好、肥力高的耕地”。凭借地利的先天优势，我国的黑土区长期以来都是国家重要的粮食生产基地。其粮食产量约占全国的 1/4，调出量约占全国的 1/3，在保障国家粮食安全中具有举足轻重的地位。针对黑土地优良生产能力的具体保护措施，可结合并参照《黑土地保护法》的具体规定，坚持统筹规划、因地制宜、用养结合、近期目标与远期目标结合、突出重点、综合施策的原则，并建立健全政府主导、农业生产经营者实施、社会参与的保护机制。

三、突出国家对于耕地生态安全的保护规定，以促进生态环境改善和资源永续利用

1. 建立健全耕地轮作休耕制度

着眼我国耕地质量保护的突出问题以及粮食安全保障的切实需要，我国自2016年起探索实行耕地轮作休耕制度，并专门制定了《探索实行耕地轮作休耕制度试点方案》，在部分地区先行试点。耕地轮作休耕制度主要包括轮作与休耕两个具体制度。(1)休耕是对土壤和生态环境遭到严重破坏、亟须修复治理、恢复生产能力的补救性措施。该制度主要针对地下水漏斗区、重金属污染区以及生态严重退化地区，通过农艺措施和其他手段开展修复治理，待符合种植要求后再进行复耕。(2)轮作是在同一田块上、在季节间和年度间轮换种植不同作物或复种组合的农业种植方式。[①]

此外，根据《探索实行耕地轮作休耕制度试点方案》，耕地轮作休耕应以尊重农民意愿，稳妥有序实施为基本原则。通过完备耕地轮作休耕组织方式和政策体系，明确轮作、休耕的补助标准和方式，并强化对于具体实施的监督机制，予以系统推进。

2. 鼓励农作物秸秆科学还田

农作物秸秆科学还田不仅是耕地地力提升的有效措施，也是防治大气污染的重要举措。《大气污染防治法》第七十六条明确规定，应加大对秸秆还田、收集一体化农业机械的财政补贴力度。

---

① 参见《制度篇(中)|“十四五”规划和2035年远景目标纲要中的名词解释》，载中华人民共和国国家发展和改革委员会官网，https://www.ndrc.gov.cn/xxgk/jd/wsdwhfz/202106/t20210629_1284498.html。

针对秸秆还田的技术手段提升，原农业部办公厅《关于印发全国农业机械化专项发展规划的通知》(农办机〔2011〕55 号)明确提出，应推进机械化秸秆综合利用技术。国务院《空气质量持续改善行动计划》进一步强调，应提高秸秆还田标准化、规范化水平。健全秸秆收储运服务体系，并使全国秸秆综合利用率稳定在 86%以上。在前述目标下，国家应着力配套具体技术研发推广的财税、金融支持政策，并着力推动技术利用的培训、指导服务机制建设，为农作物秸秆科学还田构建更完善的配套机制。

3. 加强农田防护林建设

农田防护林是农田基础设施建设的重要组成部分，对防风固沙、保持水土、改善农田小气候、保障粮食高产稳产等具有重要作用。国家林业和草原局、自然资源部、农业农村部《关于加强农田防护林建设管理工作的通知》(林生发〔2022〕65 号)明确规定，支持各地结合林业草原生态保护修复、全域土地综合整治、高标准农田建设等项目统筹开展农田防护林建设，积极构建适应现代农业发展需要的农田防护林体系。新建或改造农田防护林，依法依规享受中央财政造林、森林抚育补助；涉及使用农户承包地的，应给予承包农户适当经济补偿。需要注意的是，农田防护林建设亦应受到明确的规范约束。具体而言，农田防护林建设应以坚持节约集约用地、因地制宜、建管并重为原则，尽量少占耕地、避让永久基本农田，并严格落实耕地年度"进出平衡"制度，落实耕地及永久基本农田的具体保护规定。此外，在实践中需针对地区差异，科学选择更适当的树种和种植结构。此外，农田防护林建成后，县级林业和草原主管部门应切实承担林地上防护林的建后管护职责，县级人民政府应承担非林地上防护林的建后管护职责，对于具体管护主体、措施以及监督保障机制等予以明确。

4. 支持推广绿色、高效粮食生产技术

为推动粮食生产方式转型，原农业部印发的《关于大力开展粮食绿色增产模式攻关的意见》(农农发〔2015〕1号)着重强调应加快推动绿色、高效粮食生产技术的攻关,以实现生产与生态协调发展,探索有中国特色的粮食可持续发展之路。在此基础上,应进一步强调对于绿色、高效粮食生产技术的有效推广,确保具体技术的落地。对此,国家应协同耕地地力保护补贴、绿色高效生产技术指导服务等具体支持措施,完备相应的制度机制,为粮食生产的绿色化、现代化转型提供制度支撑。

相关规定

(1)《黑土地保护法》第二条　从事黑土地保护、利用和相关治理、修复等活动,适用本法。本法没有规定的,适用土地管理等有关法律的规定。

本法所称黑土地,是指黑龙江省、吉林省、辽宁省、内蒙古自治区(以下简称四省区)的相关区域范围内具有黑色或者暗黑色腐殖质表土层,性状好、肥力高的耕地。

(2)《大气污染防治法》第七十六条　各级人民政府及其农业行政等有关部门应当鼓励和支持采用先进适用技术,对秸秆、落叶等进行肥料化、饲料化、能源化、工业原料化、食用菌基料化等综合利用,加大对秸秆还田、收集一体化农业机械的财政补贴力度。

县级人民政府应当组织建立秸秆收集、贮存、运输和综合利用服务体系,采用财政补贴等措施支持农村集体经济组织、农民专业合作经济组织、企业等开展秸秆收集、贮存、运输和综合利用服务。

法条

第十六条　县级以上地方人民政府应当因地制宜、分类推进撂荒地治理,采取措施引导复耕。家庭承包的发包方可以依法通过组织代耕代种等形式将撂荒地用于农业生产。

法条释义

本法第十六条明确规定了撂荒地治理的总体规定和组织代耕代种等具体措施。概括而言,本条首先规定县级以上地方人民政府的撂荒地治理责任及规范要求,在此基础上进一步引导家庭承包的发包方对于撂荒地予以利用。

一、县级以上地方人民政府应当因地制宜、分类推进撂荒地治理,采取措施引导复耕

根据农业农村部《关于统筹利用撂荒地促进农业生产发展的指导意见》(农规发〔2021〕1号)的规定,政府应将统筹利用撂荒地情况纳入考核指标,层层压实责任,有效遏制耕地撂荒。在该指导意见中,明确规定应坚持分类指导,有序推进撂荒地利用。政府应基于各辖区耕地撂荒基本情况的排查,因地制宜制订统筹利用撂荒地的具体方案。区分确不适宜耕种的撂荒地以及季节性撂荒地等不同地区类别,确定差异化的治理措施。在此过程中,还应综合采取以下措施实现对于撂荒地的系统治理。

1. 强化政策扶持,加快设施建设,引导农民复耕撂荒地

一方面,针对比较效益偏低这一耕地撂荒的重要原因,各地方应进一步落实稻谷小麦最低收购价政策、健全相关补贴机制、加大农业生产社会化服务项目种粮支持力度,并完善保险政策和信贷支持等支持机制;另一方面,由于撂荒地多为丘陵山区的坡地或细碎地块,通过配套完善农业基础设施、改良提升地力,有助于尽快恢复适宜耕种的基础条件,促进撂荒地的有效利用。

2. 规范土地流转,促进撂荒地规模经营和社会化服务供给

当下,农村地区青壮年种粮劳动力的缺失,直接与粮食产出效益的保证产生冲突。此外,农村人口结构的"空心化"不仅会导致种粮劳动力短缺,老年群体等与现代数字发展的鸿沟也将直接阻碍种粮技术的提升,进而桎梏粮食种植的规模化、机械化、智慧化发展,威胁国家粮食安全的保障。通过农民土地流转的规范化建

设和规模化粮食种植制度体系的完善,可以在促进贫困地区农民有效增收的同时,有效解决返贫治理中劳动力外流问题。进一步释放我国农村地区的粮食生产潜力,守住粮食安全保障与不发生规模性返贫的两条底线。对此,应重点加强农村土地流转制度体系的规范化建设,推进对农村土地经营权流转市场和产权交易市场的有效规制,引导不具备农业生产条件的农户依法有序流转土地经营权,避免采取撂荒方式。同时,可加大对社会化服务组织的培育支持机制,完善社会化服务供给的制度激励体系,鼓励发展现代化农业生产托管服务,积聚撂荒地治理中的多元主体效能。

3. 完备对于耕地撂荒的监督管理以及责任后果

土地经营权受让方应依法合理利用土地,不得闲置撂荒。各地方可引导流转双方将防止耕地撂荒要求纳入流转合同内容,并强化对于具体义务履行的约束监督。对于撂荒连续 2 年以上的,承包方在合理期限内不解除土地经营权流转合同的,发包方亦有权要求终止土地经营权流转合同。

二、家庭承包的发包方可以依法通过组织代耕代种等形式将撂荒地用于农业生产

1. 家庭承包的发包方主要为各村的村集体经济组织、村民委员会或村民小组

根据《农村土地承包法》第十三条的规定,农民集体所有的土地依法属于村农民集体所有的,由村集体经济组织或者村民委员会发包;已经分别属于村内两个以上农村集体经济组织的农民集体所有的,由村内各该农村集体经济组织或者村民小组发包。国家所有依法由农民集体使用的农村土地,由使用该土地的农村集体经济组织、村民委员会或者村民小组发包。因此,家庭承包的发包方主要为各村的村集体经济组织、村民委员会或村民小组。

2. 本条第二句主要为对前述发包方通过组织代耕代种等形式引导撂荒地利用的法律指引

随着农业产业的现代化转型推进，代耕代种、代管代收、全程托管等农业社会化服务模式逐渐完善，成为释放农业农村劳动力、促进农业产业高质量发展的重要推动力。一般而言，“代耕代种”主要是指农户通过与社会化服务组织以合同、协议等达成合意，委托社会化服务组织在相应地块从事耕作、种植等农业生产行为。在该种模式下，社会化服务组织可以根据合同约定获得劳动报酬、土地租金收入或种植收益的部分利润。而凭借社会化服务组织更先进的耕种技术和耕种相关的机械设备等突出优势，农户则可以有效节约人力等成本，避免农业生产风险，且易获得相对更高的种植收益。

在本条规定中，并未直接明确农户为代耕代种的委托者，而是将发包方作为代耕代种的组织者。对于“组织”的具体内涵，可以从以下两个方面展开：(1)各村的村集体经济组织、村民委员会或村民小组等可以依法引导本村农户采取代耕代种等形式，将撂荒地块重新利用；(2)为推进撂荒地的高效利用，可积极推进农村土地规模化流转，由村集体经济组织、村民委员会或村民小组等对于本集体的撂荒地块自行采取代耕代种等种植模式。也可进一步探索赋予村集体经济组织、村民委员会或村民小组等直接委托社会化服务组织的法定权限。并规定，对于本村农户撂荒达一定期间等具体情形，村集体经济组织、村民委员会或村民小组等可委托社会化服务组织进行代耕代种，相应成本应由撂荒农户负担。

相关规定

(1)《农村土地承包法》第十三条　农民集体所有的土地依法属于村农民集体所有的，由村集体经济组织或者村民委员会发包；已经分别属于村内两个以上农村集体经济组织的农民集体所有的，由村内各该农村集体经济组织或者村民小组发包。村集体经济组织或者村民委员会发包的，不得改变村内各集体经济组织农民集体所有的土地的所有权。

国家所有依法由农民集体使用的农村土地，由使用该土地的农村集体经济组织、村民委员会或者村民小组发包。

(2)《行政诉讼法》第二十五条　行政行为的相对人以及其他与行政行为有利害关系的公民、法人或者其他组织，有权提起诉讼。

有权提起诉讼的公民死亡，其近亲属可以提起诉讼。

有权提起诉讼的法人或者其他组织终止，承受其权利的法人或者其他组织可以提起诉讼。

人民检察院在履行职责中发现生态环境和资源保护、食品药品安全、国有财产保护、国有土地使用权出让等领域负有监督管理职责的行政机关违法行使职权或者不作为，致使国家利益或者社会公共利益受到侵害的，应当向行政机关提出检察建议，督促其依法履行职责。行政机关不依法履行职责的，人民检察院依法向人民法院提起诉讼。

法条

第十七条　国家推动盐碱地综合利用，制定相关规划和支持政策，鼓励和引导社会资本投入，挖掘盐碱地开发利用潜力，分区分类开展盐碱耕地治理改良，加快选育耐盐碱特色品种，推广改良盐碱地有效做法，遏制耕地盐碱化趋势。

法条释义

本法第十七条明确规定，国家应推动盐碱地治理改良与综合利用机制。

概括而言，首先，本条提出“国家推动盐碱地综合利用”的总体要求。其次，具体规定“制定相关规划和支持政策”以及“鼓励和引导社会资本投入”的盐碱地综合利用相关保障机制。最后，规定“挖掘盐碱地开发利用潜力”“分区分类开展盐碱耕地治理改良”“加快选育耐盐碱特色品种”“推广改良盐碱地有效做法”“遏制耕地盐碱化趋势”等盐碱地综合利用的具体措施。

一、国家应制定相关规划和支持政策，鼓励和引导社会资本投入

1. 制定相关规划和支持政策

具体而言，(1)盐碱地综合利用相关规划应是推动盐碱地综合利用的“龙头”。科学合理的规划编制将为盐碱地治理改良与综合利用提供规范有序的资金安排与措施落实的具体框架。国务院《关于确保国家粮食安全工作情况的报告》也提出，需研究编制盐碱地综合利用总体规划和专项实施方案。参照《吉林省盐碱地等耕地后备资源综合利用工程建设方案》等地方盐碱地综合利用具体方案，在具体规划中可明确建设目标、建设布局、建设内容、实施计划、实施流程以及实施监督等具体内容。此外，在盐碱地综合利用总体规划的基础之上，也可逐步配套具体专项实施方案，推动相关规划的有效落实。(2)盐碱地综合利用相关支持政策是推动盐碱地综合利用的关键保障。中央和各地方政府应强化财政、税收、金融、土地、服务等政策支持，完备盐碱地综合利用相关财政补贴和转移支付政策，完善对相关企业等的税收优惠政策，优化对社会资本参与盐碱地治理的信贷支持，健全用地保障机制，并加强对相关主体进行盐碱地综合利用的服务支持。

2. 鼓励和引导社会资本投入

鼓励、引导社会资本投入是拓宽资金筹措渠道、提升建设质量和效率的有力措施。政府可通过金融、财政、服务等多重激励手段，鼓励、引导社会资本参与盐碱地综合利用工程建设。受制于政府在财政资金、盐碱地利用技术等方面的有限性，仅依靠政府单一主体显然难以完成盐碱地综合利用这一长期性、专业性、系统性工程,而社会资本的资金、人力以及技术等多重资源,将为盐碱地综合利用提供关键的助力。针对资金支持,政府可在债务风险可控的前提下,通过发行政府专项债券方式,鼓励金融机构支持盐碱地等耕地后备资源综合利用。此外,可支持符合条件的投资主体发行企业债券、公司债券、非金融企业债务融资工具等公司信用类债券,进一步拓宽盐碱地等耕地后备资源融资渠道。针对人力与技术等支持,地方政府可通过多元的政府购买服务方式,吸纳社会资本参与盐碱地综合利用工程建设。在政府适度的监督与引导下,充分发挥社会资本在盐碱地综合利用中的重要作用。

二、国家应挖掘盐碱地开发利用潜力,分区分类开展盐碱耕地治理改良,加快选育耐盐碱特色品种,推广改良盐碱地有效做法,遏制耕地盐碱化趋势

国务院《关于确保国家粮食安全工作情况的报告》指出,应充分挖掘盐碱地综合利用潜力,全面摸清盐碱地资源状况,分区分类开展盐碱耕地治理改良,加快选育耐盐碱特色品种,大力推广盐碱地治理改良的有效做法,做好盐碱地特色农业大文章。(1)对于盐碱地开发利用潜力的挖掘,应重点支持农田水利、化学改良、生物改良、技术推广等盐碱地治理改良的关键技术攻坚,突破淡水资源分布不均、改良治理技术效果有限等困境。(2)对于分区分类开展盐碱耕地治理改良的具体实施,应以对于全国盐碱地实际分布情况以及质量状况的全面摸清为前提,因地制宜确定相应的治理方案。具体而言,盐碱地多指含有盐碱成分的土壤,即含盐量一般超过0.1%的土壤,包括盐碱耕地、盐碱林草地、盐碱未利用地等。我国盐碱地主要可大致分为五大类型区:西北内陆盐碱区、黄河上中游盐碱区、东北松嫩平原盐碱区、滨海盐碱区以及黄淮海平原盐碱区。不同地区的盐碱地亦存在盐碱地含盐量的差异,应区分轻度、中度、重度盐碱地等分别采取不同的治理与利用方案。(3)对于加快选育耐盐碱特色品种,国家应加快构建耐盐碱特色品种选育的制度支持机制。具体而言，国家应增加对于耐盐碱特色品种采集、筛选、培育等技术攻坚的财政资金支持，并加快耐盐碱特色品种成果转化与推广的技术与服务支持，同时加强对于特色品种的知识产权保障机制。(4)对于推广改良盐碱地的有效做法，应参照相关既有研究，在区分不同盐碱地含盐量等实际情况的基础上，采取不同的盐碱地改良措施。具体而言，轻度盐碱地应重点抓好粮食作物生产，加强耐盐高产品种、减肥增效、节水灌溉等技术模式的集成应用，力争"多产粮"；中度盐碱地重点抓好油料和牧草作物的综合生产，加强优质耐盐新品种、盐分阻控、有机培肥、轮作和种养结合等技术模式的集成应用，力争"产得好"；重度盐碱地重点抓好油葵、野大豆等适生特色植物生产，加强节水灌排脱盐、抗逆栽培和高值化利用等技术的集成应用，力争"有特色"。[①] (5)遏制耕地盐碱化趋势，实则为在盐碱地综合利用基础上对于盐碱地治理的进一步强化。除综合采取前述措施加强对既有盐碱地的治理外，还应注重对于其他耕地盐碱化的预防。具体而言，可协同政府、村委会、农村集体经济组织与农民等的耕地保护合力，通过采取科学合理培肥、精细化灌溉、选育耐盐碱植物、适度轮作、系统化推进水盐平衡治理等预防盐碱化措施，有效遏制耕地的盐碱化趋势。

① 参见李玉义：《系统推进盐碱地综合利用》，载《光明日报》2023 年 7 月 25 日，第 7 版。

第三章　粮食生产

法条

第十八条　国家推进种业振兴，维护种业安全，推动种业高质量发展。

国家加强粮食作物种质资源保护开发利用，建设国家农业种质资源库，健全国家良种繁育体系，推进粮食作物种质资源保护与管理信息化建设，提升供种保障能力。

国家加强植物新品种权保护，支持育种基础性、前沿性研究和应用技术研究，鼓励粮食作物种子科技创新和产业化应用，支持开展育种联合攻关，培育具有自主知识产权的优良品种。

法条释义

本法第十八条明确规定了种业保障、粮食作物种质资源保护开发利用以及育种支持机制等具体制度。

概括而言，本条第一款首先提出“国家推进种业振兴，维护种业安全，推动种业高质量发展”的原则要求。第二款聚焦粮食作物种质资源保护开发利用，提出“建设国家农业种质资源库，健全国家良种繁育体系，推进粮食作物种质资源保护与管理信息化建设”等具体要求，以此实现“提升供种保障能力”的具体目标。第三款着眼育种支持机制，首先提出“加强植物新品种权保护”的要求，其次系统规定了“支持育种基础性、前沿性研究和应用技术研究，鼓励粮食作物种子科技创新和产业化应用，支持开展育种联合攻关，培育具有自主知识产权的优良品种”等育种支持措施。

一、国家推进种业振兴，维护种业安全，推动种业高质量发展

本条规定为本法中对于种业法治保障的原则性规定，凸显了粮食安全保障工作中种业振兴、种业安全的重要地位。值得注意的是，本条规定统筹兼顾种业发展与安全，遵循了“坚持发展和安全并重”的重要理念。聚焦种业领域，在大力推进粮食作物种质资源开发利用等的过程中，亦应重视种质资源保护、植物新品种权保护以及种业科技研发风险防范化解等一系列安全问题，力求实现种业发展和安全的动态平衡。

二、国家加强粮食作物种质资源保护开发利用，建设国家农业种质资源库，健全国家良种繁育体系，推进粮食作物种质资源保护与管理信息化建设，提升供种保障能力

粮食作物种质资源是保障国家粮食安全的战略性资源，是粮食科技创新与种业振兴的基础保障。具体而言，本条着力通过以下措施加强对于粮食作物种质资源的保护、开发与利用。

1. 明确加强粮食作物种质资源保护开发利用的总体要求

根据国务院办公厅《关于加强农业种质资源保护与利用的意见》（国办发〔2019〕56 号）的规定，国家主要通过开展系统收集保护，强化鉴定评价、提高利用效率，健全种质资源保护体系，推进开发利用、提升种业竞争力，完善政策支持以及落实管理责任六大措施对农业种质资源保护与利用予以保障。着眼粮食作物种质资源保护开发利用，可以在前述规定的基础上进一步聚焦粮食作物种质资源的突出重要性，进一步强化对其保护开发利用的具体要求，压实相关粮食安全保障责任。

2. 建设国家农业种质资源库

我国从 1975 年起开始筹建种质资源库，广西壮族自治区农业科学院种质资源库、中国农业科学院作物品种资源研究所国家种质库于1981年、1984年相继建成。2019年2月26日,新国家作物种质库项目在中国农科院正式开工建设,种质库设计容量为150万份,极大地扩充了原有的种质库容量。在此基础上,国家农业种质资源库突破了作物范畴,实现了重要粮食作物和畜禽水产良种的"联合攻关",[①]进一步促进了全国农业种质资源的长期保存、研究与利用。

3. 健全国家良种繁育体系

良种繁育体系包括良种选育、良种繁殖、良种推广等诸多环节。健全国家良种繁育体系,可从加大良种选育、推广的财税政策支持,积极培育种业技术创新平台和商业化育种中心以及推动良种地理商标的推广和应用等措施着手。以国家制种大县和区域性良种繁育基地县为重点,加大中央财政对制种大县奖励政策的支持力度,将现代种业提升纳入政府债券重点支持范围,扩大种业企业信贷担保规模,并支持推进高标准制种基地建设。

4. 推进粮食作物种质资源保护与管理信息化建设

科技手段的赋能是粮食作物种质资源保护与管理水平有效提升的关键措施。对此,国家应加快推进粮食作物种质资源保护与管理中的信息化建设,运用大数据、信息网络、云计算等先进手段系统提升粮食作物种质资源保护与管理的信息化水平。受制于政府单一主体有限的财政能力和专业技术水平,在此过程中政府可探索加强与私人资本、科研机构等的合作,实现优势资源的高效整合。2023年3月,中国农业科学院启动的"国家作物种质库2.0项目"[②]即集聚了私人资本与科研机构对于种质资源保护与管理

---

① 参见农业农村部《关于落实党中央、国务院2020年农业农村重点工作部署的实施意见》(农发〔2020〕1号)。

② 参见于文静:《"国家作物种质库2.0项目"启动　加快信息技术推动种业振兴》,载中华人民共和国农业农村部官网2023年3月2日,http://www.moa.gov.cn/ztzl/ymksn/xhsbd/202303/t20230302_6422008.htm,最后访问日期:2024年1月10日。

的合力，有效加快了数字种业工具开发工作，提升了种质资源保护与管理的信息化水平，并进一步加强了种质资源保护与利用能力。

5. 提升供种保障能力

供种保障能力主要针对种企、制种大县以及区域性良种繁殖基地等的种子产能。一方面，政府应持续加大对种企的税收优惠与金融支持，加大对制种大县的奖励力度，推进良种繁殖基地建设，强化高效、可持续的供种保障能力。另一方面，根据农业农村部办公厅《关于加快推进种业基地现代化建设的指导意见》（农办种〔2022〕11 号）的规定，除提升常态化供种保障能力外，还应强化良种应急保障。各地方应制定完备的粮食作物供种应急预案，提高种子应急调度能力，并加强种子仓储、运输、加工、供应等应急能力建设，确保紧急情况下的稳定有序供种。

三、国家加强植物新品种权保护，支持育种基础性、前沿性研究和应用技术研究，鼓励粮食作物种子科技创新和产业化应用，支持开展育种联合攻关，培育具有自主知识产权的优良品种

1. 加强植物新品种权保护

植物新品种保护制度作为一项专门的制度，为农业育种创新提供了知识产权保护，对于激励育种创新、提升种业科技创新、推动和促进现代农业的发展具有不可替代的作用。[①] 为全面、系统地回应当今植物新品种作为知识产权保护的要求，立法机关还应以本法为指引，加快制定植物保护法，对植物新品种权保护作专章规定，并完善粮食作物新品种权保护的相关规定。具体而言，可推进粮食新品种权与专利权保护的衔接，建立粮食品种权与专利权间的强制交叉许可制度，并加强对农民育种、留种权的特殊保障。

① 参见中国社会科学院知识产权中心、中国知识产权培训中心编：《中国知识产权法律修订相关问题研究》，知识产权出版社 2014 年版，第 438 页。

2. 支持育种基础性、前沿性研究和应用技术研究，鼓励粮食作物种子科技创新和产业化应用，支持开展育种联合攻关，培育具有自主知识产权的优良品种

本条规定较系统地构建了育种相关的支持机制。具体而言，政府应加大对生物育种、基因编辑等基础性、前沿性技术以及应用技术研究的财政、税收与金融政策支持。同时，鼓励粮食作物种子的技术攻坚，培育具有生长势强、抗逆性强等特性的高质量种子。在此基础上，加强对优良品种的推广与应用，推进育种产业化进程，进一步扩大良种的产业化应用试点范围，并加强国家种业基地建设。

相关规定

(1)《青藏高原生态保护法》第二十八条　国务院林业草原、农业农村主管部门会同国务院有关部门和青藏高原省级人民政府按照职责分工，开展野生动植物物种调查，根据调查情况提出实施保护措施的意见，完善相关名录制度，加强野生动物重要栖息地、迁徙洄游通道和野生植物原生境保护，对野牦牛、藏羚、普氏原羚、雪豹、大熊猫、高黎贡白眉长臂猿、黑颈鹤、川陕哲罗鲑、骨唇黄河鱼、黑斑原鮡、扁吻鱼、尖裸鲤和大花红景天、西藏杓兰、雪兔子等青藏高原珍贵濒危或者特有野生动植物物种实行重点保护。

国家支持开展野生动物救护繁育野化基地以及植物园、高原生物种质资源库建设，加强对青藏高原珍贵濒危或者特有野生动植物物种的救护和迁地保护。

青藏高原县级以上地方人民政府应当组织有关单位和个人积极开展野生动物致害综合防控。对野生动物造成人员伤亡，牲畜、农作物或者其他财产损失的，依法给予补偿。

(2)《青藏高原生态保护法》第三十九条　青藏高原县级以上地方人民政府应当加强对青藏高原种质资源的保护和管理，组织开展种质资源调查与收集，完善相关资源保护设施和数据库。

禁止在青藏高原采集或者采伐国家重点保护的天然种质资源。因科研、有害生物防治、自然灾害防治等需要采集或者采伐的，应当依法取得批准。

(3)《黄河保护法》第八十八条　国家鼓励、支持黄河流域建设高标准农田、现代畜牧业生产基地以及种质资源和制种基地，因地制宜开展盐碱地农业技术研究、开发和应用，支持地方品种申请地理标志产品保护，发展现代农业服务业。

国务院有关部门和黄河流域县级以上地方人民政府应当组织调整农业产业结构，优化农业产业布局，发展区域优势农业产业，服务国家粮食安全战略。

(4)《科学技术进步法》第一百零六条　国家实行科学技术保密制度，加强科学技术保密能力建设，保护涉及国家安全和利益的科学技术秘密。

国家依法实行重要的生物种质资源、遗传资源、数据资源等科学技术资源和关键核心技术出境管理制度。

(5)《草原法》第四十四条　县级以上人民政府应当依法加强对草原珍稀濒危野生植物和种质资源的保护、管理。

(6)《民法典》第一百二十三条　民事主体依法享有知识产权。

知识产权是权利人依法就下列客体享有的专有的权利：

(一)作品；

(二)发明、实用新型、外观设计；

(三)商标；

(四)地理标志；

(五)商业秘密；

(六)集成电路布图设计；

(七)植物新品种；

(八)法律规定的其他客体。

(7)《种子法》第七十二条　违反本法第二十八条规定，有侵犯植物新品种权行为的，由当事人协商解决，不愿协商或者协商不成的，植物新品种权所有人或者利害关系人可以请求县级以上人民政府农业农村、林业草原主管部门进行处理，也可以直接向人民法院提起诉讼。

县级以上人民政府农业农村、林业草原主管部门，根据当事人自愿的原则，对侵犯植物新品种权所造成的损害赔偿可以进行调解。调解达成协议的，当事人应当履行；当事人不履行协议或者调解未达成协议的，植物新品种权所有人或者利害关系人可以依法向人民法院提起诉讼。

侵犯植物新品种权的赔偿数额按照权利人因被侵权所受到的实际损失确定；实际损失难以确定的，可以按照侵权人因侵权所获得的利益确定。权利人的损失或者侵权人获得的利益难以确定的，可以参照该植物新品种权许可使用费的倍数合理确定。故意侵犯植物新品种权，情节严重的，可以在按照上述方法确定数额的一倍以上五倍以下确定赔偿数额。

权利人的损失、侵权人获得的利益和植物新品种权许可使用费均难以确定的，人民法院可以根据植物新品种权的类型、侵权行为的性质和情节等因素，确定给予五百万元以下的赔偿。

赔偿数额应当包括权利人为制止侵权行为所支付的合理开支。

县级以上人民政府农业农村、林业草原主管部门处理侵犯植物新品种权案件时，为了维护社会公共利益，责令侵权人停止侵权行为，没收违法所得和种子；货值金额不足五万元的，并处一万元以上二十五万元以下罚款；货值金额五万元以上的，并处货值金额五倍以上十倍以下罚款。

假冒授权品种的，由县级以上人民政府农业农村、林业草原主管部门责令停止假冒行为，没收违法所得和种子；货值金额不足五万元的，并处一万元以上二十五万元以下罚款；货值金额五万元以上的，并处货值金额五倍以上十倍以下罚款。

(8)最高人民法院《关于审理侵害植物新品种权纠纷案件具体应用法律问题的若干规定(二)》第十七条　除有关法律和司法解释规定的情形以外，以下情形也可以认定为侵权行为情节严重：

(一)因侵权被行政处罚或者法院裁判承担责任后，再次实施相同或者类似侵权行为；

(二)以侵害品种权为业；

(三)伪造品种权证书；

(四)以无标识、标签的包装销售授权品种；

(五)违反种子法第七十七条第一款第一项、第二项、第四项的规定；

(六)拒不提供被诉侵权物的生产、繁殖、销售和储存地点。

存在前款第一项至第五项情形的，在依法适用惩罚性赔偿时可以按照计算基数的二倍以上确定惩罚性赔偿数额。

法条

第十九条　省级以上人民政府应当建立种子储备制度，主要用于发生灾害时的粮食生产需要及余缺调剂。

法条释义

本法第十九条明确规定了国家和各省应建立种子储备制度。概括而言，本条首先原则性规定了“省级以上人民政府应当建立种子储备制度”的总体要求。其次明确了种子储备的具体适用情形。

一、种子储备制度的建立主体为省级以上人民政府

本条明确规定种子储备制度的建立主体为国务院及各省人民政府。2011年国务院《关于加快推进现代农作物种业发展的意见》第十一条指出，国家应重点储备杂交玉米、杂交水稻种子及其亲本，保障杂交种子供应和平抑市场价格；省级应重点储备短生育期和大宗作物种子，保障灾后恢复生产和市场调剂。根据前述规定，国务院和各省人民政府需侧重完成相应的制度目标，应按照不同的储备种类以及制度目标分别推进种子储备的具体实践。此外，借鉴各地方的既有立法，各省内部也可进一步明确省级与设区的市级政府推进种子储备的具体责任分工，构建更规范的政府种子储备体系。

二、种子储备制度主要用于发生灾害时的粮食生产需要及余缺调剂

根据本条规定，(1)种子储备制度的适用情形主要为发生灾害之时。参照本法第二十四条，此处所指的灾害应包括干旱、洪涝、低温、台风等自然灾害以及粮食作物病虫害等生物灾害。(2)种子储备制度的目的主要为保障发生灾害时的粮食生产需要及余缺调剂。首先，发生灾害时对于粮食生产需要的保障主要指在灾情发生时，由地方农业农村主管部门向省级农业农村主管部门申请调用省级种子储备，保障特殊情形下的农业生产用种安全。其次，参照《浙江省级林木种子储备管理办法》的政策解读，[①]县级以上林木良种培育任务需要余缺调剂，是指林木良种基地当年生产供应的种子不能满足县级以上林业主管部门下达的林木良种培育任务，并且需要省级林业种苗管理机构调剂以完成林木良种培育任务。本法第十九条规定中所指的余缺调剂应概括性指向某地方生产供应的种子不能满足该地粮食生产需要，需要省级种子储备调剂以保障粮食生产安全。

---

① 参见《〈浙江省级林木种子储备管理办法〉政策解读》，载浙江省林业局官网 2023 年 3 月 6 日，http://lyj.zj.gov.cn/art/2023/3/6/art_1275959_59047215.html，最后访问日期：2024 年 1 月 10 日。

三、种子储备制度的具体落实还需更完备的制度支持

1. 优化招投标程序规范

国务院《关于加快推进现代农作物种业发展的意见》第十一条提出，种子储备任务应通过招投标方式落实，国家重点支持的“育繁推一体化”种子企业要主动参与投标。国务院办公厅《关于印发全国现代农作物种业发展规划（2012—2020 年）的通知》（国办发〔2012〕59 号）第十四条再次明确，种子储备实行公开招投标，国家重点支持的“育繁推一体化”种子企业要主动承担储备任务。前述规范仅初步明确公开招投标制度，并未能确立具体招投标细则。此外，国家重点支持的“育繁推一体化”种子企业“主动参与投标”与“主动承担储备任务”二者实则不能等同。在具体招投标过程中，需严格按照《政府采购法》的规定，对各类种子企业适用平等、公开的招投标规则。

2. 完善中央和省级政府对种子储备的支持机制

国务院办公厅《关于印发全国现代农作物种业发展规划（2012—2020 年）的通知》（国办发〔2012〕59 号）中通过财政补贴、农业保险、财政补助 3 种方式对种子储备予以支持。具体包括：增加种子储备财政补贴，调动企业承担国家种子储备的积极性；增加制种风险较高的杂交玉米和杂交水稻等种子生产保险；对国家救灾备荒种子储备的贷款贴息、保管、检验、自然损耗及正常转商费用等进行补助。《国家救灾备荒种子储备补助经费管理办法》也进一步对补助经费管理的具体要求予以规定。在此基础上，还需进一步厘清补贴与补助的适用情形，以及具体补贴的范围与标准，并配套财政资金使用的监管机制。此外，为进一步提升企业对于种子储备的积极性，还可通过税收优惠、信贷支持等予以激励。

相关规定

《种子法》第六条　省级以上人民政府建立种子储备制度，主要用于发生灾害时的生产需要及余缺调剂，保障农业和林业生产安全。对储备的种子应当定期检验和更新。种子储备的具体办法由国务院规定。

法条

第二十条 县级以上人民政府应当统筹做好肥料、农药、农用薄膜等农业生产资料稳定供应工作，引导粮食生产者科学施用化肥、农药，合理使用农用薄膜，增施有机肥料。

法条释义

本法第二十条明确规定了肥料、农药、农用薄膜等农业生产资料的稳定供应以及合理使用制度。

概括而言，本条首先规定“县级以上人民政府应当统筹做好肥料、农药、农用薄膜等农业生产资料稳定供应工作”的具体职责。在此基础上，进一步提出县级以上人民政府应“引导粮食生产者科学施用化肥、农药，合理使用农用薄膜，增施有机肥料”两项具体要求。

一、县级以上人民政府应当统筹做好肥料、农药、农用薄膜等农业生产资料稳定供应工作

国务院办公厅《关于做好当前煤电油气运和农资供应保障工作的通知》（国办发明电〔2008〕30号）提出，各地区、各有关部门要落实扶持和促进化肥等农资生产供应和流通的各项优惠政策，保障重点化肥企业用煤、用电、用气及原材料供应，组织好农资生产和运输。要充分挖掘钾肥生产潜力，加快新增能力建设，努力增加国内钾肥供给。要继续严格控制化肥及其原料出口，完善化肥淡季储备政策办法，增加储备规模，确保淡储旺供。要进一步整顿和规范化肥市场秩序，减少流通环节，降低流通成本，加强价格和质量监管，严厉打击各种价格违法和生产经营假冒伪劣农资等行为。

在各地方具体实践中，主要采取了以下措施：(1)着眼农资生产环节，地方政府综合采用了协调保障原料、水、电、气等生产要素供给，降低相关费用成本，对化肥生产企业用电实行优惠电价，暂免征收农资产品相关税费，对农资批发和零售价格实行进销差率、批零差率或最高限价等措施，有力降低企业生产成本，保障农资产品稳定供给。(2)聚焦流通环节，部分地区政府探索开辟农资运输车辆“绿色通道”，保障农资的及时足额供应。(3)眷注农资销售环节，针对农资价格的上涨，地方实践中体现出对社会化服务组织作用的强化，加大农资直供力度，有效降低农民的农资购买成本。同时，加大对实际种粮农民的补贴力度，完善与农业生产资料价格上涨挂钩的农资综合补贴动态调整机制，保障农民的种粮积极性。[①]

二、县级以上人民政府应当引导粮食生产者科学施用化肥、农药，合理使用农用薄膜，增施有机肥料

1. 责任主体确定为县级以上人民政府

本条规定仅将责任主体确定为县级以上人民政府，但《农药管理条例》第三十二条第五款中则将乡、镇人民政府的责任亦予以规范，提出乡、镇人民政府应当协助开展农药使用指导、服务工作。从粮食生产实际出发，乡、镇人民政府以及村自治组织实则均有引导粮食生产者减少化肥农药施用量、合理使用农用薄膜以及增施有机肥料的区位优势以及组织优势。为扩大粮食安全保障合力，应通过明确的法律规定明确其具体责任。

2. 具体责任要求为引导粮食生产者科学施用化肥、农药，合理使用农用薄膜，增施有机肥料

根据本条规定，县级以上人民政府不仅应引导粮食生产者科

① 参见王金虎：《力保农资供应和价格稳定》，载《经济日报》2022年5月21日，第6版。

学施用化肥、农药,还应引导农业投入品的合理使用。具体而言,可从以下三个方面理解。

(1)针对具体引导措施,政府可着力加强政策宣传并开展相关针对性技术培训及指导工作。在此过程中,政府可协同优化耕地地力保护补贴政策,具体补贴标准的确定可结合有关部门针对当地耕地地力保护的需求及试推行的重点措施,对诸如投入品改良、深松土地、水肥一体化技术应用等,按照市场标准进行成本估算,在此基础上确定相应的补贴数额。此外,在按照耕地面积计算补贴资金的基础上,亦可基于各地方耕地地力保护的实际需要,试对耕地地力保护的关键举措分条目划定相应的补贴比例,如按各地方实际对遏制露天焚烧秸秆、黑土地保护、测土配方施肥、推广稻田冬种绿肥及惩治投入品违规使用等具体措施予以专项划定,并与耕地地力保护效果的核验相衔接,对特定举措未完成者酌以扣减,对采用试推广的地力保护技术者予以适度的额外奖补,保障耕地地力等保护的有效落实。

(2)针对科学施用化肥、农药的具体措施,主要体现为科学控制化肥、农药的施用类型、施用剂量、施用方式以及施用时间。具体而言,各地方政府应分别结合当地粮食生产和耕地保护实际,采用技术指导、专门培训等方式引导化肥、农药的科学施用。此外,还可因地制宜确定化肥、农药施用总量指标以及减量指标,根据各行政区域所覆盖的具体粮食作物等分别明确相应的农药施用安全率标准以及化肥均匀施用率标准,并指导粮食种植者具体贯彻实施。

(3)针对合理使用农用薄膜中"合理"的具体内涵,《土壤污染防治法》第二十九条第四项规定,国家鼓励和支持农业生产者使用生物可降解农用薄膜;第三十条第二款规定,使用者应当及时回收农用薄膜。《农用薄膜管理办法》系统规定了农用薄膜的使用规定,其中第六条明确规定禁止使用国家明令禁止或者不符合强制性国家标准的农用薄膜。第十二条规定，使用者应当按照产品标签标注的期限使用农用薄膜。农业生产企业、农民专业合作社等使用者应当依法建立农用薄膜使用记录，如实记录使用时间、地点、对象以及农用薄膜名称、用量、生产者、销售者等内容。此外，《农用薄膜管理办法》第十五条进一步规定，农用薄膜使用者应当在使用期限到期前捡拾田间的非全生物降解农用薄膜废弃物，交至回收网点或回收工作者，不得随意弃置、掩埋或者焚烧。

相关规定

(1)《农业法》第二十五条　农药、兽药、饲料和饲料添加剂、肥料、种子、农业机械等可能危害人畜安全的农业生产资料的生产经营，依照相关法律、行政法规的规定实行登记或者许可制度。

各级人民政府应当建立健全农业生产资料的安全使用制度，农民和农业生产经营组织不得使用国家明令淘汰和禁止使用的农药、兽药、饲料添加剂等农业生产资料和其他禁止使用的产品。

农业生产资料的生产者、销售者应当对其生产、销售的产品的质量负责，禁止以次充好、以假充真、以不合格的产品冒充合格的产品；禁止生产和销售国家明令淘汰的农药、兽药、饲料添加剂、农业机械等农业生产资料。

(2)《农业法》第三十七条　国家建立和完善农业支持保护体系，采取财政投入、税收优惠、金融支持等措施，从资金投入、科研与技术推广、教育培训、农业生产资料供应、市场信息、质量标准、检验检疫、社会化服务以及灾害救助等方面扶持农民和农业生产经营组织发展农业生产，提高农民的收入水平。

在不与我国缔结或加入的有关国际条约相抵触的情况下，国家对农民实施收入支持政策，具体办法由国务院制定。

(3)《农业法》第四十三条　国家鼓励和扶持农用工业的发展。

国家采取税收、信贷等手段鼓励和扶持农业生产资料的生产和贸易，为农业生产稳定增长提供物质保障。

国家采取宏观调控措施，使化肥、农药、农用薄膜、农业机械和农用柴油等主要农业生产资料和农产品之间保持合理的比价。

(4)《乡村振兴促进法》第三十九条　国家对农业投入品实行严格管理，对剧毒、高毒、高残留的农药、兽药采取禁用限用措施。农产品生产经营者不得使用国家禁用的农药、兽药或者其他有毒有害物质，不得违反农产品质量安全标准和国家有关规定超剂量、超范围使用农药、兽药、肥料、饲料添加剂等农业投入品。

(5)《黑土地保护法》第十三条　县级以上人民政府应当推广科学的耕作制度，采取以下措施提高黑土地质量：

(一)因地制宜实行轮作等用地养地相结合的种植制度，按照国家有关规定推广适度休耕；

(二)因地制宜推广免(少)耕、深松等保护性耕作技术，推广适宜的农业机械；

(三)因地制宜推广秸秆覆盖、粉碎深(翻)埋、过腹转化等还田方式；

(四)组织实施测土配方施肥，科学减少化肥施用量，鼓励增施有机肥料，推广土壤生物改良等技术；

(五)推广生物技术或者生物制剂防治病虫害等绿色防控技术，科学减少化学农药、除草剂使用量，合理使用农用薄膜等农业生产资料；

(六)其他黑土地质量提升措施。

(6)《黑土地保护法》第十八条　农业投入品生产者、经营者和使用者应当依法对农药、肥料、农用薄膜等农业投入品的包装物、废弃物进行回收以及资源化利用或者无害化处理，不得随意丢弃，防止黑土地污染。

县级人民政府应当采取措施，支持农药、肥料、农用薄膜等农业投入品包装物、废弃物的回收以及资源化利用或者无害化处理。

(7)《农产品质量安全法》第二十三条　农产品生产者应当科学合理使用农药、兽药、肥料、农用薄膜等农业投入品,防止对农产品产地造成污染。

农药、肥料、农用薄膜等农业投入品的生产者、经营者、使用者应当按照国家有关规定回收并妥善处置包装物和废弃物。

(8)《环境保护法》第四十九条　各级人民政府及其农业等有关部门和机构应当指导农业生产经营者科学种植和养殖,科学合理施用农药、化肥等农业投入品,科学处置农用薄膜、农作物秸秆等农业废弃物,防止农业面源污染。

禁止将不符合农用标准和环境保护标准的固体废物、废水施入农田。施用农药、化肥等农业投入品及进行灌溉,应当采取措施,防止重金属和其他有毒有害物质污染环境。

畜禽养殖场、养殖小区、定点屠宰企业等的选址、建设和管理应当符合有关法律法规规定。从事畜禽养殖和屠宰的单位和个人应当采取措施,对畜禽粪便、尸体和污水等废弃物进行科学处置,防止污染环境。

县级人民政府负责组织农村生活废弃物的处置工作。

(9)《青藏高原生态保护法》第二十七条　青藏高原地方各级人民政府及其有关部门应当落实最严格耕地保护制度,采取有效措施提升耕地基础地力,增强耕地生态功能,保护和改善耕地生态环境;鼓励和支持农业生产经营者采取养用结合、盐碱地改良、生态循环、废弃物综合利用等方式,科学利用耕地,推广使用绿色、高效农业生产技术,严格控制化肥、农药施用,科学处置农用薄膜、农作物秸秆等农业废弃物。

(10)《野生动物保护法》第二十条　在自然保护地和禁猎(渔)区、禁猎(渔)期内,禁止猎捕以及其他妨碍野生动物生息繁衍的活动,但法律法规另有规定的除外。

野生动物迁徙洄游期间,在前款规定区域外的迁徙洄游通道内，禁止猎捕并严格限制其他妨碍野生动物生息繁衍的活动。县级以上人民政府或者其野生动物保护主管部门应当规定并公布迁徙洄游通道的范围以及妨碍野生动物生息繁衍活动的内容。

(11)《黄河保护法》第八十一条　黄河流域县级以上地方人民政府及其有关部门应当加强农药、化肥等农业投入品使用总量控制、使用指导和技术服务，推广病虫害绿色防控等先进适用技术，实施灌区农田退水循环利用，加强对农业污染源的监测预警。

黄河流域农业生产经营者应当科学合理使用农药、化肥、兽药等农业投入品，科学处理、处置农业投入品包装废弃物、农用薄膜等农业废弃物，综合利用农作物秸秆，加强畜禽、水产养殖污染防治。

(12)《草原法》第五十四条　县级以上地方人民政府应当做好草原鼠害、病虫害和毒害草防治的组织管理工作。县级以上地方人民政府草原行政主管部门应当采取措施，加强草原鼠害、病虫害和毒害草监测预警、调查以及防治工作，组织研究和推广综合防治的办法。

禁止在草原上使用剧毒、高残留以及可能导致二次中毒的农药。

(13)《土壤污染防治法》第二十九条　国家鼓励和支持农业生产者采取下列措施：

(一)使用低毒、低残留农药以及先进喷施技术；

(二)使用符合标准的有机肥、高效肥；

(三)采用测土配方施肥技术、生物防治等病虫害绿色防控技术；

(四)使用生物可降解农用薄膜；

(五)综合利用秸秆、移出高富集污染物秸秆；

(六)按照规定对酸性土壤等进行改良。

(14)《土壤污染防治法》第三十条 禁止生产、销售、使用国家明令禁止的农业投入品。

农业投入品生产者、销售者和使用者应当及时回收农药、肥料等农业投入品的包装废弃物和农用薄膜,并将农药包装废弃物交由专门的机构或者组织进行无害化处理。具体办法由国务院农业农村主管部门会同国务院生态环境等主管部门制定。

国家采取措施,鼓励、支持单位和个人回收农业投入品包装废弃物和农用薄膜。

(15)《刑法》第一百四十七条 【生产、销售伪劣农药、兽药、化肥、种子罪】生产假农药、假兽药、假化肥,销售明知是假的或者失去使用效能的农药、兽药、化肥、种子,或者生产者、销售者以不合格的农药、兽药、化肥、种子冒充合格的农药、兽药、化肥、种子,使生产遭受较大损失的,处三年以下有期徒刑或者拘役,并处或者单处销售金额百分之五十以上二倍以下罚金;使生产遭受重大损失的,处三年以上七年以下有期徒刑,并处销售金额百分之五十以上二倍以下罚金;使生产遭受特别重大损失的,处七年以上有期徒刑或者无期徒刑,并处销售金额百分之五十以上二倍以下罚金或者没收财产。

法条

第二十一条 国家加强水资源管理和水利基础设施建设,优化水资源配置,保障粮食生产合理用水需求。各级人民政府应当组织做好农田水利建设和运行维护,保护和完善农田灌溉排水体系,因地制宜发展高效节水农业。

县级以上人民政府应当组织开展水土流失综合治理、土壤污染防治和地下水超采治理。

法条释义

本法第二十一条明确规定了粮食生产用水保障以及规范用水的具体规范。

概括而言，本条第一款首先提出“国家加强水资源管理和水利基础设施建设，优化水资源配置，保障粮食生产合理用水需求”的总体规定。在此基础上，规定各级人民政府应当组织做好农田水利建设和运行维护，保护和完善农田灌溉排水体系，因地制宜发展高效节水农业的积极义务。本条第二款进一步提出“县级以上人民政府应当组织开展水土流失综合治理、土壤污染防治和地下水超采治理”的水土资源生态安全防护治理要求。

一、国家加强水资源管理和水利基础设施建设，优化水资源配置，保障粮食生产合理用水需求

为保障粮食生产的合理用水需求，国家应通过加强水资源管理和水利基础设施建设以及优化水资源配置，完备粮食生产用水的供应保障机制。具体而言，本条规定可从以下三个方面理解。

（1）针对水资源管理及优化配置，《水法》第三条明确规定，水资源的所有权由国务院代表国家行使。农村集体经济组织的水塘和由农村集体经济组织修建管理的水库中的水，归各该农村集体经济组织使用。此外，该法第二十一条第一款亦强调，开发、利用水资源，应当首先满足城乡居民生活用水，并兼顾农业、工业、生态环境用水以及航运等需要。聚焦粮食生产用水，国家应重视对农业用水中粮食生产用水的有效保障，为粮食生产提供必要的物质基础。此外，针对不同地区水资源储备、粮食作物品种及粮食种植结构等的特殊性，国家应进一步优化各地区间以及各产业间水资源的配置方式，并引导各地方结合地区实际需求细化具体水资源配置方案。

（2）针对水利基础设施建设，《水法》第五条明确规定，县级以上人民政府应当加强水利基础设施建设，并将其纳入本级国民经济和社会发展计划。《中华人民共和国国民经济和社会发展第十四个五年规划和2035年远景目标纲要》在第十一章"建设现代化基础设施体系"第四节着重强调应加强水利基础设施建设,并对国家水网骨干工程中重大引调水、供水灌溉以及防洪减灾的具体工程予以列举。国家应按照前述部署加强水利基础设施建设,并侧重加强粮食生产灌溉、水旱灾害防御等基础水利工程建设。

(3)针对保障粮食生产合理用水需求,国务院《关于印发全国国土规划纲要(2016—2030年)的通知》(国发〔2017〕3号)提出,应严格控制流域和区域用水总量。统筹各地区水资源承载能力与合理用水需求,控制水资源开发利用强度,科学制定主要江河流域水量分配方案。国务院办公厅《关于推进农业水价综合改革的意见》着眼市场与政府的关系,提出既要使市场在资源配置中起决定性作用,促进农业节水,也要更好地发挥政府作用,保障粮食等重要农作物合理用水需求,总体上不增加农民负担的基本原则。国务院《关于创新重点领域投融资机制鼓励社会投资的指导意见》(国发〔2014〕60号)进一步提出,加快建立水权制度,培育和规范水权交易市场的具体规定,并鼓励积极探索多种形式的水权交易流转方式,允许各地通过水权交易满足新增合理用水需求,进一步保障农业用水的稳定供应。

二、各级人民政府应当组织做好农田水利建设和运行维护,保护和完善农田灌溉排水体系,因地制宜发展高效节水农业

《水法》第八条第一款、第二款即原则性指出,国家厉行节约用水,大力推行节约用水措施,推广节约用水新技术、新工艺,发展节水型工业、农业和服务业,建立节水型社会。各级人民政府应当采取措施,加强对节约用水的管理,建立节约用水技术开发推广体系,培育和发展节约用水产业。国务院办公厅《关于切实加强高标准农田建设提升国家粮食安全保障能力的意见》(国办发〔2019〕50号)进一步将加强农田水利建设和运行维护、发展高效节水灌溉作为高标准农田建设的重要内容，从有效提升耕地产能、确保粮食生产安全的角度对此予以强调。结合前述规范，各级人民政府应结合国土空间、水资源利用、高标准农田建设等相关规划，根据各地方粮食生产发展实际，组织相关部门完备农田水利建设和运行维护的财政支持，完善农田灌溉排水体系建设，并落实建后管护，因地制宜发展高效节水农业。在此过程中，可参照国务院《关于创新重点领域投融资机制鼓励社会投资的指导意见》（国发〔2014〕60号）的规定，鼓励社会资本参与，构建多元协同的用水保障体系。具体而言，可通过财税政策激励引导社会资本投资运营农业和水利工程，在扩充建设资金、人力等要素的同时，保障建设管护工作的专业化、市场化运行。

三、县级以上人民政府应当组织开展水土流失综合治理、土壤污染防治和地下水超采治理

本条第二款从统筹发展与安全的角度进一步强调对于水土流失、土壤污染和地下水超采的治理规范，确保从源头实现水资源的良性、可持续保障。具体而言，水土流失综合治理主要是指按照水土流失规律和社会经济发展需要，根据国土空间规划重新调整土地利用结构，推进水土保持工程建设，并综合采取植被措施和耕作措施，以形成完整的水土流失防治体系；土壤污染防治主要指采取措施防止土壤遭受污染，并对已被污染的土壤进行治理的相应活动；地下水超采治理主要是指对于地下水实际开采量超过规定可开采量的行为予以规制。县级以上人民政府应当组织相关部门开展水土流失综合治理，并对于土壤污染、地下水超采等破坏水土资源行为加大监督管理力度，明确具体违法行为及相应的责任后果。在此基础上，县级以上人民政府应当组织有关部门开展常态化的监督检测工作，实现对于相应违法行为的有力遏制。

相关规定

《土壤污染防治法》第四十五条　土壤污染责任人负有实施

土壤污染风险管控和修复的义务。土壤污染责任人无法认定的，土地使用权人应当实施土壤污染风险管控和修复。

地方人民政府及其有关部门可以根据实际情况组织实施土壤污染风险管控和修复。

国家鼓励和支持有关当事人自愿实施土壤污染风险管控和修复。

法条

第二十二条 国家推进农业机械产业发展，加强农业机械化作业基础条件建设，推广普及粮食生产机械化技术，鼓励使用绿色、智能、高效的农业机械，促进粮食生产全程机械化，提高粮食生产效率。

法条释义

本法第二十二条明确规定了推进农业机械化生产的具体规范。概括而言，本条提出国家应分别采取“推进农业机械产业发展”“加强农业机械化作业基础条件建设”“推广普及粮食生产机械化技术”“鼓励使用绿色、智能、高效的农业机械”的具体措施，实现“促进粮食生产全程机械化，提高粮食生产效率”的制度目的。

一、推进农业机械产业发展

本条规定着眼农业机械产业整体发展维度，提出国家应采取相应推进措施。(1)农业机械产业主要是指以生产、加工、销售农业机械为主，为农业生产提供必要工具和设备的行业。作为农业发展的关键基础支撑，这一行业的整体发展状况将直接影响农业生产效能。(2)为推进农业机械产业发展，国务院《关于加快推进农业机械化和农机装备产业转型升级的指导意见》(国发〔2018〕42号)通过完善农机装备创新体系、推进农机装备全产业链协同发展以及优化农机装备产业结构布局等举措，加快推动农机装备产业高质量发展。同时，提出建立健全部门协调联动、覆盖关联产业的协同创新机制，引导零部件企业与整机企业构建成本共担、利益共享的新型合作机制以及支持企业加强农机装备研发生产等相应具体支持措施。

二、加强农业机械化作业基础条件建设

本条规定提出，国家应加强农业机械化作业基础条件建设。(1)农业机械化作业基础条件建设主要指建设适合农业机械化作业的农田条件，如土地平整度、排水条件以及通行条件等。农业机械化作业基础条件将直接影响农业机械设备的作业效果以及使用寿命。(2)为改善农业机械化作业基础条件，国务院《关于加快推进农业机械化和农机装备产业转型升级的指导意见》(国发〔2018〕42 号)着眼提高农机作业便利程度以及改善农机作业配套设施条件，分别规定了一系列支持措施。同时，明确前一举措应由农业农村部、国家发展改革委、财政部、自然资源部以及市场监管总局等负责，后一举措应由农业农村部、国家发展改革委、财政部、自然资源部以及税务总局等负责。具体而言，主要支持机制包括完备土地综合整治等相应制度体系，统筹中央和地方各类相关资金及社会资本积极开展高标准农田建设以及采取用地、用电、服务及税费综合支持措施等。

三、推广普及粮食生产机械化技术

本条规定提出，国家应推广普及粮食生产机械化技术。(1)粮食生产机械化技术主要指粮食播种、培育、收获过程中运用的机械化技术。参照农业农村部办公厅《关于推介发布 2021 年农业主推技术的通知》(农办科〔2021〕18 号)的规定，粮食生产机械化技术可包括小麦、水稻及玉米等机械化收获减损技术，黄淮海夏大豆高质低损机械化收获技术以及黄淮海夏大豆免耕覆秸机械化生产技术等。(2)对此，国务院《关于加快推进农业机械化和农机装备产业转型升级的指导意见》(国发〔2018〕42 号)亦提出，应加强绿色高效新技术示范推广，大力支持保护性耕作、精量播种、精准施药、高效施肥、水肥一体化、节水灌溉等绿色高效技术的示范推广。同时，提高农业机械化技术推广能力，通过政府购买服务等具体机制强化农业机械化技术推广机构的能力。

四、鼓励使用绿色、智能、高效的农业机械

本条规定提出，国家应鼓励使用绿色、智能、高效的农业机械。(1)绿色、智能、高效的农业机械主要包括保护性耕作、秸秆还田离田、精量播种、精准施药、高效施肥、水肥一体化、节水灌溉、残膜回收利用、饲草料高效收获加工、病死畜禽无害化处理及畜禽粪污资源化利用等机械装备。(2)国务院《关于加快推进农业机械化和农机装备产业转型升级的指导意见》(国发〔2018〕42 号)亦规定，稳定实施农机购置补贴政策、鼓励金融机构针对权属清晰的大型农机装备开展抵押贷款，鼓励有条件的地方探索对购买大型农机装备贷款进行贴息以及政府购买服务等措施支持绿色、智能、高效的农业机械普及推广。

五、促进粮食生产全程机械化，提高粮食生产效率

本条规定提出促进粮食生产全程机械化以及提高粮食生产效率的制度目标。粮食生产机械化应覆盖粮食播种、培育、收获等全过程。为促进粮食生产全程机械化，国家应构建系统完备的支持体系，针对粮食生产不同环节机械化的特殊性，制定相应的具体支持制度，并重视财政补贴、服务支持等具体制度的规范落实。以此确保粮食生产全程机械化能够有效实现，进而系统提高粮食生产效率。

相关规定

《农业机械化促进法》第一条　为了鼓励、扶持农民和农业生产经营组织使用先进适用的农业机械，促进农业机械化，建设现代农业，制定本法。

法条

第二十三条 国家加强农业技术推广体系建设，支持推广应用先进适用的粮食生产技术，因地制宜推广间作套种等种植方法，鼓励创新推广方式，提高粮食生产技术推广服务水平，促进提高粮食单产。

国家鼓励农业信息化建设，提高粮食生产信息化、智能化水平，推进智慧农业发展。

法条释义

本法第二十三条明确规定了农业技术推广以及智慧农业发展的规范要求。概括而言，本条第一款首先总体规定“国家加强农业技术推广体系建设”，在此基础之上细化“支持推广应用先进适用的粮食生产技术，因地制宜推广间作套种等种植方法，鼓励创新推广方式，提高粮食生产技术推广服务水平”等具体推广要求，以实现“促进提高粮食单产”的制度目的。本条第二款聚焦农业信息技术，提出“国家鼓励农业信息化建设”的概括规定，并提出“提高粮食生产信息化、智能化水平，推进智慧农业发展”的具体信息化建设要求。

一、国家加强农业技术推广体系建设，支持推广应用先进适用的粮食生产技术，因地制宜推广间作套种等种植方法，鼓励创新推广方式，提高粮食生产技术推广服务水平，促进提高粮食单产

1. 本条规定明确国家加强农业技术推广体系建设。具体而言，《科学技术普及法》对于科学技术推广普及的组织管理、社会责任和保障措施等作了较系统的规定。《促进科技成果转化法》针对促进科技成果转化的保障措施和技术权益等着重予以规范，该两部法律为广泛意义上科学技术的普及和科技成果的转化提供了一定的制度保障，是粮食生产技术普及和科技成果转化的一般法。由于农村居民较城市居民而言更难接触到先进科技、对新科技自主接受意愿较低，《农业技术推广法》第十条又进一步规定了农业技术推广机构与农业科研单位、有关学校以及群众性科技组织、农民技术人员相结合的农业技术推广体系和对农业技术的推广、应用和保障措施。结合前述规范,政府应进一步探索加大对先进粮食生产技术推广应用的支持力度,扶持培育粮食生产社会化服务组织以及龙头企业,并采取政府服务购买项目等方式,提高粮食生产技术推广服务水平。

2. 支持推广应用先进适用的粮食生产技术,因地制宜推广间作套种等种植方法,鼓励创新推广方式,提高粮食生产技术推广服务水平。本条规定提出国家加强农业技术推广的具体措施。(1)先进适用的粮食生产技术包括先进且具有领先性和可适用性的粮食机械化信息化生产技术、粮食生产良种培育技术以及粮食绿色生产技术等粮食生产技术。对此的支持推广机制可包括组织专门技术培训、采用政府服务购买支持机制等,促进粮食生产技术的推广应用。(2)间作套种主要是指在同一地块按照一定行、株距和占地的宽窄比例种植不同种类作物,为更充分利用种植空间和资源的种植方法。国家因地制宜推广间作套种等种植方法,需要结合各地区实际情况推广间作套种等更先进的粮食种植方法,并确保具体方法具备可适用性。(3)创新推广方式主要是指采用多样化的推广方式,如利用互联网、应用程序、社交媒体等新型技术手段,并综合采取线上、线下相结合的技术培训、技术示范等推广活动。对此,国家应运用多种制度支持机制,鼓励各类科研机构、涉农企业以及政府部门等不断创新推广方式。(4)粮食生产技术推广服务主要是指通过采取试验、示范、宣传、培训、指导以及咨询服务等手段,把粮食生产技术予以推广普及。为提高粮食生产技术推广服务水平,国家可推动完备粮食生产技术推广服务制度体系,并明确各级政府的服务推广责任。同时,通过定期组织技术培训和指导活动等提高基层粮食生产技术推广人员的服务水平。在此过程中,加大政府财政对粮食生产技术推广服务的支持力度，完备粮食生产技术推广服务水平提升的制度保障机制。

3. 促进提高粮食单产。促进提高粮食单产为国家加强农业技术推广体系建设的关键制度目的。提高粮食单产即提高单位面积内的粮食作物产量。粮食种植面积和单产是保障粮食丰产丰收的两大因素。国务院《关于建立健全粮食安全省长责任制的若干意见》（国发〔2014〕69 号）亦明确强调，应该将提高粮食单产作为主攻方向。本法将促进提高粮食单产入法，体现了对于提高粮食单产明确的法治保障。

二、国家鼓励农业信息化建设，提高粮食生产信息化、智能化水平，推进智慧农业发展

应对粮食产业数字化建设面临的挑战和难题，我国应当积极探寻粮食产业数字保障的法治化路径，着眼粮食安全战略和大食物观，强化粮食产业数字化制度保障，加快推进粮食领域数字化建设。

1. 重视粮食数据资源的公共价值，建立健全粮食产业数字化标准规范和法律规范

着眼粮食安全和数据安全的国家战略，大数据广泛应用于粮食生产、流通、加工、储备、销售环节，使粮食产业数据资源的公共属性和公益价值更加凸显。立法者、标准制定者、规范适用者均应当重视数据资源的公共价值，从数据收集使用，到数据开放共享，构建粮食产业全链条的数字化“软法”“硬法”共同约束机制。具体而言，首先，应优化粮食产业数字化标准。标准作为一种典型的“软法”，与具有强制性和普遍约束力的法律法规（“硬法”）不同，“标准基于其自身特性与硬法形成了互补，充塞填满了硬法的空隙”。[①] 标准作为法律规范与技术实践的耦合，是规制与自治之间的衔接点和“缓冲区”。[②] 在粮食产业数字化技术应用的初级阶段，制定并优化

① 罗豪才、周强：《软法研究的多维思考》，载《中国法学》2013 年第 5 期。

② 参见柳经纬：《标准的类型划分及其私法效力》，载《现代法学》2020 年第 2 期。

粮食数字化标准规范能够填补立法空白。对此，应针对主要粮食作物不同类型、不同产区、不同种植技术、不同生长周期等特异性，制定具体的、差异化的算法技术标准。同时，加强算法技术标准与上位法的联动。粮食产业算法技术标准应当与《粮食安全保障法》《标准化法》《农业法》《数据安全法》等上位法形成联动机制，强化粮食数据资源开放共享与数据安全标准规则的建立及相互衔接。

此外，为加快推进粮食产业数字化建设，农业领域相关立法应加强数字化制度保障。(1)提升法律规范的效力层级。将“加强粮食领域数字化管理与安全保障”作为原则性规定，纳入相关实施条例中，弥补现行农业领域相关法律中的数字化立法空白，提升粮食产业数字化制度保障的效力层级。(2)将“技术规范”拓展为“法律规范”，粮食数字化制度规范不仅要有技术层面的规则指引，也要有法律行为层面的约束规制，以标准规范的优化推动法律规范的完善。(3)加强粮食流通环节数据资源的管理，构建粮食数据流通的分级分类机制，打破市场主体“信息孤岛”，同时着力规范企业在粮食加工、粮食销售过程中的数据处理行为，保障数据共享与数据安全之间的利益平衡。

2. 厘清粮食全产业链的数据权责配置，推进粮食领域多元主体协同参与数字化建设

粮食产业全链条涉及环节较多，涵盖领域广泛，关涉主体众多。在粮食数据产出、流通、加工和使用过程中，需正确处理政府、企业、农户(涉农组织)、消费者等之间的法律关系。一方面，要坚持以政府为主导的粮食数据资源管理，同时警惕政府垄断数据；另一方面，应当修订完善财税法律制度，执行相关财税政策、措施，激励市场主体有效地参与数字化建设。

3. 加强数据监测管理和事故处置能力，落实法律责任分配制度，着力提升“数字产粮”“数字储粮”的风险防范能力

随着农业技术迭代革新，农业数字化和智能化广泛应用于粮

食领域，粮食产业全链条的可持续发展对数据的需求和应用愈加迫切。立法应当以数据收集为基础、以数据分析为抓手、以数据应用为目标，规范粮食生产者、经营者和利益相关者的法律行为，提升其行为的科学性与规范化，加强数据监测管理和事故处置能力，提高粮食产业全链条数字化的风险防范能力。

相关规定

(1)《农业技术推广法》第一条　为了加强农业技术推广工作，促使农业科研成果和实用技术尽快应用于农业生产，增强科技支撑保障能力，促进农业和农村经济可持续发展，实现农业现代化，制定本法。

(2)《农业技术推广法》第十条　农业技术推广，实行国家农业技术推广机构与农业科研单位、有关学校、农民专业合作社、涉农企业、群众性科技组织、农民技术人员等相结合的推广体系。

国家鼓励和支持供销合作社、其他企业事业单位、社会团体以及社会各界的科技人员，开展农业技术推广服务。

法条

第二十四条　国家加强粮食生产防灾减灾救灾能力建设。县级以上人民政府应当建立健全农业自然灾害和生物灾害监测预警体系、防灾减灾救灾工作机制，加强干旱、洪涝、低温、高温、风雹、台风等灾害防御防控技术研究应用和安全生产管理，落实灾害防治属地责任，加强粮食作物病虫害防治和植物检疫工作。

国家鼓励和支持开展粮食作物病虫害绿色防控和统防统治。粮食生产者应当做好粮食作物病虫害防治工作，并对各级人民政府及有关部门组织开展的病虫害防治工作予以配合。

法条释义

本法第二十四条明确规定国家应加强粮食生产防灾减灾救灾

机制建设。

概括而言，本条第一款首先总体规定“国家加强粮食生产防灾减灾救灾能力建设”。在前述总体规定的基础上，第一款细化规定了粮食生产防灾减灾救灾的具体制度设计，统筹“建立健全农业自然灾害和生物灾害监测预警体系、防灾减灾救灾工作机制”“加强干旱、洪涝、低温、高温、风雹、台风等灾害防御防控技术研究应用和安全生产管理”“落实灾害防治属地责任”“加强粮食作物病虫害防治和植物检疫工作”。第二款进一步着眼粮食作物病虫害这一生物灾害的防治工作，提出“国家鼓励和支持开展粮食作物病虫害绿色防控和统防统治”。同时，明确粮食生产者对于进行粮食作物病虫害防治以及配合相关部门组织开展的病虫害防治工作的具体责任。

一、国家加强粮食生产防灾减灾救灾能力建设

本条规定为国家加强粮食生产防灾减灾救灾能力建设的总体性规定。(1)明确责任主体为国家。针对当下粮食生产面临的突出灾害风险，强调应从国家战略全局的高度统筹发展和安全，全面提高粮食生产防灾减灾救灾能力，从中央层面推进粮食生产防灾减灾救灾的具体部署，切实保障国家粮食生产安全。(2)粮食生产防灾减灾救灾能力建设是一项系统工程，需要构建完备的粮食生产防灾减灾救灾制度体系。根据《中华人民共和国国民经济和社会发展第十四个五年规划和2035年远景目标纲要》的规定，应首先构建粮食生产防灾减灾救灾管理体制，强化各级政府、各部门、各区域、各主体间的协同联动，统筹落实灾害监测、预报、预防、控制、应急处置以及全过程的监督管理。同时，应系统优化财政资金、金融保险、社会资本等多渠道的资金保障，优化粮食生产防灾减灾救灾多元投入保障机制。

二、县级以上人民政府应当建立健全农业自然灾害和生物灾害监测预警体系、防灾减灾救灾工作机制，加强干旱、洪涝、低温、高温、风雹、台风等灾害防御防控技术研究应用和安全生产管理，落实灾害防治属地责任，加强粮食作物病虫害防治和植物检疫工作

1. 县级以上人民政府应当建立健全农业自然灾害和生物灾害监测预警体系、防灾减灾救灾工作机制

本条规定强调，县级以上人民政府应建立健全灾害监测预警体系及防灾减灾救灾工作机制。一方面，应建立健全农业自然灾害和生物灾害监测预警体系。(1)如前所述，既有立法多为概括规定自然灾害防灾、抗灾和救灾工作，对于农业自然灾害监测预警机制还没有通过专门立法予以明确。对此，本法首次通过立法规定农业自然灾害监测预警制度，加强对农业自然灾害的防控。(2)《农业法》第二十四条着眼植物病虫害防治，规定了监测预警机制。《生物安全法》第二十八条亦规定，植物病虫害预防控制机构应当对植物疫病开展主动监测，收集、分析、报告监测信息，预测植物疫病的发生、流行趋势。国务院有关部门、县级以上地方人民政府及其有关部门应当根据预测和职责权限及时发布预警，并采取相应的防控措施。在此基础上，本法将植物病虫害纳入"生物灾害"范畴，制定了更全面的生物灾害监测预警体系。(3)参照国务院《关于印发"十四五"国家应急体系规划的通知》的规定，健全农业自然灾害和生物灾害监测预警体系，还应优化自然灾害和生物灾害监测站网布局，构建完备的监测预警机制。对于自然灾害的防治，还应针对性完善应急卫星观测星座，构建空、天、地、海一体化全域覆盖的灾害监测预警网络。同时，应强调预警的及时有效发布，保障防控措施的顺利开展。

另一方面，应建立健全农业自然灾害和生物灾害的防灾减灾救灾工作机制。系统梳理中共中央、国务院《关于推进防灾减灾

救灾体制机制改革的意见》，防灾减灾救灾工作机制是主要针对预防、减轻、救助灾害工作建立的一系列统筹协调机制、属地管理体制、防灾减灾救灾资金多元投入机制等制度体系。具体而言，(1)应充分发挥国家减灾委员会对防灾减灾救灾工作的统筹指导和综合协调作用，针对不同灾害类型建立相关部门间的工作协同机制，并加强灾情信息、救灾物资、救援力量等的区域协同联动制度。(2)应强化地方应急救灾的主体责任，以分级负责、属地管理为原则，在此基础之上明确中央和地方防灾减灾救灾的职责划分。进一步明确中央和地方、地方各级政府间应对自然灾害的责任划分。对达到国家启动响应等级的自然灾害等，中央应发挥统筹指导和支持作用，地方党委和政府承担减灾救灾的主体责任。地方各级政府应分级建立应急预案，统筹落实具体灾害处置工作。(3)应健全防灾减灾救灾资金多元投入机制，发挥政府财政、金融机构、社会资本等的资金保障合力。具言之，应落实各级政府的救灾补助政策，加大防灾减灾基础设施建设的投入保障，指导保险机构规范开展保险赔付及预赔工作，并鼓励社会资本等对防灾减灾救灾工作的投入支持。

2. 加强干旱、洪涝、低温、高温、风雹、台风等灾害防御防控技术研究应用和安全生产管理

本条规定侧重自然灾害的防御技术研究应用以及安全生产管理规定，旨在提升对自然灾害的防御防控能力并尽量减少自然灾害对粮食生产等造成的损失。《农业法》第四十七条强调，各级人民政府应当采取措施，提高农业防御自然灾害的能力，做好防灾、抗灾和救灾工作，帮助灾民恢复生产，组织生产自救。具体而言，(1)针对自然灾害防御防控技术研究应用，《促进科技成果转化法》第十二条第三项提出，对提高应对气候变化和防灾减灾能力的科技成果转化项目，国家通过政府采购、研究开发资助、发布产业技术指导目录、示范推广等方式予以支持。《农业技术推广法》

第二条第一款第二项、第七项亦将植物病虫害、动物疫病和其他有害生物防治技术以及农业防灾减灾、农业资源与农业生态安全和农村能源开发利用技术纳入该法规定的农业技术范畴,并对一系列技术推广措施予以明确。为加强干旱、洪涝、低温、高温、风雹、台风等自然灾害防御防控技术研究应用,政府仍需加大对相关技术研究、推广、应用的政策支持,通过研究开发资助、政府采购等方式推动自然灾害防御防控技术优化升级。(2)针对自然灾害安全生产管理,应着眼自然灾害全过程,切实保障粮食等的生产安全。首先,需依托完备的监测预警机制,做好自然灾害防御防控工作。有关部门应及时发布灾害预警信息,完备农田水利等基础设施,并指导粮食生产者采取科学的抗灾措施,降低自然灾害对生产安全的威胁。此外,《乡村振兴促进法》第五十二条提出,县级以上地方人民政府应当统筹规划、建设、管护防灾减灾等公共基础设施和新型基础设施。县级以上地方人民政府也应做好常态化的防灾减灾工作,完备农业生产相关的基础设施,保障生产安全。其次,应做好灾后救援和恢复工作。在发生自然灾害后,有序落实自然灾害应急预案,尽可能采取修复措施,帮助灾民恢复生产,保障生产安全。

3. 落实灾害防治属地责任

中共中央、国务院《关于推进防灾减灾救灾体制机制改革的意见》明确提出,应健全属地管理体制。对此,首先应强化地方应急救灾主体责任。前已述及,应坚持分级负责、属地管理为主的原则,明确中央和地方应对自然灾害的事权划分。此外,还应健全灾后恢复重建工作制度。特别重大自然灾害灾后恢复重建应在中央统筹指导下,明确地方政府的主体责任,由中央与地方协同推进灾后恢复重建。在此过程中,地方政府作为灾后恢复重建的责任主体和实施主体,应加强对重建工作的组织领导,加强对灾后恢复重建工作的规划、协调、实施和监管,保障灾后恢复重建的资金支持,激励社会公众对灾后恢复重建工作的积极参与。

4. 加强粮食作物病虫害防治和植物检疫工作

本条规定明确提出了粮食作物病虫害防治和植物检疫要求。(1)针对粮食作物病虫害防治,既有相关规定主要强调广义的"农作物病虫害防治",未能聚焦粮食作物作针对性的病虫害防治规定。如《中华人民共和国国民经济和社会发展第十四个五年规划和2035年远景目标纲要》提出,要加强农作物病虫害防治。本法着眼粮食安全保障工作,明确规定应加强粮食作物病虫害防治,体现了对粮食安全的特殊保障。进言之,粮食作物病虫害防治的具体措施可以参照《农作物病虫害防治条例》对病、虫、草、鼠等有害生物的监测与预报、预防与控制、应急处置等防治活动及其监督管理活动的一般规定。但仍应考虑到粮食作物的特性,配套制定专门的粮食作物病虫害防治具体实施细则。(2)针对植物检疫工作,既有法律已作了较完备的规定。《进出境动植物检疫法》着眼进出境环节,对植物检疫作了系统规定。《种子法》第五十三条明确规定,从事品种选育和种子生产经营以及管理的单位和个人应当遵守有关植物检疫法律、行政法规的规定,防止植物危险性病、虫、杂草及其他有害生物的传播和蔓延。禁止任何单位和个人在种子生产基地从事检疫性有害生物接种试验。《刑法》第四百一十三条规定了动植物检疫徇私舞弊罪以及动植物检疫失职罪,突出强调了动植物检疫的重要性。此外,《植物检疫条例》以及《进出境动植物检疫法实施条例》亦通过行政法规形式对于植物检疫以及进出境动植物检疫的具体实施细则予以明确。植物检疫工作的具体实施,应严格按照前述规范要求。进言之,前述规定仍主要从植物检疫层面予以规范,并未能体现粮食作物检疫的特殊性。本法出台后,有关部门还应针对粮食作物进一步规范落实粮食作物检疫要求,严格保障粮食生产安全。

三、国家鼓励和支持开展粮食作物病虫害绿色防控和统防统治。粮食生产者应当做好粮食作物病虫害防治工作，并对各级人民政府及有关部门组织开展的病虫害防治工作予以配合

1. 国家鼓励和支持开展粮食作物病虫害绿色防控和统防统治

本条规定从国家层面提出鼓励和支持开展粮食作物病虫害绿色防控和统防统治的总体要求。既有规范主要强调“农作物病虫害绿色防控和统防统治”，并未能聚焦粮食作物予以规定。本法突出粮食作物病虫害绿色防控和统防统治，体现了对粮食生产安全的切实保障。

(1)参照原农业部办公厅《关于推进农作物病虫害绿色防控的意见》(农办农〔2011〕54号)的规定，粮食作物病虫害绿色防控是指采取生态调控、生物防治、物理防治和科学用药等环境友好型措施，控制粮食作物病虫危害的植物保护措施。推进绿色防控是贯彻“预防为主、综合防治”植物保护方针，实施绿色植物保护战略的重要举措。对此，《黄河保护法》第八十一条第一款规定，黄河流域县级以上地方人民政府及其有关部门应当推广病虫害绿色防控等先进适用技术。对于具体绿色防控措施，《黑土地保护法》第十三条第五项规定，县级以上人民政府应当推广生物技术或者生物制剂防治病虫害等绿色防控技术，科学减少化学农药、除草剂使用量。《土壤污染防治法》第二十九条第三项规定，国家鼓励和支持农业生产者采用测土配方施肥技术、生物防治等病虫害绿色防控技术。此外，《农药管理条例》第三十二条规定，国家通过推广生物防治、物理防治、先进施药器械等措施，逐步减少农药使用量。县级人民政府应当制定并组织实施本行政区域的农药减量计划；对实施农药减量计划、自愿减少农药使用量的农药使用者，给予鼓励和扶持。县级人民政府农业主管部门应当鼓励和扶持设立专业化病虫害防治服务组织，并对专业化病虫害防治和限制使用农药的配药、用药进行指导、规范和管理，提高病虫害防治水平。

县级人民政府农业主管部门应当指导农药使用者有计划地轮换使用农药,减缓危害农业、林业的病、虫、草、鼠和其他有害生物的抗药性。乡、镇人民政府应当协助开展农药使用指导、服务工作。前述规定较完备地规范了病虫害绿色防控措施,有关部门应进一步聚焦粮食作物对相关规范严格落实。

(2)统防统治,是指具备相应植物保护专业技术和设备的服务组织,开展社会化、规模化、集约化农作物病虫害防治服务的行为,是以高效、精准、持续和系统为特征的病虫害综合防控体系。它既是发展现代农业的客观要求,又是解决农民防病治虫难、减少农药污染的有效途径,也是保障农业生产安全、农产品质量安全和农村生态安全的重要措施。[①] 2010 年中央一号文件中共中央、国务院《关于加大统筹城乡发展力度进一步夯实农业农村发展基础的若干意见》提出,应大力推进农作物病虫害专业化统防统治。此后,农业农村部分别出台《关于切实做好农作物病虫害专业化统防统治农机购置补贴工作的通知》(农办财〔2010〕36 号)以及《关于加强秋粮病虫害统防统治工作的通知》(农明字〔2023〕102 号),对于病虫害统防统治工作予以落实。《农作物病虫害防治条例》第二十五条亦明确规定了病虫害统防统治的具体实施细则,规定农作物病虫害严重发生时,县级以上地方人民政府农业农村主管部门应当按照农作物病虫害预防控制方案以及监测预报情况,及时组织、指导农业生产经营者、专业化病虫害防治服务组织等有关单位和个人采取统防统治等控制措施。一类农作物病虫害严重发生时,国务院农业农村主管部门应当对控制工作进行综合协调、指导。二类、三类农作物病虫害严重发生时,省、自治区、直

① 参见张世宏:《关于加强长春市农作物病虫害统防统治的建议》,载中国人民政治协商会议长春市委员会官网,http://www.cczx.gov.cn/dyscbg/201501/t20150107_1370933.html,最后访问日期:2024 年 1 月 15 日。

辖市人民政府农业农村主管部门应当对控制工作进行综合协调、指导。国有荒地上发生的农作物病虫害由县级以上地方人民政府组织控制。

2. 粮食生产者应当做好粮食作物病虫害防治工作,并对各级人民政府及有关部门组织开展的病虫害防治工作予以配合

本条规定着眼粮食生产者,对其粮食作物病虫害防治工作以及对有关部门组织开展相关工作的配合义务予以明确。粮食作物病虫害防治不仅对于粮食生产安全的保障作用影响重大,也关涉粮食生产者的民生福祉实现。考虑粮食生产者对于粮食作物病虫害防治获得的相应利益以及该主体进行防治的便利优势,明确粮食生产者对于粮食作物病虫害防治的法定义务具有正当性。此外,由于粮食作物病虫害具有极快的扩散性,仅靠单一政府主体难以迅速监测。为保障粮食生产安全,必须协同政府与粮食生产者的合力。具体而言,粮食生产者应当做好粮食作物病虫害防治工作,及时采取前述病虫害防治措施;同时,应对各级人民政府及有关部门组织开展的病虫害防治工作予以配合,避免阻挠、妨碍相关工作人员开展病虫害防治工作。

相关规定

(1)《乡村振兴促进法》第四十九条　地方各级人民政府应当健全农村社会治安防控体系,加强农村警务工作,推动平安乡村建设;健全农村公共安全体系,强化农村公共卫生、安全生产、防灾减灾救灾、应急救援、应急广播、食品、药品、交通、消防等安全管理责任。

(2)《乡村振兴促进法》第五十二条　县级以上地方人民政府应当统筹规划、建设、管护城乡道路以及垃圾污水处理、供水供电供气、物流、客运、信息通信、广播电视、消防、防灾减灾等公共基础设施和新型基础设施,推动城乡基础设施互联互通,保障乡村发展能源需求,保障农村饮用水安全,满足农民生产生活需要。

(3)《农业法》第二十四条　国家实行动植物防疫、检疫制度,健全动植物防疫、检疫体系,加强对动物疫病和植物病、虫、杂草、鼠害的监测、预警、防治,建立重大动物疫情和植物病虫害的快速扑灭机制,建设动物无规定疫病区,实施植物保护工程。

(4)《农业法》第四十七条　各级人民政府应当采取措施,提高农业防御自然灾害的能力,做好防灾、抗灾和救灾工作,帮助灾民恢复生产,组织生产自救,开展社会互助互济;对没有基本生活保障的灾民给予救济和扶持。

(5)《环境保护法》第三十三条　各级人民政府应当加强对农业环境的保护,促进农业环境保护新技术的使用,加强对农业污染源的监测预警,统筹有关部门采取措施,防治土壤污染和土地沙化、盐渍化、贫瘠化、石漠化、地面沉降以及防治植被破坏、水土流失、水体富营养化、水源枯竭、种源灭绝等生态失调现象,推广植物病虫害的综合防治。

县级、乡级人民政府应当提高农村环境保护公共服务水平,推动农村环境综合整治。

(6)《生物安全法》第二十八条　疾病预防控制机构、动物疫病预防控制机构、植物病虫害预防控制机构(以下统称专业机构)应当对传染病、动植物疫病和列入监测范围的不明原因疾病开展主动监测,收集、分析、报告监测信息,预测新发突发传染病、动植物疫病的发生、流行趋势。

国务院有关部门、县级以上地方人民政府及其有关部门应当根据预测和职责权限及时发布预警,并采取相应的防控措施。

(7)《促进科技成果转化法》第十二条　对下列科技成果转化项目,国家通过政府采购、研究开发资助、发布产业技术指导目录、示范推广等方式予以支持:

(一)能够显著提高产业技术水平、经济效益或者能够形成促进社会经济健康发展的新产业的;

（二）能够显著提高国家安全能力和公共安全水平的；

（三）能够合理开发和利用资源、节约能源、降低消耗以及防治环境污染、保护生态、提高应对气候变化和防灾减灾能力的；

（四）能够改善民生和提高公共健康水平的；

（五）能够促进现代农业或者农村经济发展的；

（六）能够加快民族地区、边远地区、贫困地区社会经济发展的。

(8)《农业技术推广法》第二条　本法所称农业技术，是指应用于种植业、林业、畜牧业、渔业的科研成果和实用技术，包括：

（一）良种繁育、栽培、肥料施用和养殖技术；

（二）植物病虫害、动物疫病和其他有害生物防治技术；

（三）农产品收获、加工、包装、贮藏、运输技术；

（四）农业投入品安全使用、农产品质量安全技术；

（五）农田水利、农村供排水、土壤改良与水土保持技术；

（六）农业机械化、农用航空、农业气象和农业信息技术；

（七）农业防灾减灾、农业资源与农业生态安全和农村能源开发利用技术；

（八）其他农业技术。

本法所称农业技术推广，是指通过试验、示范、培训、指导以及咨询服务等，把农业技术普及应用于农业产前、产中、产后全过程的活动。

(9)《种子法》第五十三条　从事品种选育和种子生产经营以及管理的单位和个人应当遵守有关植物检疫法律、行政法规的规定，防止植物危险性病、虫、杂草及其他有害生物的传播和蔓延。

禁止任何单位和个人在种子生产基地从事检疫性有害生物接种试验。

(10)《刑法》第四百一十三条　【动植物检疫徇私舞弊罪】动植物检疫机关的检疫人员徇私舞弊，伪造检疫结果的，处五年以下有期徒刑或者拘役；造成严重后果的，处五年以上十年以下有期徒刑。

【动植物检疫失职罪】前款所列人员严重不负责任，对应当检疫的检疫物不检疫，或者延误检疫出证、错误出证，致使国家利益遭受重大损失的，处三年以下有期徒刑或者拘役。

(11)《黄河保护法》第八十一条　黄河流域县级以上地方人民政府及其有关部门应当加强农药、化肥等农业投入品使用总量控制、使用指导和技术服务，推广病虫害绿色防控等先进适用技术，实施灌区农田退水循环利用，加强对农业污染源的监测预警。

黄河流域农业生产经营者应当科学合理使用农药、化肥、兽药等农业投入品，科学处理、处置农业投入品包装废弃物、农用薄膜等农业废弃物，综合利用农作物秸秆，加强畜禽、水产养殖污染防治。

(12)《黑土地保护法》第十三条　县级以上人民政府应当推广科学的耕作制度，采取以下措施提高黑土地质量：

(一)因地制宜实行轮作等用地养地相结合的种植制度，按照国家有关规定推广适度休耕；

(二)因地制宜推广免(少)耕、深松等保护性耕作技术，推广适宜的农业机械；

(三)因地制宜推广秸秆覆盖、粉碎深(翻)埋、过腹转化等还田方式；

(四)组织实施测土配方施肥，科学减少化肥施用量，鼓励增施有机肥料，推广土壤生物改良等技术；

(五)推广生物技术或者生物制剂防治病虫害等绿色防控技术，科学减少化学农药、除草剂使用量，合理使用农用薄膜等农业生产资料；

(六)其他黑土地质量提升措施。

(13)《土壤污染防治法》第二十九条　国家鼓励和支持农业生产者采取下列措施：

(一)使用低毒、低残留农药以及先进喷施技术；

(二)使用符合标准的有机肥、高效肥；

(三)采用测土配方施肥技术、生物防治等病虫害绿色防控技术；

(四)使用生物可降解农用薄膜；

(五)综合利用秸秆、移出高富集污染物秸秆；

(六)按照规定对酸性土壤等进行改良。

法条

第二十五条　国家加强粮食生产功能区和重要农产品生产保护区建设，鼓励农业生产者种植优质农作物。县级以上人民政府应当按照规定组织划定粮食生产功能区和重要农产品生产保护区并加强建设和管理，引导农业生产者种植目标作物。

法条释义

本法第二十五条明确规定了粮食生产功能区和重要农产品生产保护区建设管理机制。概括而言，本条首先总体规定“国家加强粮食生产功能区和重要农产品生产保护区建设”，并“鼓励农业生产者种植优质农作物”。在前述规定基础之上，进一步明确县级以上人民政府对于粮食生产功能区和重要农产品生产保护区的建设管理责任，规定“县级以上人民政府应当按照规定组织划定粮食生产功能区和重要农产品生产保护区并加强建设和管理”，并“引导农业生产者种植目标作物”。

一、国家加强粮食生产功能区和重要农产品生产保护区建设，鼓励农业生产者种植优质农作物

1. 国家加强粮食生产功能区和重要农产品生产保护区建设

本条规定原则性强调国家应加强粮食生产功能区和重要农产

品生产保护区建设。根据国务院《关于建立粮食生产功能区和重要农产品生产保护区的指导意见》(国发〔2017〕24 号)的规定,对于“两区”的建设可侧重以下三个方面:(1)强化综合生产能力建设。对此,首先可依据高标准农田建设规划和土地整治规划等,按照集中连片、旱涝保收、稳产高产、生态友好的要求,推进高标准农田建设以及农田水利设施建设。国务院《关于印发“十四五”推进农业农村现代化规划的通知》(国发〔2021〕25 号)亦着重强调,应以永久基本农田、粮食生产功能区和重要农产品生产保护区为重点,开展高标准农田建设。(2)发展适度规模经营。国家应优化对“两区”范围内的新型经营主体的培育与支持政策体系,推动发展多种形式的适度规模经营,同时加强对土地经营权流转和适度规模经营的相关服务支持。(3)提高农业社会化服务水平。国家应推动“两区”农业生产转型升级,完善农业社会化服务体系,综合采取多种手段支持机械化、信息化设备与技术的应用,促进农业生产水平提升。在前述具体建设过程中,还应根据国务院办公厅《关于完善支持政策促进农民持续增收的若干意见》(国办发〔2016〕87 号)的要求,着重完善农业支持保护制度,并加大粮食生产功能区和重要农产品生产保护区建设支持力度,以提升农民及“两区”粮食生产积极性。

2. 鼓励农业生产者种植优质农作物

本条规定提出国家鼓励农业生产者种植优质农作物。优质农作物的具体范畴可参考农业农村部发布的《2023 年国家农作物优良品种推广目录》,种植其中列举的 10 种农作物及 241 个优良品种。需要明确的是,“鼓励”并非“强制”,国家应尊重农业生产者的生产经营自主权。在此前提要求下,国家的具体鼓励方式主要体现为对于种植优质农作物的制度支持。具体而言,国家可支持发展生态高值粮食产业,培育粮食生产新业态。如加大对富硒、富锌、降血糖、降血压、降血脂等优质高值粮食品种的补贴力度,加大对打造本土粮食品牌的政策扶持，有效实现品牌溢价。在此基础上，政府可通过多样的项目支持、财税优惠措施等支持粮食生产经营新业态发展，推动粮食生产与第二、第三产业有机衔接，引导粮食生产与电商、数字产业有效统合。

二、县级以上人民政府应当按照规定组织划定粮食生产功能区和重要农产品生产保护区并加强建设和管理，引导农业生产者种植目标作物

1. 县级以上人民政府应当组织划定粮食生产功能区和重要农产品生产保护区并加强建设和管理

本条规定对县级以上人民政府按照规定组织划定、建设以及管理粮食生产功能区和重要农产品生产保护区的具体责任予以明确。具体而言，可从以下三个方面理解。

(1)针对县级以上人民政府的组织划定责任，四级政府应按照各行政管辖范围内粮食生产功能区和重要农产品生产保护区的具体划定任务，科学合理地组织"两区"划定。对此，可根据国务院《关于建立粮食生产功能区和重要农产品生产保护区的指导意见》(国发〔2017〕24 号)的要求，首先，应明确划定标准。粮食生产功能区和重要农产品生产保护区应同时具备以下条件：水土资源条件较好、坡度在 15 度以下的永久基本农田；相对集中连片，原则上平原地区连片面积不低于 500 亩，丘陵地区连片面积不低于 50 亩；农田灌排工程等农业基础设施比较完备，生态环境良好，未列入退耕还林还草、还湖还湿、耕地休耕试点等范围；具有粮食和重要农产品的种植传统，近 3 年播种面积基本稳定。此外，应优先选择已建成或规划建设的高标准农田进行"两区"划定。依据前述划定标准具体实施时，还应逐级细化落实各级政府的划定任务，保证细化分解到县级，并将产粮大县作为粮食生产功能区划定的重点县。其次，在具体划定过程中，县级人民政府应明确"两区"具体地块并统一编号，标明相关信息。依托国土资源遥感监测

“一张图”和综合监管平台建立电子地图和数据库，对划定的地块予以登记。最后，还应完备动态的补划工作，对耕地性质发生改变、不符合划定标准的及时剔除，并重新进行补划。

（2）针对县级以上人民政府的建设责任，在对粮食生产功能区和重要农产品生产保护区的具体建设过程中，可参照前述强化综合生产能力建设、发展适度规模经营以及提高农业社会化服务水平等要求，有序推进落实“两区”的建设工作。同时，着重完善农业支持保护制度，并优化对建设工作的相关支持机制。

（3）针对县级以上人民政府的管理责任，主要应强化对“两区”的数量及质量保护、设施建后管护等具体责任。对此，各省级政府可在中央指导下，完备相应的管理规定，并指导下级人民政府贯彻落实。一方面，应严格保护“两区”范围内的永久基本农田及高标准农田，确保数量、质量和生态安全；另一方面，应明确农业基础设施管护责任，指导、支持、监督具体管护主体加强高标准农田设施、农田水利设施等的建后管护工作。

2. 县级以上人民政府应当引导农业生产者种植目标作物

本条规定突出强调了县级以上人民政府引导农业生产者种植目标作物的具体责任。这一规定主要源于国务院办公厅《关于防止耕地“非粮化”稳定粮食生产的意见》（国办发〔2020〕44 号）对加强粮食生产功能区监管的规定，体现了对防止耕地“非粮化”的特殊保护。该意见提出，各地区应引导种植目标作物，保障粮食种植面积。引导作物一年两熟以上的粮食生产功能区至少生产一季粮食，种植非粮作物的要在一季后能够恢复粮食生产。对于“目标作物”的理解应结合耕地利用优先序的要求，永久基本农田重点用于发展粮食生产，特别是保障稻谷、小麦、玉米三大谷物的种植面积；一般耕地主要用于粮食和棉、油、糖、蔬菜等农产品及饲草饲料生产。耕地在优先满足粮食和食用农产品生产的基础上，适度用于非食用农产品生产，对市场明显过剩的非食用农产品，要加以引导,防止无序发展。政府在具体引导过程中,应充分尊重农民自主经营的意愿和保护农民土地的承包经营权,并侧重完善支持政策和制度保障体系。本条规定主要强调政府对于农业生产者种植目标作物的引导责任,并非直接规定农业生产者种植目标作物的法定义务。因此,政府在具体引导过程中,应以尊重农民自主经营权为前提,通过完善种植目标作物的支持政策和制度保障体系激励农民种植相应的目标作物。

法条

第二十六条 国家采取措施稳定粮食播种面积,合理布局粮食生产,粮食主产区、主销区、产销平衡区都应当保面积、保产量。

粮食主产区应当不断提高粮食综合生产能力,粮食主销区应当稳定和提高粮食自给率,粮食产销平衡区应当确保粮食基本自给。

国家健全粮食生产者收益保障机制,以健全市场机制为目标完善农业支持保护制度和粮食价格形成机制,促进农业增效、粮食生产者增收,保护粮食生产者的种粮积极性。

省级以上人民政府应当通过预算安排资金,支持粮食生产。

法条释义

本法第二十六条明确规定了粮食主产区、主销区、产销平衡区的粮食生产责任,以及粮食生产者收益保障机制。

概括而言,本条第一款及第二款从宏观维度规定了粮食主产区、主销区、产销平衡区的粮食生产责任,强调三者粮食产能的协同提升。第一款着眼国家主体,强调了国家稳定粮食播种面积的具体责任。第二款眷注粮食主产区、主销区及产销平衡区,分别明确了三区各自的粮食生产责任。第三款从微观维度规定了粮食生产者收益保障机制,以保护粮食生产者的种粮积极性。第四款总体规定了省级以上人民政府的资金保障责任,以加强对粮食生产的支持。

一、国家采取措施稳定粮食播种面积，合理布局粮食生产，粮食主产区、主销区、产销平衡区都应当保面积、保产量

为促进主产区、主销区与产销平衡区承担粮食生产责任，亟待完备从中央到地方的多元政策激励体系。要言之，在中央层面，应眷注主销区与产销平衡区粮食生产的现实困境，予以针对性制度供给；在地方层面，则应进一步聚焦粮食生产主体的实践诉求，有效协同小农户与规模性生产经营主体，并综合采取多元激励措施。

针对主销区与产销平衡区粮食生产的客观要素限制，中央层面可以采取以下举措：(1)重点扶持推进主销区与产销平衡区的耕地建设，通过加大财政转移支付力度支持其开展土地综合整治，破解土地碎片化问题。(2)完善农业用水管理体制，对于农田灌溉用水等较短缺的区域予以倾斜性水权分配，并支持其加强水资源的合理开发与利用。为避免水资源的不当耗费，可配套相应的节水用水监管措施，引导水资源的规范有序利用。(3)加强农业基础设施建设及农技发展的支持力度。通过采取专项补贴、转移支付等措施，重点扶持农业基础设施建设较落后的省份，完善其粮食生产的必需设施，并支持其推进粮食生产相关机械设备、种植技术等的现代化转型。(4)制定专门的粮食生产激励办法，将激励措施制度化、规范化。对此，可参照广西壮族自治区的实践，[①]构建较规范的粮食生产激励机制并配套科学合理的评价标准。

针对主销区与产销平衡区农业生产经营者生产积极性的有效提升，除由中央发放统一的种粮补贴外，各地方也应逐步完善其政策激励机制。(1)为保障水资源缺乏地区的农业用水，省级政府可主导完善农业水费补贴激励机制，由县级以上政府按照相应比例对农业用水费用予以补贴，由此减轻农民的农业用水成本负担。

① 参见《广西壮族自治区粮食生产激励办法(试行)》(桂农厅发〔2022〕15 号)。

（2）对于丘陵山区较密集的地区，可以由省级政府重点统筹，由县级政府具体落实，加快开发并推广适宜耕作的农业生产机械与设备，并同时加强农田整治与农业基础设施建设，推进粮食生产的高效化。（3）为协同提升小农户与规模性农业生产经营主体的生产积极性，各地方在倾斜性扶持规模性农业生产经营主体的同时，亦应着力推进小农户与现代农业的有机衔接。对此，建议可由县级政府推动构建规模性农业生产经营主体联农带农促农机制，引导规模性农业生产经营主体与小农户的有机联结。

二、粮食主产区应当不断提高粮食综合生产能力，粮食主销区应当稳定和提高粮食自给率，粮食产销平衡区应当确保粮食基本自给

在粮食安全新型“适应性治理”理论的指导下，为纾解环境、社会、经济压力等多重要素引致的政府粮食安全治理压力，国家的粮食安全治理模式可逐渐由僵化的单中心治理逐步转向多中心的适应性治理，以明确粮食安全治理目标为前提，协调各地方的多级、多元利益结构，并采取较灵活、科学的制度安排。[①] 聚焦主销区与产销平衡区粮食生产责任的划定，可在明确主销区与产销平衡区粮食自给底线的基础上，由省级政府责任逐级下沉，构建粮食生产功能区建设、粮食安全党政同责及省长责任制落实的规范体系，以此实现各级政府的“多层次互动”。[②] 在此过程中，对于粮食生产经营主体的生产实践，应由强制干预具体生产经营行为转为协同引导粮食生产安全举措的落实。由此，不仅有助于加强对实现粮食自给率的有效约束，而且进一步提升了粮食生产安全的治

---

① See Laura M. Pereira, Shaun Ruysenaar, *Moving from Traditional Government to New Adaptive Governance: The Changing Face of Food Security Responses in South Africa*, Food Security, Vol. 4, p. 41(2012).

② Folke, *Resilience: The Emergence of a Perspective for Socialecological Systems Analyses*, Global Environmental Change, Vol. 16(2006).

理弹性。

具体而言,粮食自给水平是衡量区域和国家粮食安全的重要指标之一。2004 年国务院《关于进一步深化粮食流通体制改革的意见》即要求"主销区要保证粮食播种面积,保证必要的粮食自给率;产销平衡地区要继续稳定粮食产需平衡的局面"。针对主销区与产销平衡区具体粮食自给率的设定,既有研究多以国家粮食自给率[①]为基准。有学者认为,粮食缺口率在 5% 以下为低风险,20% 以上则为高风险。[②] 针对主销区与产销平衡区的具体粮食自给率,有学者分别就不同区域划分,设定了差异化的警限和权重作为粮食安全预警指标。[③] 有学者通过区分具体粮食品种、粮食用途、城乡区域,提出除北京、天津、上海、西藏、新疆另设底线外,粮食产销平衡区应至少满足常住人口的稻麦直接用于口粮用途的消费自给,粮食主销区则应至少满足农村常住人口的稻麦直接用于口粮用途的消费自给。[④] 以此为参考,各地方可在中央指导下结合其粮食安全产需实际情况确定各自的粮食自给率。各级政府应以粮食自给率为底线,并在此基础上配套设计更具体的实现措施及规范体系,逐级加强对于自给率实现的制度约束。申言之,在具体制度体系构建的过程中,尤应注重对于小农户与新型农业生产经营主体等的协同。对于农民等实际粮食生产主体,相应的制度设计应避免以损害农民经营自主权等基本权益为典型的过度约

① 依据《国家粮食安全中长期规划纲要(2008—2020 年)》,我国粮食自给率应稳定在 95% 以上。

② 参见起晓星、刘黎明、刘亚彬:《基于缺口率模型的区域粮食安全风险评估》,载《农业工程学报》2013 年第 9 期。

③ 参见张勇、曾澜、吴炳方:《区域粮食安全预警指标体系的研究》,载《农业工程学报》2004 年第 3 期。

④ 参见普莫喆、周琳等:《我国粮食产销平衡区和主销区粮食自给底线设定研究》,载《农业经济问题》2022 年第 7 期。

束,而应转向侧重引导激励与合理规范相结合的制度架构。具体而言,应以前述诸多激励措施为制度重心,有针对性地规制农民在实际耕作中破坏耕地、毁损粮食生产基础设施等诸多违反法律法规的行为。由此,在有效迸发粮食生产活力的同时,保证粮食生产安全实现的应有秩序。

三、国家健全粮食生产者收益保障机制,以健全市场机制为目标完善农业支持保护制度和粮食价格形成机制,促进农业增效、粮食生产者增收,保护粮食生产者的种粮积极性

1. 针对小农户种粮积极性的提升

对于小农户种粮积极性的提升,应着力推进统一的粮食生产补贴法律体系构建。2023 年中央一号文件中共中央、国务院《关于做好 2023 年全面推进乡村振兴重点工作的意见》指出,国家应加快出台本法。由于实施粮食补贴的根本目的在于激发农民的种粮积极性,对于确保国家粮食安全具有重要作用。由此,粮食补贴相关规范应当成为本法的重要组成部分。有关部门也应当尽快推动粮食补贴政策法律化。概言之,应当"将粮食补贴领域的制度规定囊括进来,对涉及农业补贴、农村金融、农业投资和农业保险等问题融合立法,最终形成统一完备的粮食生产补贴实体法律体系"。[①] 具体而言,粮食生产补贴法律体系构建的核心在于采用权威的法律文件将粮食补贴政策的基本框架予以确定,以此消除国务院行政规范性文件层级较低带来的政策不稳定性,实现粮食补贴制度由国家政策向法律条文的跃升。在粮食补贴政策的具体细节问题上可以由法律授权国务院或地方政府根据实际情况进行具体规定,但应要求国务院及地方政府厘清粮食补贴政策文件的效力层级,避免出现不同的政策文件各行其是,造成粮食补贴依据的

① 谈玉欣:《我国粮食补贴制度与政策体系研究》,载《农业经济》2022 年第 10 期。

混乱。此外,为确保粮食补贴政策实施得高效、透明,仍需要加强粮食生产补贴监管制度的优化构建。

2. 针对新型农业生产经营主体种粮积极性的提升

为保障粮食生产安全,提高新型农业生产经营主体粮食生产积极性,对其面临的突出融资困境可以从三个方面予以纾解:(1)从新型农业生产经营主体自身出发,规范其组织治理。为纾解新型农业生产经营主体的融资困难,亟待解决的问题之一即为如何提升其经营运作的规范性。[①] 在实践中,不同种类的新型农业生产经营主体内部的治理机制各有不同,对各类新型农业生产经营主体应当结合实际情况进行分类监管。(2)优化农村信用环境,推进农村信用体系建设。在实践中,由于农村金融信用体系建设落后,农户与农村金融机构之间难以形成良性互动。对此,首先,可以改变以往农村信用联合社单打独斗的局面,[②]转由地方政府相关部门牵头,农村信用联合社配合,共同采集农户信用信息。其次,对采集得来的信息可以借助电子手段予以整理归纳,并探索为新型农业生产经营主体建立电子信息档案,[③]使新型农业生产经营主体与金融机构的每笔交易均纳入信用评价。此外,在建立统一透明信用评价体系的同时,还应当遵循"守信激励,失信惩戒"的原则,推进"硬约束"与"强激励"双管齐下,营造良好的信用环境。(3)完备农业政策性金融保障体系,拓宽新型农业生产经营主体融资渠道,以平衡金融支持的供需矛盾。政府应运用政策性金融工具,通过建设完备的农业政策性金融保障制度体系来拓

① 参见朱文胜、王德群:《新型农业经营主体融资难》,载《中国金融》2014 年第 21 期。

② 参见陈永富、孟凡泽:《农村信用体系建设实践与思考——以辽宁省北票市为例》,载《征信》2019 年第 3 期。

③ 参见李真、高旗胜、戎蕾:《我国农村信用体系建设存在的问题与对策建议》,载《农村金融研究》2022 年第 3 期。

宽融资渠道，保障粮食生产主体的生产安全。具体而言，政府应建立较完善的财政补贴机制，通过建立利差拨付、确立合理经营费用补贴、提高呆坏账准备率等利益补偿机制，对政策性金融因农业高风险所造成的政策性亏损给予及时弥补，实现农业政策性金融机构的保本经营。同时，充分利用金融支持政策，引导金融机构落实支农再贷款的低息政策，[①]合理调整融资成本，提高新型农业生产经营主体粮食生产的积极性，进而保障粮食生产安全。

四、省级以上人民政府应当通过预算安排资金，支持粮食生产

本条规定实则强调通过编制规划并列明具体预算，实现对于具体资金安排的有效约束。根据《预算法》第二十七条第二款的规定，一般公共预算支出包括农业支出。梳理财政部发布的财政收支情况，农林水支出一般均被纳入一般公共预算支出。因此，本条规定中的"预算"主要是指一般公共预算。参照《土壤污染防治基金管理办法》第二条的规定，省级以上人民政府通过预算安排资金，除采取补贴、转移支付等外，还可设立专门基金。具体而言，可通过政府单独出资或者与社会资本共同出资设立，并采用股权投资等市场化方式，引导各类社会资本支持粮食生产。

相关规定

(1)《农业法》第三十七条　国家建立和完善农业支持保护体系，采取财政投入、税收优惠、金融支持等措施，从资金投入、科研与技术推广、教育培训、农业生产资料供应、市场信息、质量标准、检验检疫、社会化服务以及灾害救助等方面扶持农民和农业生产经营组织发展农业生产，提高农民的收入水平。

在不与我国缔结或加入的有关国际条约相抵触的情况下，国家对农民实施收入支持政策，具体办法由国务院制定。

---

① 参见潘悦宁：《新型农业经营主体融资问题探析》，载《农业经济》2018年第9期。

(2)《乡村振兴促进法》第五十八条　国家建立健全农业支持保护体系和实施乡村振兴战略财政投入保障制度。县级以上人民政府应当优先保障用于乡村振兴的财政投入,确保投入力度不断增强、总量持续增加、与乡村振兴目标任务相适应。

省、自治区、直辖市人民政府可以依法发行政府债券,用于现代农业设施建设和乡村建设。

各级人民政府应当完善涉农资金统筹整合长效机制,强化财政资金监督管理,全面实施预算绩效管理,提高财政资金使用效益。

(3)《粮食流通管理条例》第七条　省、自治区、直辖市应当落实粮食安全党政同责,完善粮食安全省长责任制,承担保障本行政区域粮食安全的主体责任,在国家宏观调控下,负责本行政区域粮食的总量平衡和地方储备粮等的管理。

县级以上地方人民政府粮食和储备行政管理部门负责本行政区域粮食流通的行政管理、行业指导;县级以上地方人民政府市场监督管理、卫生健康等部门在各自的职责范围内负责与粮食流通有关的工作。

法条

第二十七条　国家扶持和培育家庭农场、农民专业合作社等新型农业经营主体从事粮食生产,鼓励其与农户建立利益联结机制,提高粮食生产能力和现代化水平。

国家支持面向粮食生产者的产前、产中、产后社会化服务,提高社会化服务水平,鼓励和引导粮食适度规模经营,支持粮食生产集约化。

法条释义

本法第二十七条主要规定了对新型农业经营主体的扶持培育以及社会化服务等支持机制。

概括而言,(1)本条第一款首先提出,国家对新型农业经营主体实行扶持培育机制,并鼓励其与农户建立利益联结机制,以实现"提高粮食生产能力和现代化水平"的制度目标。(2)第二款提出,国家应支持完备社会化服务机制、鼓励引导粮食适度规模经营以及支持粮食生产集约化。其中,完善的社会化服务机制是推动粮食适度规模经营的重要举措,而粮食适度规模经营的推进则是实现粮食生产集约化的必然要求。

一、国家扶持和培育家庭农场、农民专业合作社等新型农业经营主体从事粮食生产,鼓励其与农户建立利益联结机制,提高粮食生产能力和现代化水平

1. 国家扶持和培育家庭农场、农民专业合作社等新型农业经营主体从事粮食生产

本条规定概括性提出,国家应扶持和培育新型农业经营主体从事粮食生产。具体而言,新型农业经营主体主要包括家庭农场、农民专业合作社以及农业相关龙头企业等。对其扶持和培育的具体措施可包括以下几个方面:(1)财政支持及税收优惠支持。国家可通过直接补助、以奖代补、项目扶持等方式,支持家庭农场、农民专业合作社等新型农业经营主体开展粮食生产。此外,可对从事粮食生产的新型农业经营主体实行减免增值税、所得税等税收优惠政策,以降低其经营成本。(2)金融扶持。国家政策性、商业性金融机构可为从事粮食生产的新型农业经营主体提供融资支持,并有效降低其经营风险。(3)用地保障。为促进粮食生产经营规模化、专业化和集约化发展,国家可加大对新型农业经营主体从事粮食生产经营的用地支持,并逐步完善农村土地流转相关规范。

2. 鼓励新型农业经营主体与农户建立利益联结机制

本条规定提出,国家应鼓励新型农业经营主体与农户建立利益联结机制。新型农业经营主体与农户的利益联结为集聚新型农

业经营主体规模性优势、有效带动农户粮食生产积极性的有力措施。具体而言，(1)二者的利益联结机制包括股份联结、订单联结、服务联结、劳务联结等多种方式。[①] 各地可根据当地发展实际，引导鼓励相应的利益联结机制，并进一步确定农户与新型农业经营主体的具体利益分配方式。(2)为保障建立紧密稳定的长效性利益联结机制，促进二者的生产积极性，可从激励与约束两个维度协同构建具体制度措施。一方面，应完善对新型农业生产经营主体积极开展利益联结的制度激励措施，保障实现互利共赢。例如，给予新型农业经营主体以专项财政补贴、税收优惠以及融资支持，[②]激励新型农业生产经营主体发挥联农带农助农作用。另一方面，应加大对利益联结机制具体实践的监督力度，确保其规范有序运行。受制于规模性经营主体与小农户的经济地位不平等，小农户处于相对劣势地位，难以分享到农业生产及农产品加工和流通环节的实际红利。[③] 对此，应当加强对具体利益分配方式等具体环节的监督，着重规范新型农业经营主体与农户间的入股合同、订单合同、服务供给合同等具体合同订立过程，并着重发挥行业协会等中介组织的作用。

3. 提高粮食生产能力和现代化水平

本条规定主要明确了提高粮食生产能力和现代化水平这一制

① 具体而言，股份联结，主要是指农户以土地、资金及自有设施设备等入股新型农业经营主体，获得基础收益及按股分红利益；订单联结，主要是指对于有产品销售需求的农户，鼓励新型农业经营主体优先与其签订农产品购销合同，形成稳定的购销关系；服务联结，主要是指对于有生产经营服务需求的农户，鼓励新型农业经营主体提供农资供应、农机作业以及仓储物流等服务；劳务联结，主要是指鼓励新型农业经营主体优先雇用当地农户从事长期、短期务工，以保障农户获得工资收入。

② 参见王乐君、寇广增、王斯烈：《构建新型农业经营主体与小农户利益联结机制》，载《中国农业大学学报(社会科学版)》2019 年第 2 期。

③ 参见杜洪燕、陈俊红、李芸：《推动小农户与现代农业有机衔接的农业生产托管组织方式和利益联结机制》，载《农村经济》2021 年第 1 期。

度目标。通过扶持和培育家庭农场、农民专业合作社等新型农业经营主体从事粮食生产，并鼓励其与农户建立利益联结机制，有利于突出新型农业经营主体对于土地、资金、人力、技术等资源的规模化集成优势。通过引导其开展适度规模经营以及推动农业机械化、信息化发展转型，有利于在相当程度上提高粮食生产能力和现代化水平。

二、国家支持面向粮食生产者的产前、产中、产后社会化服务，提高社会化服务水平，鼓励和引导粮食适度规模经营，支持粮食生产集约化

1. 国家支持面向粮食生产者的产前、产中、产后社会化服务，提高社会化服务水平

本条规定提出国家完善粮食生产社会化服务机制的责任要求。粮食生产社会化服务是推动粮食适度规模经营的重要举措，相关服务贯穿产前、产中、产后等粮食生产全过程。通过支持社会化服务发展、提高社会化服务水平，有利于提高粮食生产效率，并有效降低农民的粮食生产成本。具体而言，(1)相关服务包括产前种子、化肥、农药、薄膜等生产资料供应以及农机供应服务，产中耕种技术、栽培技术、病虫害防治技术等技术指导服务以及产后销售、运输、加工服务等具体社会化服务形式。(2)为支持农业社会化服务发展，《农业法》第四十四条第一款亦明确规定，“……县级以上人民政府及其各有关部门应当采取措施对农业社会化服务事业给予支持”。对跨地区从事农业社会化服务的，农业、工商管理、交通运输、公安等有关部门应当采取措施给予支持。在此基础上，相关部门应进一步针对粮食生产经营活动，明确具体支持措施，并保障相关服务规范有效开展。对此，一方面，政府可加强对于粮食生产经营相关社会化服务供给主体的政策支持，通过政府服务购买、财政资金支持等方式引导相关粮食生产社会化服务开展。另一方面，政府应加强对于具体服务供给过程的全过程监督，

重点加强服务供给质量评估监测,保障粮食生产社会化服务供给的规范化运行。

2. 鼓励和引导粮食适度规模经营,支持粮食生产集约化

本条规定提出国家应鼓励和引导粮食适度规模经营并支持粮食生产集约化的责任要求。前已述及,粮食适度规模经营是实现粮食生产集约化的必然要求。具体而言,(1)粮食适度规模经营主要是指在一定区域内,从事粮食生产的劳动力、劳动手段以及劳动对象的集中程度达到目标效益最佳的经营状态。因此,粮食适度规模经营并不等同盲目扩大粮食生产经营规模,具体规模化程度必须基于特定地区的资源禀赋、农村劳动力转移情况以及土地流转实践等发展实际,平衡效率与公平。为鼓励、引导粮食适度规模经营,国家可进一步完备农业生产支持保护补贴政策,并探索通过采取贷款贴息、技术推广与服务补助等方式支持新型经营主体发展多种形式的粮食适度规模经营。(2)粮食生产集约化主要是指在有限地域范围内通过合理配置劳动力、资金和技术等生产要素,并配套科学管理和技术创新,系统提升粮食生产效率和质量,并实现可持续发展的粮食生产模式。在粮食适度规模经营基础上,国家还应进一步系统完善土地、技术以及基础设施建设等粮食生产集约化制度支持体系。具体包括:加大土地综合整治力度并加强高标准农田建设,着力提高土地利用效率;采取财政补贴、技术引导等支持政策,推动智慧农业、间作套种、节水灌溉等粮食生产相关现代化技术的推广应用。同时,通过开展农业技术培训、田间指导等服务,提高农民的农业生产技能和经营管理能力,以提高粮食生产效率;着力提升基础设施配套建设,加大对高标准农田建设以及智能化粮食生产基地建设的财政支持,为粮食生产集约化提供基础支撑。

相关规定

(1)《乡村振兴促进法》第十二条 国家完善农村集体产权制

第二十七条

度，增强农村集体所有制经济发展活力，促进集体资产保值增值，确保农民受益。

各级人民政府应当坚持以农民为主体，以乡村优势特色资源为依托，支持、促进农村一二三产业融合发展，推动建立现代农业产业体系、生产体系和经营体系，推进数字乡村建设，培育新产业、新业态、新模式和新型农业经营主体，促进小农户和现代农业发展有机衔接。

(2)《农业法》第四十四条　国家鼓励供销合作社、农村集体经济组织、农民专业合作经济组织、其他组织和个人发展多种形式的农业生产产前、产中、产后的社会化服务事业。县级以上人民政府及其各有关部门应当采取措施对农业社会化服务事业给予支持。

对跨地区从事农业社会化服务的，农业、工商管理、交通运输、公安等有关部门应当采取措施给予支持。

法条

第二十八条　国家健全粮食主产区利益补偿机制，完善对粮食主产区和产粮大县的财政转移支付制度，调动粮食生产积极性。

省、自治区、直辖市人民政府可以根据本行政区域实际情况，建立健全对产粮大县的利益补偿机制，提高粮食安全保障相关指标在产粮大县经济社会发展综合考核中的比重。

法条释义

本法第二十八条明确规定国家健全对粮食主产区及产粮大县的利益补偿机制。

概括而言，本条有以下两层含义：(1)本条第一款着眼国家层面，系统规定“国家健全粮食主产区利益补偿机制”。在此基础上，进一步规定“完善对粮食主产区和产粮大县的财政转移支付制度”这一具体利益补偿机制，以实现“调动粮食生产积极性”的制度目的。(2)第二款聚焦省、自治区、直辖市人民政府层面，明确产粮大县利益补偿机制的具体落实规则。

一、国家健全粮食主产区利益补偿机制，完善对粮食主产区和产粮大县的财政转移支付制度，调动粮食生产积极性

1. 国家健全粮食主产区利益补偿机制

现有的粮食主产区利益补偿机制对于粮食主产区农民种粮积极性的激励效应逐渐放缓。[①] 从补偿手段观之，既有规范仍以中央政府纵向转移支付为主，补贴额度不高；从补偿方式观之，当下补偿方式主要以直接的资金补偿为主，凸显激励效应放缓的现实问题。具体而言：(1)就补偿手段而言，现有的粮食主产区利益补偿仍更多关注注入补贴、奖励等外生性的利益补偿，对利用市场手段激发粮食主产区种粮积极性的关注度不高。[②] 具体表现为，我国现行的粮食主产区利益补偿政策主要包括最低收购价和对粮食生产的直接补贴，由此形成了以行政手段为主，市场手段缺失的补偿机制，补偿力度不足。(2)就补偿方式而言，我国粮食主产区利益补偿主要体现为资金补贴和最低保护价政策，对主产区的激励明显不足。一方面，尽管资金补贴作为一种直接的补偿方式，能够直观地增加种粮农户的收入，激发种粮积极性。但是，资金直补属于“输血式”的补偿方式，增长幅度有限，对于粮食主产区经济发展和农民收入提高不具有持续性。另一方面，“最低收购价是政府通过价格机制进行调控的手段，收储企业的资金来源之一是中央财政拨付的资金补贴”。[③] 为保护粮食生产者的利益，需要依靠

① 参见郑兆峰、宋洪远：《健全粮食主产区利益补偿机制：现实基础、困难挑战与政策优化》，载《农业现代化研究》2023 年第 2 期。

② 参见陈明星、唐轲、张淞杰：《完善粮食主产区利益补偿机制的路径及对策》，载《区域经济评论》2022 年第 1 期。

③ 赵天虹：《我国粮食保护价格政策的研究》，载《理论观察》2015 年第 12 期。

粮食主产区政府的财政拨付对收储企业进行补贴，由此导致粮食主产区为粮食安全作的贡献越大，其地方政府承担的补贴资金负担也越重，如此一来，并未改变“产量大省，财政穷省”的局面。可见，“非资金”的间接补偿方式仍有欠缺。

针对前述问题，国家应完善“内生性”补偿方式，并系统构建市场化的补偿制度体系。具体而言：(1)对于“内生性”补偿方式，首先，可探索构建“资金 + 产业”的可持续补偿，延伸粮食产业链。[①] 粮食主销区政府可在粮食主产区政府进行产业规划与产业投资，推动粮食主产区第一、第二、第三产业融合，提高粮食产品的附加值和粮食产业的核心竞争力。其次，可拓展“非现金”的补偿方式，如政策补偿、科技补偿、服务补偿、实物补偿等。这些补偿目的在于改善农业基础设施建设，提高粮食生产的机械化水平，进一步提高粮食主产区的粮食综合生产能力。(2)对于市场化的补偿制度体系，可以通过政府引导和利用市场机制，鼓励粮食主产区与粮食主销区建立购销协作关系，引导粮食企业签订具有约束力的购销合同，完善粮食购销流程。鼓励粮食主销区企业与粮食主产区企业加强合作，建立产销一体化的流通企业。同时粮食主产区企业能够借鉴粮食主销区企业先进的技术水平和管理经验，提升主产区粮食产业现代化水平，推动粮食主产区形成粮食产业集群布局，提高粮食主产区的“造血”能力。

2. 完善对粮食主产区和产粮大县的财政转移支付制度

粮食主产区及产粮大县是保障国家粮食安全的主力军，对保障全国粮食安全具有重大意义。为解决粮食主产区及产粮大县突出面临的经济发展乏力、公共服务投入不足等“粮财倒挂”的现实问题，亟待完善对粮食主产区和产粮大县的财政转移支付制度。

---

① 参见蒋和平：《健全种粮农民收益保障机制和主产区利益补偿机制，调动维护粮食安全的“两个积极性”》，载《农业经济与管理》2022 年第 6 期。

(1)长期以来,为补偿粮食主产区的发展利益,中央政府承担了主要的财政转移支付责任。通常采取一般性纵向转移支付的方式,弥补粮食主产区的财力缺口,均衡地区间的财力差距。然而,我国尚未构建产销区间的横向转移支付机制。根据"谁受益,谁补偿"的原则,应积极推动粮食主销区政府承担横向转移支付责任。进言之,应明确粮食主销区作为利益补偿主体,拓宽资金来源。

具体而言,一方面,可在量化补偿标准的基础上关注区域公平的实现,[①]粮食主销区以较低的购粮成本换取了粮食安全和发展机会,因而可以粮食调出量为依据,即按照"多调多补偿,少调少补偿,不调不补偿"的原则进行补偿,保障补偿的公平性与合理性。另一方面,可强制粮食主销区政府等缴纳特定资金,以此补偿粮食主产区在粮食生产中的福利损失。[②] 在财力与支出责任匹配的基础上,通过粮食主销区政府对粮食主产区政府的横向转移支付方式,探索设立粮食主产区利益补偿基金用于农业基础设施建设。

(2)既有规范性文件中并未明确提出"产粮大县财政转移支付制度",中央预算及决算决议中一般表述为"产粮大县奖励";国务院《关于印发"十四五"推进农业农村现代化规划的通知》(国发〔2021〕25 号)概括表述为"健全产粮大县支持政策体系"。本法首次通过立法的形式对产粮大县财政转移支付制度予以明确,不仅强调了加大产粮大县财政支持力度的要求,而且进一步体现了对于产粮大县相关财政支持资金发放的有序规范。

具体而言,本条规定中所指的财政转移支付,主要是指一般财

---

① 参见汪伟全:《区域一体化、地方利益冲突与利益协调》,载《当代财经》2011年第3期。

② 参见沈琼:《粮食主产区利益补偿的经济分析》,载《世界农业》2014年第5期。

政转移支付。参照前述主产区转移支付机制，产粮大县财政转移支付也应包括纵向中央、省级及设区市级财政转移支付，以及横向县域间的财政转移支付。此外，为保障相关财政转移支付的规范发放，还应配套构建完备的财政转移支付办法，对于财政转移支付主体、转移支付资金规模、具体发放程序等予以系统规定。

二、省、自治区、直辖市人民政府可以根据本行政区域实际情况，建立健全对产粮大县的利益补偿机制，提高粮食安全保障相关指标在产粮大县经济社会发展综合考核中的比重

1. 省、自治区、直辖市人民政府可以根据本行政区域实际情况，建立健全对产粮大县的利益补偿机制

本条规定在法律层面首次提出产粮大县利益补偿机制，明确了产粮大县利益补偿机制的建立健全主体及总体性规定。建立健全产粮大县利益补偿机制，有助于减轻产粮大县财政压力，提升产粮大县的产粮积极性，筑牢粮食安全民生基底，为本法的又一大创举。具体而言：(1) 首先明确产粮大县的利益补偿机制的建立健全主体为省、自治区、直辖市人民政府。这一主体规定是在前款粮食主产区利益补偿机制构建的基础之上进一步聚焦产粮大县，在各省、自治区、直辖市管辖范围内构建对产粮大县的利益补偿机制。需要注意的是，产粮大县利益补偿机制的建立健全主体并不等同产粮大县利益补偿主体。参照前述粮食主产区利益补偿机制的完善路径，产粮大县利益补偿也应包括省级、设区市级财政的纵向利益补偿，以及县、市级财政的横向利益补偿。(2) 产粮大县利益补偿机制的建立与否以及具体机制内容，均应基于各行政区域的实际情况。本条规定并非为建立产粮大县利益补偿机制的强制性规定，省、自治区、直辖市人民政府可以根据本行政区域实际情况选择是否建立，并决定利益补偿机制的具体设计。对此，在国务院《关于印发"十四五"推进农业农村现代化规划的通知》（国发〔2021〕25 号）的规定中也有所体现，表述为"支持有条件的省份

降低产粮大县三大粮食作物农业保险保费县级补贴比例”。

2. 省、自治区、直辖市人民政府可以根据本行政区域实际情况，提高粮食安全保障相关指标在产粮大县经济社会发展综合考核中的比重

本条规定进一步提出，省、自治区、直辖市人民政府可以根据本行政区域实际情况，提高粮食安全保障相关指标在产粮大县经济社会发展综合考核中的比重。产粮大县经济社会发展综合考核主要指对产粮大县的经济发展指标以及社会发展指标等设立考核评价指标体系，并根据多指标进行综合评价，对考核评价情况较好的县可给予一定奖励。既有规范性文件中尚未明确针对产粮大县调整经济社会发展综合考核评价指标，多为各地方的统一规定。本法首次提出该制度，有利于保障区际发展公平，更好地发挥经济社会发展综合考核评价体系的导向作用，提高产粮大县稳抓粮食生产的积极性。

参照《合肥市乡镇经济社会发展综合考核评价办法》，其经济发展指标主要包括：财政总收入、人均财政收入、债务负担率、农民人均纯收入、市级及以上农业产业化龙头企业营销收入、工业经济指标、第三产业个体、私营企业户数、全社会固定资产投资额以及实际利用外来资金。社会发展指标主要包括：行政村水泥路通达率、九年义务教育期间辍学率、参加农村合作医疗人数、五保集中供养率、环境保护指标（包括重点工业污染达标排放率、建设项目“环评”及“三同时”执行率、规模化畜禽养殖场粪便综合利用率）、自来水普及率以及无害化卫生户厕普及率。前述指标均未体现粮食安全保障内容，也未区分产粮大县作针对性考核指标设置。对此，省、自治区、直辖市人民政府可以视本区域的实际情况，在省级明确出台产粮大县经济社会发展综合考核办法，适度提高粮食安全保障相关指标的考核比重。在此基础上，指导下级政府分别对具体考核办法逐级细化落实。

相关规定

(1)《农业法》第三十二条　国家在政策、资金、技术等方面对粮食主产区给予重点扶持,建设稳定的商品粮生产基地,改善粮食收贮及加工设施,提高粮食主产区的粮食生产、加工水平和经济效益。

国家支持粮食主产区与主销区建立稳定的购销合作关系。

(2)《农业法》第三十三条　在粮食的市场价格过低时,国务院可以决定对部分粮食品种实行保护价制度。保护价应当根据有利于保护农民利益、稳定粮食生产的原则确定。

农民按保护价制度出售粮食,国家委托的收购单位不得拒收。

县级以上人民政府应当组织财政、金融等部门以及国家委托的收购单位及时筹足粮食收购资金,任何部门、单位或者个人不得截留或者挪用。

第四章 粮食储备

法条

第二十九条 国家建立政府粮食储备体系。政府粮食储备分为中央政府储备和地方政府储备。政府粮食储备用于调节粮食供求、稳定粮食市场、应对突发事件等。

中央政府粮食储备规模和地方政府粮食储备总量规模由国务院确定并实行动态调整。政府粮食储备的品种结构、区域布局按照国务院有关规定确定。

政府粮食储备的收购、销售、轮换、动用等应当严格按照国家有关规定执行。

法条释义

本法第二十九条主要明确了政府粮食储备体系宏观层面的制度建立以及微观层面的具体设计。

概括而言:(1)本条第一款从宏观层面规定,“国家建立政府粮食储备体系”,并明确政府粮食储备的具体构成及用途。(2)第二款及第三款均为微观层面的具体制度设计。第二款主要规定政府粮食储备总量规模的动态调整以及储备品种结构、区域布局的具体确定规则;第三款进一步明确政府粮食储备的收购、销售、轮换、动用等具体执行规则。

一、国家建立政府粮食储备体系

政府粮食储备分为中央政府储备和地方政府储备。本部分是对中央和地方分级粮食储备制度的规定。我国粮食储备主要以政府储备为主,政府储备规模占据绝对比重,以中央储备粮总公司垂直管理为核心,辅以“中央—地方”分级管理。具体而言,中央储备主要包括战略储备和专项储备,由中国储备粮管理集团有限公司负责实行粮食储备垂直管理;地方储备则有赖地方政府,实行粮食储备分级管理。①

二、政府粮食储备用于调节粮食供求、稳定粮食市场、应对突发事件等

政府粮食储备对粮食安全的重要性体现在以下三个方面:(1)政府粮食储备能供给市场、平抑粮食价格波动。粮食作为特殊商品是人们所必需的,由于粮食生产和消费具有时间、空间上的差距,在这之中难以确保粮食生产的稳定和持续,因此粮食供给和价格也面临不确定性,一旦粮食难以有效供给或者价格过高则会危及人们的生存。粮食政府储备作为粮食“蓄水池”,能调节粮食供给、平抑粮价波动,确保消费者能够获得粮食,同时避免“谷贱伤民”。(2)政府粮食储备是应对突发事件和粮食公共危机的有力保障。自然灾害、事故灾难以及公共卫生事件都有可能造成粮食供应短缺、粮食价格上涨以及群众哄抢等现象,如果不能有效解决,这些事件将演变为粮食公共危机并直接影响到社会的长治久安。因此,一定规模的政府粮食储备能够保证在突发事件下人们能够获得必需的粮食,保障人民的生存权,消除突发事件向粮食公共危机转化的可能性,维护社会稳定。(3)政府粮食储备还是一国实力的体现,是应对战争等危机的必要保证。自古以来就有

---

① 参见李蕊:《民之天:粮食安全法治保障体系研究》,法律出版社2020年版,第157页。

"兵马未动,粮草先行"的经验,有足够的政府粮食储备作为支撑才能提高获胜的可能性。综观全球,当前的国际形势呈现整体和平、局部战争的基本态势,虽然我国处于和平之中,但是仍面临着经济利益的纠纷等压力。因此,为应对战争、贸易摩擦等突发事件,国家需要储备粮食,以备不时之需。[①] 另外,就中央粮食储备和地方粮食储备的具体功能而言,中央政府粮食储备主要用于全国范围守底线、应大灾、稳预期,是国家粮食安全的"压舱石";地方政府粮食储备主要用于区域市场保应急、稳粮价、保供应,是国家粮食安全的第一道防线。[②]

三、中央政府粮食储备规模和地方政府粮食储备总量规模由国务院确定并实行动态调整

本条规定明确了政府粮食储备规模的确定及调整规则:(1)中央政府储备粮的规模以及地方政府储备粮的总量规模由国务院确定,这是国家粮食安全的重要保障,也是国家粮食宏观调控的重要手段。(2)政府储备粮的规模应当根据粮食供需平衡、粮食市场变化、粮食储存条件等因素进行动态调整,一般每3~5年调整1次。(3)本条规定尚没有明确政府储备粮规模的具体确定主体。可以参考《中央储备粮管理条例》第十三条的规定,明确由国务院发展改革部门及国家粮食行政管理部门会同国务院财政部门,根据国家宏观调控需要和财政承受能力提出,报国务院批准。

四、政府粮食储备的品种结构、区域布局按照国务院有关规定确定

本条规定是对政府储备品种结构、区域布局的具体规定:

---

① 参见李蕊:《民之大:粮食安全法治保障体系研究》,法律出版社2020年版,第164~165页。

② 参见中华人民共和国国务院新闻办公室:《中国的粮食安全》,载中华人民共和国中央人民政府官网,https://www.gov.cn/zhengce/2019-10/14/content_5439410.htm。

(1)政府粮食储备的品种结构是指政府储备的不同种类的粮食的比例和分布。按照“确保口粮绝对安全”的要求,目前我国粮食储备品种主要以稻谷、小麦等口粮为主,占比在七成左右。[①] 同时,鉴于现阶段我国社会的主要矛盾已经转变为人民日益增长的美好生活需要和不平衡不充分的发展之间的矛盾,为满足人民美好生活需要,应当在保持口粮绝对安全的基础上,进一步丰富粮食储备品种。(2)政府粮食储备的区域布局,是指根据粮食供需、市场波动等因素,合理确定的政府储备粮的储备地点和分布范围。当前我国政府粮食储备主要布局在粮食主产区。[②]

五、政府粮食储备的收购、销售、轮换、动用等应当严格按照国家有关规定执行

本条规定是对政府粮食储备收购、销售、轮换、动用等具体环节的原则性规定。由于本部分并没有具体明确政府粮食收购、销售、轮换、动用的实施规则,还需要根据本法其他条款以及其他法律规范进行理解。例如,本法第三十条第三款规定:“政府粮食储备的收购、销售、轮换、动用等应当进行全过程记录,实现政府粮食储备信息实时采集、处理、传输、共享,确保可查询、可追溯。”

相关规定

(1)《国家安全法》第二十二条　国家健全粮食安全保障体系,保护和提高粮食综合生产能力,完善粮食储备制度、流通体系和市场调控机制,健全粮食安全预警制度,保障粮食供给和质量安全。

(2)《农业法》第三十四条　国家建立粮食安全预警制度,采

---

① 参见《粮食储备局:我国粮食储备能够满足市场供应和应急需要》,载中华人民共和国中央人民政府官网,https://www.gov.cn/xinwen/2019-10/14/content_5439652.htm。

② 参见高洪洋、胡小平:《我国政府粮食储备区域布局:现状、影响及优化路径》,载《华中农业大学学报(社会科学版)》2021 年第 6 期。

取措施保障粮食供给。国务院应当制定粮食安全保障目标与粮食储备数量指标,并根据需要组织有关主管部门进行耕地、粮食库存情况的核查。

国家对粮食实行中央和地方分级储备调节制度,建设仓储运输体系。承担国家粮食储备任务的企业应当按照国家规定保证储备粮的数量和质量。

(3)《粮食流通管理条例》第六条　国务院发展改革部门及国家粮食和储备行政管理部门负责全国粮食的总量平衡、宏观调控和重要粮食品种的结构调整以及粮食流通的中长期规划。国家粮食和储备行政管理部门负责粮食流通的行政管理、行业指导,监督有关粮食流通的法律、法规、政策及各项规章制度的执行。

国务院市场监督管理、卫生健康等部门在各自的职责范围内负责与粮食流通有关的工作。

(4)《粮食流通管理条例》第七条　省、自治区、直辖市应当落实粮食安全党政同责,完善粮食安全省长责任制,承担保障本行政区域粮食安全的主体责任,在国家宏观调控下,负责本行政区域粮食的总量平衡和地方储备粮等的管理。

县级以上地方人民政府粮食和储备行政管理部门负责本行政区域粮食流通的行政管理、行业指导;县级以上地方人民政府市场监督管理、卫生健康等部门在各自的职责范围内负责与粮食流通有关的工作。

(5)《粮食流通管理条例》第二十七条　国家实行中央和地方分级粮食储备制度。粮食储备用于调节粮食供求、稳定粮食市场,以及应对重大自然灾害或者其他突发事件等情况。

政策性粮食的采购和销售,原则上通过规范的粮食交易中心公开进行,也可以通过国家规定的其他方式进行。

(6)《中央储备粮管理条例》第二条　本条例所称中央储备粮,是指中央政府储备的用于调节全国粮食供求总量,稳定粮食市场，以及应对重大自然灾害或者其他突发事件等情况的粮食和食用油。

(7)《中央储备粮管理条例》第四条　国家实行中央储备粮垂直管理体制，地方各级人民政府及有关部门应当对中央储备粮的垂直管理给予支持和协助。

(8)《中央储备粮管理条例》第六条　国务院发展改革部门及国家粮食行政管理部门会同国务院财政部门负责拟订中央储备粮规模总量、总体布局和动用的宏观调控意见，对中央储备粮管理进行指导和协调；国家粮食行政管理部门负责中央储备粮的行政管理，对中央储备粮的数量、质量和储存安全实施监督检查。

(9)《中央储备粮管理条例》第十三条　中央储备粮的储存规模、品种和总体布局方案，由国务院发展改革部门及国家粮食行政管理部门会同国务院财政部门，根据国家宏观调控需要和财政承受能力提出，报国务院批准。

法条

第三十条　承储政府粮食储备的企业或者其他组织应当遵守法律、法规和国家有关规定，实行储备与商业性经营业务分开，建立健全内部管理制度，落实安全生产责任和消防安全责任，对承储粮食数量、质量负责，实施粮食安全风险事项报告制度，确保政府粮食储备安全。

承储中央政府粮食储备和省级地方政府粮食储备的企业应当剥离商业性经营业务。

政府粮食储备的收购、销售、轮换、动用等应当进行全过程记录，实现政府粮食储备信息实时采集、处理、传输、共享，确保可查询、可追溯。

法条释义

本法第三十条明确提出，承储政府粮食储备的企业或者其他组织确保政府粮食储备安全的总体规定,以及承储政府粮食储备的企业剥离商业性经营业务的具体要求,并强调应完备政府粮食储备信息管理机制。

概括而言,本条第一款从宏观维度规定了承储政府粮食储备的企业或者其他组织对于政府粮食储备的安全保障义务,具体包括“遵守法律、法规和国家有关规定”“实行储备与商业性经营业务分开”“建立健全内部管理制度”“落实安全生产责任和消防安全责任”“对承储粮食数量、质量负责”“实施粮食安全风险事项报告制度”;同时,强调“确保政府粮食储备安全”的总体要求。第二款聚焦承储中央政府粮食储备和省级地方政府粮食储备的企业,强调“应当剥离商业性经营业务”。第三款主要规定政府粮食储备的信息管理机制,明确政府粮食储备“进行全过程记录”“实现政府粮食储备信息实时采集、处理、传输、共享”两项具体要求,以实现“确保可查询、可追溯”的制度目标。

一、承储政府粮食储备的企业或者其他组织应当遵守法律、法规和国家有关规定,实行储备与商业性经营业务分开,建立健全内部管理制度,落实安全生产责任和消防安全责任,对承储粮食数量、质量负责,实施粮食安全风险事项报告制度,确保政府粮食储备安全

1. 承储政府粮食储备的企业或者其他组织应当遵守法律、法规和国家有关规定

本条规定提出,承储政府粮食储备的企业或者其他组织应当遵守法律、法规和国家有关规定的总体要求:(1)“承储政府粮食储备的企业或者其他组织”主要包括承储中央政府粮食储备的中国储备粮管理总公司及其分公司,以及经各地方政府粮食行政管理部门批准承储地方政府粮食储备的企事业单位。对于后者,可借鉴《政府储备粮食仓储管理办法》第四十条的表述,进一步从具体功能维度,概括规定为实际承担地方政府粮食储存任务、具有法

人资格的企事业单位及其具体承储库点。(2)“应当遵守法律、法规和国家有关规定”体现了对承储政府粮食储备的企业或者其他组织遵守粮食安全保障相关法律法规的明确要求。《政府储备粮食仓储管理办法》第七条规定,承储单位应当执行相关法律法规、规章、国家标准和相关规定。据此,“国家有关规定”包括粮食安全保障相关的行政规章、国家标准及政策性管理规定。

2. 实行储备与商业性经营业务分开

本条规定提出“储备与商业性经营业务分开”的具体业务经营要求。根据国务院《关于粮食部门深化改革实行两条线运行的通知》(国发〔1995〕15号)的规定,商业性经营业务是指政策性业务范围以外的经营业务。承储政府粮食储备的企业或者其他组织应将政府粮食储备与自身的商业性经营业务分开,实行分仓存储、财务分账、分别核算。

3. 建立健全内部管理制度

本条规定提出了“建立健全内部管理制度”的内部合规要求:《政府储备粮食仓储管理办法》第七条亦提出,承储单位应当建立健全内控管理制度,规范政府储备的仓储管理及相关业务。一般而言,“企业内部管理制度”主要包括人力资源管理制度、安全管理制度、财务管理制度以及行政管理制度等。聚焦到政府粮食储备安全保障领域,承储政府粮食储备的企业或者其他组织至少需完善以下相关制度:(1)人力资源管理制度,明确具体承储业务准则以及岗位职责,积极开展员工业务培训,并明确违反相关规定的责任后果。(2)安全管理制度,完备安全生产制度、安全保卫制度以及消防安全制度等。(3)财务管理制度,健全统计管理制度、资金管理制度以及储备相关固定资产管理制度。(4)行政管理制度,需重点完备粮食储备相关记录或档案管理制度。

4. 落实安全生产责任和消防安全责任

本条规定从责任维度,提出落实安全生产责任和消防安全责任两项具体责任：(1)根据《安全生产法》的相关规定，安全生产责任，主要指承储政府粮食储备的企业或者其他组织依据法律法规的规定应承担的人员安全以及粮食储存安全等责任。具体而言，按照《安全生产法》第二十一条的规定，承储政府粮食储备的企业或者其他组织的主要负责人应至少承担以下责任：建立健全并落实全员安全生产责任制，加强安全生产标准化建设；组织制定并实施安全生产规章制度、操作规程及安全生产教育和培训计划；保证本单位安全生产投入的有效实施；组织建立并落实安全风险分级管控和隐患排查治理双重预防工作机制及生产安全事故应急救援预案，并及时、如实报告生产安全事故。(2)根据《消防法》的相关规定，消防安全责任，主要是指承储政府粮食储备的企业或者其他组织依据法律法规的规定应承担的预防火灾和减少火灾危害的具体责任。按照《消防法》第十六条的规定，承储政府粮食储备的企业或者其他组织至少应当承担下列责任：落实消防安全责任制，制定本单位的消防安全制度、消防安全操作规程及灭火和应急疏散预案；按照国家标准、行业标准配置消防设施、器材，设置消防安全标志，并定期组织检验、维修，确保完好有效；对建筑消防设施每年至少进行一次全面检测，确保完好有效；保障疏散通道、安全出口、消防车通道畅通，保证防火防烟分区、防火间距符合消防技术标准；组织防火检查，及时消除火灾隐患，并进行有针对性的消防演练。

5. 对承储粮食数量、质量负责

本条规定明确强调，承储政府粮食储备的企业或者其他组织应当对承储粮食的数量及质量安全负责：《政府储备粮食仓储管理办法》第七条亦规定，承储单位应按照“谁储粮、谁负责，谁坏粮、谁担责”的原则对政府储备承担储存安全责任。《中央储备粮管理条例》第五条也聚焦中央储备粮的管理，提出应当实行严格责任，确保中央储备粮数量真实、质量良好和储存安全。承储政府粮食储备的企业或者其他组织应当确保承储的粮食数量真实，严格保障数量安全，并保证粮食质量符合国家粮食相关标准。若未能保障承储粮食的数量与质量安全，承储政府粮食储备企业或者其他组织的负责人及具体责任人员应严格依照法律法规的相关规定承担责任。

6. 实施粮食安全风险事项报告制度

本条规定提出，应实施粮食安全风险事项报告制度：具体而言，主要指承储政府粮食储备的企业或者其他组织，应当将承储政府粮食储备过程中面临的威胁粮食安全的风险事项及时报告给所在地的粮食和储备管理部门，保障迅速有效防范化解粮食安全风险。

二、承储中央政府粮食储备和省级地方政府粮食储备的企业应当剥离商业性经营业务

本条规定明确承储中央政府粮食储备和省级地方政府粮食储备的企业应当剥离商业性经营业务：(1)限定主体为“承储中央政府粮食储备和省级地方政府粮食储备的企业”。相较第一款，这一主体主要将承储政府粮食储备的事业单位等组织，以及承储县级政府粮食储备、地(市)级政府粮食储备的企业予以排除。(2)强调承储中央政府粮食储备和省级地方政府粮食储备的企业应当剥离商业性经营业务，严格落实储备与商业性经营业务分开，防控粮食安全风险。

三、政府粮食储备的收购、销售、轮换、动用等应当进行全过程记录，实现政府粮食储备信息实时采集、处理、传输、共享，确保可查询、可追溯

1. 政府粮食储备的收购、销售、轮换、动用等应当进行全过程记录

本条规定首次通过立法提出政府粮食储备的记录要求，并强调包括“收购、销售、轮换、动用等”全过程。既有规范并未能对政

府粮食储备相关活动的记录要求予以重视，主要在《政府储备粮食仓储管理办法》第二十二条中指明，承储单位收购政府储备粮源，应按照规定记录与收购有关的信息并存档备查。同时，《粮油仓储管理办法》第十八条规定，粮油仓储单位应当建立粮油仓储管理过程记录文件。相较于前述规定，本次立法涵括了收购、销售、轮换、动用多个环节，并用"等"字兜底概括，确保覆盖政府粮食储备的全过程。此举有助于进一步规范承储单位等对政府粮食储备的管理，保障政府粮食储备安全。

2. 实现政府粮食储备信息实时采集、处理、传输、共享

本条规定在前述全过程记录制度的基础上，进一步提出实现政府粮食储备信息实时采集、处理、传输、共享的制度要求：(1)"实时"强调政府粮食储备信息相关管理活动的即时性，需依托于数字技术等对政府粮食储备信息进行处理。不同于国务院《关于建立健全粮食安全省长责任制的若干意见》(国发〔2014〕69号)提出的定期信息报送要求，政府粮食储备信息还需实现即时的信息传输和共享。(2)"采集、处理、传输、共享"主要聚焦政府粮食储备信息管理的关键环节，覆盖了信息采集、加工处理、传输及共享四个主要方面。这一规定也进一步体现了对于政府粮食储备信息的加工、分析及共享要求，有利于国家和相关承储单位等对政府粮食储备信息进行更高效的利用。

3. 确保可查询、可追溯

本条规定主要为政府粮食储备信息管理要求需实现的制度目标：(1)确保可查询主要指前述采集、传输、共享的政府粮食储备信息应可供查询。同时，这一查询要求也进一步提出了对于政府粮食储备信息的管理要求。粮食和储备管理部门应主导构建统一的政府粮食储备信息管理平台，保障实现政府粮食储备信息的可查询功能。(2)确保可追溯主要指承储政府粮食储备的单位以及管理政府粮食储备信息的有关部门应当对所管理的政府粮食储备

信息保存至一定期间，确保能够追溯历史信息或者数据。粮食和储备管理部门应进一步明确各承储单位政府粮食储备信息的最低保存期限，对其管理的政府粮食储备信息也应审慎保存。

相关规定

(1)《农业法》第三十四条　国家建立粮食安全预警制度，采取措施保障粮食供给。国务院应当制定粮食安全保障目标与粮食储备数量指标，并根据需要组织有关主管部门进行耕地、粮食库存情况的核查。

国家对粮食实行中央和地方分级储备调节制度，建设仓储运输体系。承担国家粮食储备任务的企业应当按照国家规定保证储备粮的数量和质量。

(2)《安全生产法》第二十一条　生产经营单位的主要负责人对本单位安全生产工作负有下列职责：

(一)建立健全并落实本单位全员安全生产责任制，加强安全生产标准化建设；

(二)组织制定并实施本单位安全生产规章制度和操作规程；

(三)组织制定并实施本单位安全生产教育和培训计划；

(四)保证本单位安全生产投入的有效实施；

(五)组织建立并落实安全风险分级管控和隐患排查治理双重预防工作机制，督促、检查本单位的安全生产工作，及时消除生产安全事故隐患；

(六)组织制定并实施本单位的生产安全事故应急救援预案；

(七)及时、如实报告生产安全事故。

(3)《消防法》第十六条　机关、团体、企业、事业等单位应当履行下列消防安全职责：

(一)落实消防安全责任制，制定本单位的消防安全制度、消防安全操作规程，制定灭火和应急疏散预案；

(二)按照国家标准、行业标准配置消防设施、器材，设置消防安全标志，并定期组织检验、维修，确保完好有效；

（三）对建筑消防设施每年至少进行一次全面检测，确保完好有效，检测记录应当完整准确，存档备查；

（四）保障疏散通道、安全出口、消防车通道畅通，保证防火防烟分区、防火间距符合消防技术标准；

（五）组织防火检查，及时消除火灾隐患；

（六）组织进行有针对性的消防演练；

（七）法律、法规规定的其他消防安全职责。

单位的主要负责人是本单位的消防安全责任人。

法条

> **第三十一条**　承储政府粮食储备的企业或者其他组织应当保证政府粮食储备账实相符、账账相符，实行专仓储存、专人保管、专账记载，不得虚报、瞒报政府粮食储备数量、质量、品种。
>
> 承储政府粮食储备的企业或者其他组织应当执行储备粮食质量安全检验监测制度，保证政府粮食储备符合规定的质量安全标准、达到规定的质量等级。

法条释义

本法第三十一条明确规定了承储政府粮食储备的企业或者其他组织对于账目管理以及储备粮质量安全检验监测的制度要求。

概括而言，本条第一款主要强调承储政府粮食储备的企业或者其他组织保证政府粮食储备账目管理的要求，并提出“账实相符、账账相符”“实行专仓储存、专人保管、专账记载”“不得虚报、瞒报政府粮食储备数量、质量、品种”的具体规定。第二款着眼储备粮食质量安全检验监测制度，规定承储政府粮食储备的企业或者其他组织执行储备粮食质量安全检验监测制度，以及保证政府粮食储备符合规定的质量安全标准、达到规定的质量等级的具体要求。

一、承储政府粮食储备的企业或者其他组织应当保证政府粮食储备账实相符、账账相符，实行专仓储存、专人保管、专账记载，不得虚报、瞒报政府粮食储备数量、质量、品种

1. 保证政府粮食储备账实相符、账账相符

本条规定强调，承储政府粮食储备的企业或者其他组织对政府粮食储备账目的管理要求。根据《政府储备粮食仓储管理办法》第二十八条的规定，“账实相符”主要是指政府粮食储备保管账等账目的记载与承储政府粮食储备的实物、专卡等实际情况相符。“账账相符”主要是指企业或者其他组织对政府粮食储备的保管账、统计账以及会计账等账目的记载相符。此外，《粮油仓储管理办法》第二十三条规定，库存粮油情况发生变化的，粮油仓储单位应当在5个工作日内更新库存粮油货位卡和有关账目，进一步确保账账相符、账实相符。

2. 实行专仓储存、专人保管、专账记载

本条规定明确承储政府粮食储备的企业或者其他组织的储存、保管及账目记载要求：(1)根据《政府储备粮食仓储管理办法》第二十五条的规定，“专仓储存”主要是指政府储备应当按照不同品种、年份、等级、性质、权属，采用独立仓廒分开储存(洞库、地下仓分货位储存)，不得与其他粮食混存。此外，承储政府粮食储备的企业或者其他组织还应在仓外显著位置悬挂或者喷涂规范的标牌或者标识，标明储粮性质，体现粮权所属。专门仓号一经确定，在储粮周期内不得变动。政府储备入仓前，还应当对目标承储仓房进行空仓验收，查验仓房及相关设施设备是否完好。(2)根据《政府储备粮食仓储管理办法》第二十六条的规定，“专人保管”主要是指承储政府粮食储备的企业或者其他组织应当在政府储备入仓前，指定保管人员专门负责粮油进出仓及保管工作，对相关账卡簿记载内容的完整性、真实性负责，对保管期间粮食的数量、质量、

储存安全负责。(3)根据《政府储备粮食仓储管理办法》第二十七条的规定,“专账记载”主要是指承储政府粮食储备的企业或者其他组织应当对政府储备建立专门的保管账、统计账、会计账,并保证账目记载规范。

3. 不得虚报、瞒报政府粮食储备数量、质量、品种

本条规定明确了承储政府粮食储备的企业或者其他组织不得虚报、瞒报政府粮食储备数量、质量、品种的消极义务。“虚报”主要是指多报粮食数量、品种,或将粮食质量等级报告过高。“瞒报”主要是指隐瞒不报或少报政府粮食储备数量、质量及品种信息。《中央储备粮管理条例》第二十五条亦规定,承储企业不得虚报、瞒报中央储备粮的数量,不得在中央储备粮中掺杂掺假、以次充好,不得擅自串换中央储备粮的品种等。相较本条,本法在本条中系统规定了不得虚报、瞒报政府粮食储备数量、质量及品种的要求,有助于实现对政府粮食储备安全的全面保障。

二、承储政府粮食储备的企业或者其他组织应当执行储备粮食质量安全检验监测制度,保证政府粮食储备符合规定的质量安全标准、达到规定的质量等级

1. 执行储备粮食质量安全检验监测制度

本条规定总体提出,承储政府粮食储备的企业或者其他组织应当执行储备粮食质量安全检验监测制度。参照《粮食质量安全风险监测管理暂行办法》第六条及第二十条的规定,承储政府粮食储备的企业或者其他组织应当不断加强粮食储备质量安全的内部管控,完善储存粮食质量安全自检制度,强化库存粮食温度、湿度和生虫、生霉等测控,全面落实储备质量安全主体责任。此外,承储政府粮食储备的企业或者其他组织还应当积极配合实施库存监测采样,提供真实的采样仓号(货位号)、粮食品种、粮食数量、入库时间、检验数据、产地和粮情记录等信息,不得无正当理由拒绝配合有关部门的质量安全检验监测。

2. 保证政府粮食储备符合规定的质量安全标准、达到规定的质量等级

本条规定提出，承储政府粮食储备的企业或者其他组织应实现的政府粮食储备质量安全保障目标。前述企业或者组织应保证承储的粮食符合国家相关政府粮食储备的质量安全标准以及质量等级。具体而言，可在严格执行储备粮食质量安全检验监测的基础上，加大对粮食购进的质量标准控制。同时，在储存过程中，综合采取技术手段强化对库存粮食温度、湿度和生虫、生霉等的控制，保证粮食质量安全。

相关规定

(1)《粮食流通管理条例》第二十条　粮食经营者从事政策性粮食经营活动，应当严格遵守国家有关规定，不得有下列行为：

(一)虚报粮食收储数量；

(二)通过以陈顶新、以次充好、低收高转、虚假购销、虚假轮换、违规倒卖等方式，套取粮食价差和财政补贴，骗取信贷资金；

(三)挤占、挪用、克扣财政补贴、信贷资金；

(四)以政策性粮食为债务作担保或者清偿债务；

(五)利用政策性粮食进行除政府委托的政策性任务以外的其他商业经营；

(六)在政策性粮食出库时掺杂使假、以次充好、调换标的物，拒不执行出库指令或者阻挠出库；

(七)购买国家限定用途的政策性粮食，违规倒卖或者不按照规定用途处置；

(八)擅自动用政策性粮食；

(九)其他违反国家政策性粮食经营管理规定的行为。

(2)《粮食流通管理条例》第三十七条　国家建立健全粮食流通质量安全风险监测体系。国务院卫生健康、市场监督管理以及国家粮食和储备行政管理等部门，分别按照职责组织实施全国粮

食流通质量安全风险监测；省、自治区、直辖市人民政府卫生健康、市场监督管理、粮食和储备行政管理等部门，分别按照职责组织实施本行政区域的粮食流通质量安全风险监测。

法条

第三十二条　县级以上地方人民政府应当根据本行政区域实际情况，指导规模以上粮食加工企业建立企业社会责任储备，鼓励家庭农场、农民专业合作社、农业产业化龙头企业自主储粮，鼓励有条件的经营主体为农户提供粮食代储服务。

法条释义

本条主要明确了政府鼓励、引导社会主体参与粮食储备的相关内容。

概括而言，本条主要规定了县级以上地方人民政府鼓励、引导社会储备的3项重要制度，包括粮食加工企业社会责任储备制度，家庭农场、农民专业合作社、农业产业化龙头企业自主储粮制度以及农户粮食代储制度。相较以往政府粮食储备制度，本条明确的粮食社会储备制度是本法的创新之举。

一、县级以上地方人民政府应当根据本行政区域实际情况采取相应措施

本条规定明确了粮食社会储备责任主体：(1)社会主体参与粮食储备属于市场行为，政府不宜加以强制。本部分“指导”“鼓励”的表达，明确了社会粮食储备的自愿性。这意味着政府作为粮食安全保障的主要责任主体，应当承担起对社会主体参与粮食储备的激励、引导、推动责任。(2)“县级以上”既明确了社会粮食储备推动责任的政府层级要求，也明确了社会粮食储备的建立范围。

二、指导规模以上粮食加工企业建立企业社会责任储备

本条规定是对规模以上粮食加工企业社会责任储备的规定：

粮食企业社会责任储备是指由规模以上粮食加工企业依据法律法规明确的社会责任建立，平时由企业自主经营，特殊情况下政府可依法有偿动用的常年储备，是粮权归企、常储常新、因情施策的辅助性责任库存。该制度是我国粮食储备制度改革中的一项重要创新，首次提出于2019年5月中央深化改革委员会第八次会议审议通过的《关于改革完善体制机制加强粮食储备安全管理的若干意见》。粮食企业作为市场极为重要的活跃主体，其粮食储备是国家粮食储备体系中的重要组成部分。但粮食企业本质上具有较强的营利性，固有的商业库存往往数量有限，经济利益色彩过重、储备规模较小，难以有效发挥粮食安全保障中的应有功能。粮食企业社会责任储备是粮食企业为履行粮食安全保障社会责任而建立的，能够有效分担政府储备压力。对于粮食企业社会责任储备制度的理解应从以下两个方面入手：一是粮食企业社会责任储备的主体是"规模以上粮食加工企业"。[①] 二是粮食企业社会责任储备的建立依据是法律法规明确的社会责任，即粮食企业承担的粮食安全保障的社会责任。

三、鼓励家庭农场、农民专业合作社、农业产业化龙头企业自主储粮

本条规定是关于新型农业经营主体自主储粮的相关规定。家庭农场、农民专业合作社、农业产业化龙头企业是新型农业经营主体的主要形式，是现代农业经营体系的重要组成部分。家庭农场、农民专业合作社、农业产业化龙头企业自主储粮有利于提高粮食生产效率和质量，增强粮食市场供给能力。

四、鼓励有条件的经营主体为农户提供粮食代储服务

本条规定是关于农户粮食储备代储服务的相关规定。粮食储

---

① 根据国家统计部门的最新规定，年主营业务收入在2000万元及以上的粮食企业属于"规模以上企业"。

备事关粮食安全，尤其是囿于储备技术落后、备荒意识减弱以及粮食价格波动影响等，当前农户储粮形势严峻。而“藏粮于民”则是强调新时期农户储备在粮食储备中的重要补充作用，亦是粮食安全的“稳定器”。[①] 为此，探索和建立农户粮食储备代储服务制度具有重要意义：一是粮食代储服务有利于解决农户庭院无处存放、个人投入大、劳动力不足、不便管理和装仓出仓等问题，通过解决“地趴粮”现象，[②]减少农户粮食储备的损耗、提高农户粮食储备规模和质量，增加农户收益；二是粮食代储服务属于粮食产后服务的方式之一，能够解决农户产粮的后顾之忧，进而提高农户生产积极性。

法条

> **第三十三条**　县级以上人民政府应当加强粮食储备基础设施及质量检验能力建设，推进仓储科技创新和推广应用，加强政府粮食储备管理信息化建设。

法条释义

本法第三十三条明确规定了政府对于促进粮食储备能力提升的支持和保障机制。

概括而言，本条分别规定了“加强粮食储备基础设施及质量检验能力建设”“推进仓储科技创新和推广应用”“加强政府粮食储备管理信息化建设”3 项县级以上人民政府对于促进粮食储备能力提升的具体要求。

---

① 参见李蕊、陆璐：《基于“藏粮于民”战略的粮食储备主体优化研究》，载《粮食科技与经济》2021 年第 4 期。

② 参见梁闯：《守护节粮减损的“无形良田”》，载《长春日报》2023 年 10 月 31 日，第 4 版。

一、加强粮食储备基础设施及质量检验能力建设

本条规定强调，县级以上人民政府应当加强粮食储备基础设施及质量检验能力建设：(1)完备的粮食储备基础设施是保障粮食储备安全的前提和基础。政府应加强粮食储备基础设施建设，推进智慧粮仓建设并配备现代化储粮设备，保障提升粮食储备能力。(2)质量检验能力建设是提升粮食储备能力的重要技术支持，具体包括完备质量检验制度体系，加大对推广应用先进的检验设备、技术的财政支持，以及加大相应的人才培养支持机制，确保粮食储备质量安全。

二、推进仓储科技创新和推广应用

本条规定着眼仓储科技，提出县级以上人民政府应当推进仓储科技创新和推广应用：(1)推进仓储科技创新，主要是指政府应加大对于粮食仓储技术及设备研发、技术攻坚等的支持，综合运用财政、金融、服务手段促进仓储技术的转型升级。(2)在前述技术创新基础上，还应进一步加大对先进仓储技术或设备等创新成果的推广，通过政府补贴、政府服务购买等机制促进推广应用，进一步提升粮食仓储能力。

三、加强政府粮食储备管理信息化建设

本条规定提出加强政府粮食储备管理信息化建设的要求。具体而言，政府粮食储备管理信息化建设主要包括智慧粮仓建设、信息化管理系统建设以及信息化监管系统建设等。政府应加大对于政府粮食储备管理信息化建设的支持力度，通过政府财政补贴、政府服务购买以及信息化管理培训等，推进政府粮食储备管理信息化建设进程，提高粮食储备管理效率，确保粮食储备安全。

相关规定

(1)《农业法》第三十四条　国家建立粮食安全预警制度，采取措施保障粮食供给。国务院应当制定粮食安全保障目标与粮食储备数量指标，并根据需要组织有关主管部门进行耕地、粮食库存

情况的核查。

国家对粮食实行中央和地方分级储备调节制度，建设仓储运输体系。承担国家粮食储备任务的企业应当按照国家规定保证储备粮的数量和质量。

(2)《粮食流通管理条例》第二十五条　国家鼓励和支持开发、推广应用先进的粮食储存、运输、加工和信息化技术，开展珍惜和节约粮食宣传教育。

县级以上人民政府粮食和储备行政管理部门应当加强对粮食经营者的指导和服务，引导粮食经营者节约粮食、降低粮食损失损耗。

法条

第三十四条　县级以上人民政府应当将政府粮食储备情况列为年度国有资产报告内容，向本级人民代表大会常务委员会报告。

法条释义

本法第三十四条明确规定了政府粮食储备情况的年度国有资产报告制度。概括而言，本条首先强调，县级以上人民政府应当将政府粮食储备情况列为年度国有资产报告内容，进而明确应向本级人民代表大会常务委员会报告的具体要求。

一、县级以上人民政府应当将政府粮食储备情况列为年度国有资产报告内容

本条规定强调，县级以上人民政府应将政府粮食储备情况列为年度国有资产报告内容。年度国有资产报告是县级以上人民政府就本年度国有资产管理情况，向本级人大常委会作出的综合和专项报告，其全面、准确反映企业国有资产(不含金融企业)、金融企业国有资产、行政事业性国有资产、国有自然资源四类国有资产管理情况。

县级以上人民政府将政府粮食储备情况列为年度国有资产报告内容，需要在报告中如实说明政府粮食储备的品种、数量和规模等信息，全面、准确反映政府粮食储备情况。按照全国人民代表大会常务委员会《关于加强国有资产管理情况监督的决定》的规定，国有资产管理情况综合报告还应重点报告政府粮食储备管理中的突出问题，以及加强政府粮食储备管理等情况；专项报告要根据政府粮食储备的性质和管理目标，结合全国人大常委会审议的重点内容突出报告重点，反映政府粮食储备的管理情况、管理成效、相关问题和改进工作安排。

二、向本级人民代表大会常务委员会报告

本条规定明确了县级以上人民政府进行年度国有资产报告的具体报告对象。县级以上人民政府向本级人民代表大会常务委员会作政府粮食储备管理情况的报告，体现了人大对于政府粮食储备这一重要国有资产的监督职责。通过切实加强人大对于政府粮食储备管理情况的监督，有利于提高政府粮食储备管理的公开透明度，实现人大对于政府粮食储备监督的制度化、规范化，进而保证政府粮食储备的规范有序推进，发挥党确保政府粮食储备安全的合力。

相关规定

《企业国有资产法》第六十三条　各级人民代表大会常务委员会通过听取和审议本级人民政府履行出资人职责的情况和国有资产监督管理情况的专项工作报告，组织对本法实施情况的执法检查等，依法行使监督职权。

第五章　粮食流通

法条

> **第三十五条**　国家加强对粮食市场的管理,充分发挥市场作用,健全市场规则,维护市场秩序,依法保障粮食经营者公平参与市场竞争,维护粮食经营者合法权益。
>
> 国家采取多种手段加强对粮食市场的调控,保持全国粮食供求总量基本平衡和市场基本稳定。县级以上地方人民政府应当采取措施确保国家粮食宏观调控政策的贯彻执行。

法条释义

本法第三十五条明确规定了国家对粮食市场进行干预的总体要求。概括而言,本条两款分别规定了国家对粮食市场的管理和调控要求:(1)第一款首先从宏观维度强调“国家加强对粮食市场的管理”,其后从微观维度提出充分发挥市场作用、健全市场规则、维护市场秩序以及依法保障粮食经营者相关权益4项具体规定。(2)第二款首先从宏观维度明确“国家采取多种手段加强对粮食市场的调控”,并提出“保持全国粮食供求总量基本平衡和市场基本稳定”的具体要求。同时,进一步规定县级以上地方人民政府采取措施确保调控政策贯彻执行的具体责任。

一、国家加强对粮食市场的管理

本条规定提出了国家加强粮食市场管理的总体要求:(1)国

家对粮食市场的管理主要体现为在充分尊重市场运行规律的前提下，对粮食市场主体行为的直接干预，其本质特征是正当的限制或禁止。通过对粮食市场的直接规制，能够及时有效遏制粮食市场相关主体的违法违规行为，保障粮食市场的良好秩序，进而避免粮食安全风险。（2）概言之，国家粮食市场管理的具体措施主要包括以下两种，首先，立法机关应明确粮食市场经营者的准入条件、价格规范、产品质量标准、竞争秩序等强制性要求或禁止性规定。其次，在前述规则引导下，由行政机关通过许可、定价、检查监督、处罚强制等手段具体实现对市场的依法管理。（3）需要强调的是，国家对粮食市场的管理必须以充分尊重市场运行规律为前提，积极运用市场手段充分发挥市场效能。市场规律是市场经济最基本的运作原则，只有遵循市场规律才能保持市场的有效竞争和运行效率。国家在对粮食市场进行管理的过程中，应有效平衡管制与市场，严格限制政府干预的边界，避免由于政府的不当干预导致市场扭曲。

二、充分发挥市场作用，健全市场规则，维护市场秩序，依法保障粮食经营者公平参与市场竞争，维护粮食经营者合法权益

1. 充分发挥市场作用

本条规定强调，对粮食市场的管理应充分发挥粮食市场作用，并被置于粮食市场管理具体规定的首位，彰显了充分发挥市场作用的重要意义。正如国务院原总理李克强所言，"保供稳价要尊重规律，更加注重运用市场办法"。[①] 在粮食市场管理中，应充分发挥市场在资源配置中的决定性作用，保障市场交换、调节、引导、优化等多重功能，为激发市场活力提供更完备的法治环境。

---

① 《李克强：保供稳价要尊重规律　更加注重运用市场办法》，载中华人民共和国中央人民政府网，https://www.gov.cn/premier/2019-09/27/content_5434146.htm，最后访问日期：2024 年 1 月 18 日。

2. 健全市场规则

本条规定着眼市场规则健全的制度设计维度，为粮食市场运行提供更完备的基础规则支撑。完善的市场规则是维护市场公正竞争和保障消费者权益的重要依据。政府应积极通过制定法律法规、部门规章等手段规范市场秩序。概言之，此处所指的规则主要包括市场准入及退出规则，市场交易规则，市场竞争规则及诉讼、仲裁等市场争议规则等规则体系，以涵括市场运行的全过程。

3. 维护市场秩序

本条规定主要聚焦维护市场秩序的制度执行维度，强调前述规则设计基础上的进一步适用。维护市场秩序主要仍依赖行政执法手段，对于违反粮食市场管理规定的相关行为予以规制。聚焦粮食市场，市场监督管理机关等应严格履行法定职责，对于粮食市场经营者准入及退出、粮食价格制定、粮食市场竞争等行为予以监督，并对违法行为及时进行查处。

4. 依法保障粮食经营者公平参与市场竞争，维护粮食经营者合法权益

本条规定首先强调，国家应依法保障粮食经营者公平参与市场竞争的具体权利，进而提出维护粮食经营者合法权益的综合要求。(1)在粮食市场领域，“依法”主要指向《粮食安全保障法》《反不正当竞争法》《反垄断法》《价格法》等法律，以及《粮食流通管理条例》等行政法规。(2)粮食经营者公平参与市场竞争应遵循自愿、平等、公平、诚信的原则，遵守法律和商业道德，避免采取前述《反不正当竞争法》《反垄断法》《价格法》等规定的违法行为，如商业贿赂、虚假宣传以及不公平低价等。为实现依法保障粮食经营者公平参与市场竞争的要求，国家应进一步完备粮食市场公平竞争的相关针对性规定，并加大对不公平市场竞争行为的严格查处，确保公平竞争的粮食市场环境。(3)维护粮食经营者合法权益是更具综合性、积极性的保障要求。对此，除行政机关积极

行使行政执法权外，检察机关、法院等司法机关也可进一步发挥对公共利益的保护职责，通过检察建议、公益诉讼等方式维护粮食经营者的合法权益，并在法律规定的范围内体现对于中小粮食经营者的侧重保护。

三、国家采取多种手段加强对粮食市场的调控

本条规定是对国家对粮食市场进行宏观调控的原则性要求，提出国家应采取多种手段加强对粮食市场的调控。具体而言，此处的“多种手段”强调了国家的宏观调控手段应体现多元性，综合采取多样化的调控措施实现对粮食市场的有效干预。结合《粮食流通管理条例》的相关规定，粮食调控手段主要是指政策性粮食购销、粮食进出口等多种经济手段和必要的行政手段。具体而言，应至少包括：粮食最低收购价政策、粮食风险基金制度、粮食主产区政策性收储制度、粮食价格干预措施以及粮食重要信息发布机制等粮食市场调控措施。国家应结合实际情况综合采取前述调控措施，并不断创新优化具体机制，以实现更高质量、更高效率的调控效能。

四、保持全国粮食供求总量基本平衡和市场基本稳定

本条规定强调保持全国粮食供求总量基本平衡和市场基本稳定，是国家粮食市场调控应实现的重要目标：(1)“全国粮食供求总量基本平衡”主要聚焦全国粮食供给与需求两个维度，强调粮食供求总量应实现基本平衡，这也是国家粮食安全的基本要求。具体而言，全国粮食供求总量基本平衡要求指向三重内涵：其一，避免粮食供不应求，通过发挥政策性收储制度功能以及调整粮食进出口政策等保障我国粮食的有效供应；其二，避免粮食供过于求，通过及时发布粮食市场信息并采取必要的价格干预措施等，平衡粮食供需两端；其三，避免各重要粮食作物供需结构不平衡，通过指导粮食种植结构调整、政策性收储等，及时调整粮食供应结构。申言之，要确保国家粮食安全，除聚焦全国粮食供求总量外，还应关注各地区粮食供求总量的平衡要求，避免发生区域粮食安全风险。(2)“全国粮食市场基本稳定”主要着眼粮食市场这一联结供需的关键平台，强调保持其基本稳定的调控目标。具体而言，粮食市场基本稳定主要体现为粮食公平交易秩序、粮食市场合理结构以及粮食市场资源配置等功能正常发挥的稳定状态。在此过程中，还将涉及粮食生产、流通、储备、消费等多重环节，以及粮食应急等特殊机制要求。因此，要实现粮食市场的基本稳定，除依托于国家对粮食市场的整体调控外，还需加强对各具体环节的深入有效调控。

五、县级以上地方人民政府应当采取措施确保国家粮食宏观调控政策的贯彻执行

本条规定进一步提出，县级以上地方人民政府对于国家粮食宏观调控政策的贯彻执行要求。县级以上地方人民政府应当切实贯彻执行国家粮食宏观调控政策，确保具体调控政策能够在各地方逐级落实。具体而言，为确保国家粮食宏观调控政策有效贯彻执行，县级以上地方人民政府可综合采取以下措施：(1)完备地方粮食宏观调控政策贯彻执行的相应规范，并构建以省级规范为指导，市、县级规范相应细化配套的地方粮食宏观调控规范体系。在具体规范中，应重点明确相应政策贯彻执行的约束机制，确保有关政策的切实落实。(2)优化对各地方粮食宏观调控政策贯彻执行的监督机制。在前述规范的基础上，还应加强对各级政府贯彻执行具体调控政策的监督力度，构建覆盖各粮食安全保障环节的常态化监督机制，依法追究相关主体的责任后果。

相关规定

(1)《价格法》第十三条　经营者销售、收购商品和提供服务，应当按照政府价格主管部门的规定明码标价，注明商品的品名、产地、规格、等级、计价单位、价格或者服务的项目、收费标准等有关情况。

经营者不得在标价之外加价出售商品，不得收取任何未予标明的费用。

(2)《价格法》第四十二条　经营者违反明码标价规定的，责令改正，没收违法所得，可以并处五千元以下的罚款。

法条

第三十六条　县级以上地方人民政府应当加强对粮食仓储、物流等粮食流通基础设施的建设和保护，组织建设与本行政区域粮食收储规模和保障供应要求相匹配，布局合理、功能齐全的粮食流通基础设施，并引导社会资本投入粮食流通基础设施建设。

任何单位和个人不得侵占、损毁、擅自拆除或者迁移政府投资建设的粮食流通基础设施，不得擅自改变政府投资建设的粮食流通基础设施的用途。

法条释义

本法第三十六条明确规定了粮食流通基础设施的建设和保护机制。概括而言，本条第一款首先提出县级以上地方人民政府加强粮食流通基础设施建设和保护的总体规定。在此基础上，进一步强调粮食流通基础设施建设的具体任务要求，并明确应引导社会资本投入。第二款从消极禁止维度，着重规定不得侵占、损毁、擅自拆除或者迁移政府投资建设的粮食流通基础设施，以及不得擅自改变政府投资建设的粮食流通基础设施用途两方面的禁止性要求。

一、县级以上地方人民政府应当加强对粮食仓储、物流等粮食流通基础设施的建设和保护

本条规定提出，县级以上地方人民政府应当加强对粮食仓储、物流等粮食流通基础设施建设和保护的总体规定：(1)粮食仓储、物流等粮食流通基础设施主要包括粮仓、储粮罩棚、烘干设施等粮食仓储设施,公路、铁路、航空、水路等物流设施以及物流信息平台、电子商务平台等信息化设施。(2)“加强粮食流通基础设施建设和保护”突出了建设和保护并重。一方面,县级以上地方人民政府应加大对粮食流通基础设施建设的支持力度,通过财政补贴、转移支付等多种手段推进粮食流通基础设施建设;另一方面,政府也应重视粮食流通基础设施的保护,明确规定粮食流通基础设施的管护机制,加强对各地方粮食流通基础设施保护工作的常态化监督,严格查处破坏粮食流通基础设施等违法行为。

二、县级以上地方人民政府应当组织建设与本行政区域粮食收储规模和保障供应要求相匹配,布局合理、功能齐全的粮食流通基础设施

本条规定明确了粮食流通基础设施建设的具体要求:(1)明确县级以上地方人民政府的组织建设职能。据此,县级以上地方人民政府应首先在上级政府的指导下,重视本级政府对粮食流通基础设施建设的规划编制职责。同时,组织相应部门以及参与建设的市场主体等有序开展粮食流通基础设施建设工作,并提供相应的资金、人员等支持。(2)“与本行政区域粮食收储规模和保障供应要求相匹配,布局合理、功能齐全”的规定,较明确地列举了粮食流通基础设施的建设要求。依据本条规定,县级以上地方人民政府首先应当定期摸排本行政区域的粮食收储规模等具体情况,并因地制宜明确粮食保障供应要求。以此为基础,确定本行政区域粮食流通基础设施建设的数量、布局以及具体功能。

三、县级以上地方人民政府应当引导社会资本投入粮食流通基础设施建设

本条规定提出县级以上地方人民政府应引导社会资本投入粮食流通基础设施建设,这体现了市场导向下多元参与粮食流通基础设施建设的机制设计。国务院《关于完善粮食流通体制改革政策措施的意见》(国发〔2006〕16 号)亦提出,应加快实施全国粮食现代物流设施建设规划，引导多元投资主体投资粮食物流设施。根据前述规定，县级以上地方人民政府应当进一步完备社会资本投入粮食流通基础设施建设的激励与支持机制。通过综合采取财政补贴、税收优惠、金融信贷支持、政府服务购买等方式吸引社会资本参与，在扩大粮食流通基础设施建设规模的同时，有效提升粮食流通基础设施建设的效率和质量。

四、任何单位和个人不得侵占、损毁、擅自拆除或者迁移政府投资建设的粮食流通基础设施，不得擅自改变政府投资建设的粮食流通基础设施的用途

本条规定针对政府投资建设的粮食流通基础设施，明确列举任何单位和个人均不得实施侵占、损毁、擅自拆除或者迁移、擅自改变用途4项违法行为。(1)“侵占”主要是指以非法占有为目的，将自己代为管护的粮食流通基础设施非法占为己有且拒不退还的行为。(2)“损毁”在客观上主要表现为损坏或毁灭粮食流通基础设施的行为：损坏是指粮食流通基础设施部分受到破坏，但未完全丧失其使用价值；毁灭则是使粮食流通基础设施全部丧失使用价值，两者有较明显的程度区分。本条规定并未能体现主观要件，为加强粮食流通基础设施的保护，应理解为包括故意或过失。对于因疏忽大意或过于自信损毁政府投资建设的粮食流通基础设施的行为，亦应认定为违法行为予以严格禁止。(3)“擅自拆除或者迁移”以及“擅自改变用途”主要是指未经政府批准，拆除粮食流通基础设施、改变位置以及改变其功能用途。参照《上海市地方粮食储备安全管理办法》第九条的规定，因城市建设或者涉及地方粮食储备规划布局调整，确需拆除、迁移地方粮食储备基础设施或者改变其功能、用途的，应当先建设后拆除。重建、改建地方粮食储备基础设施的，不得降低配置标准、建筑面积等。据此，拆除或者迁移政府投资建设的粮食流通基础设施需受到各省明确的规范限制。

相关规定

《粮食流通管理条例》第三十一条　国家鼓励粮食主产区和主销区以多种形式建立稳定的产销关系，鼓励培育生产、收购、储存、加工、销售一体化的粮食企业，支持建设粮食生产、加工、物流基地或者园区，加强对政府储备粮油仓储物流设施的保护，鼓励发展订单农业。在执行政策性收储时国家给予必要的经济优惠，并在粮食运输方面给予优先安排。

法条

第三十七条　从事粮食收购、储存、加工、销售的经营者以及饲料、工业用粮企业，应当按照规定建立粮食经营台账，并向所在地的县级人民政府粮食和储备主管部门报送粮食购进、储存、销售等基本数据和有关情况。

法条释义

本法第三十七条规定了粮食流通统计的具体制度要求。概括而言，本条分别提出从事粮食收购、储存、加工、销售的经营者以及饲料、工业用粮企业，建立粮食经营台账以及报送粮食基本数据和有关情况两项粮食流通统计的具体要求。

一、从事粮食收购、储存、加工、销售的经营者以及饲料、工业用粮企业，应当按照规定建立粮食经营台账

本条规定提出，从事粮食收购、储存、加工、销售的经营者以及饲料、工业用粮企业，应当按照规定建立粮食经营台账：(1)“从事粮食收购、储存、加工、销售的经营者以及饲料、工业用粮企业”这一义务主体规定主要源于《粮食流通管理条例》第二十三条，涵括粮食收购、销售、储存、加工的经营者以及饲料、工业用粮企业。其中，工业用粮企业主要是指将粮食作为工业、手工业原料或辅助材料的企业，如生产酒精、饮料酒、溶剂、医药、浆纱、淀粉等。(2)粮食经营台账是根据粮食经营原始记录，对粮食收购、销售、储存、加工、转化等情况，按照粮食统计制度要求进行记载的专门账簿。根据原国家粮食局《关于进一步提高粮食统计基础数据质量有关问题的通知》(国粮调〔2016〕58号)，前述相关经营者及企业需按照统一粮食经营台账格式及时如实记载粮食收购、销售、储存、加工、转化等情况。此外，《粮食流通管理条例》第二十三条进一步规定，粮食经营台账的保存期限不得少于3年。

二、从事粮食收购、储存、加工、销售的经营者以及饲料、工业用粮企业，应向所在地的县级人民政府粮食和储备主管部门报送粮食购进、储存、销售等基本数据和有关情况

本条规定提出从事粮食收购、储存、加工、销售的经营者以及饲料、工业用粮企业，应向所在地的县级人民政府粮食和储备主管部门报送粮食购进、储存、销售等基本数据和有关情况：(1)此处的“所在地”应理解为相关经营者或企业的主要经营与业务活动的处所与地点。(2)“粮食购进、储存、销售等基本数据和有关情况”包括粮食收购品种、数量、价格、来源，各粮食品种的储备量、仓储量、调用情况，以及各粮食品种的销售量、销售价格等相关信息。

相关规定

(1)《粮食流通管理条例》第二十三条　所有从事粮食收购、销售、储存、加工的经营者以及饲料、工业用粮企业，应当建立粮食经营台账，并向所在地的县级人民政府粮食和储备行政管理部门报送粮食购进、销售、储存等基本数据和有关情况。粮食经营台账的保存期限不得少于3年。粮食经营者报送的基本数据和有关情况涉及商业秘密的，粮食和储备行政管理部门负有保密义务。

国家粮食流通统计依照《中华人民共和国统计法》的有关规定执行。

(2)《粮食流通行政执法办法》第十三条　粮食经营者存在下列情形之一的，属于第十二条规定的应当立案调查的违法违规行为：

(一)粮食收购企业、仓储单位未按照规定备案，或者提供虚假备案信息；

(二)粮食收购企业未及时向售粮者支付售粮款，时间三十日以上且涉及金额三千元以上，或者其他粮食收购者未及时向售粮者支付售粮款被举报；

(三)粮食收购者违反《粮食流通管理条例》相关规定，代扣、代缴税、费和其他款项；

(四)粮食收购者未执行国家粮食质量标准，涉及粮食数量较大；

(五)粮食收购者收购粮食，未按照国家有关规定进行质量安全检验，涉及粮食数量较大；

(六)粮食收购者收购粮食，对不符合食品安全标准的粮食未作为非食用用途单独储存；

(七)粮食储存企业未按照规定进行粮食销售出库质量安全检验，涉及粮食数量五吨以上；

(八)粮食收购者、粮食储存企业非法销售不得作为食用用途销售的粮食；

(九)从事粮食收购、销售、储存、加工的经营者以及饲料、工业用粮企业，未按要求建立粮食经营台账，或者未按规定报送粮食基本数据和有关情况；

(十)粮食仓储单位经营场地、设施设备、专业技术管理人员不符合粮油仓储管理制度规定；

(十一)粮食仓储单位违反出入库、储存管理规定，或者造成粮油储存事故；

(十二)粮食收购者、粮食储存企业使用被污染的运输工具或

者包装材料运输粮食,或者与有毒有害物质混装运输;

(十三)粮食应急预案启动后,粮食经营者未服从国家统一安排和调度;

(十四)其他违反国家粮食经营管理规定的情形。

法条

第三十八条 为了保障市场供应、保护粮食生产者利益,必要时国务院可以根据粮食安全形势和财政状况,决定对重点粮食品种在粮食主产区实行政策性收储。

法条释义

本法第三十八条明确规定了政策性粮食收储机制。概括而言:(1)政策性粮食收储目的是保障市场供应、保护粮食生产者利益;(2)政策性粮食收储的决定主体是国务院;(3)政策性粮食收储的实施范围和实施对象是在粮食主产区的重点粮食品种;(4)政策性粮食收储是在特定情形下决定和实施的。

一、政策性粮食收储目的是保障市场供应、保护粮食生产者利益

我国粮食收储制度是保障国家粮食安全和农民持续增收政策体系的重要构件。政策性粮食收储目的既要维护社会公共利益,也要兼顾社会中弱势群体的利益。

1. 保障市场供应

持续保障市场供应,有利于粮食市场供需关系达致平衡,以应对因国际局势紧张和国内自然灾害等特定情形产生的国内粮食市场供应不足的风险,其旨在稳定国内粮食市场,确保全体国民的口粮充足和安全,维护社会公共利益。

2. 保护粮食生产者利益

我国粮食生产者包括种粮农民和粮食规模生产经营者,其中,种粮农民是粮食生产的核心力量。《粮食流通管理条例》第二十九条规定,“保护种粮农民利益”,种粮农民作为粮食生产的直接执行者和主要投入者,从耕地准备到播种、施肥、灌溉、防治病虫害,再到收割、储存等环节,承担整个粮食生产过程中的重要任务。除种粮农民外,粮食规模生产经营者也是社会中容易被忽略的弱势群体,其合法权益难以得到保障。因此,政策性粮食收储在一定程度上是为了防止危机损害粮食生产者利益。本条将利益保护的主体范围扩大,不仅保护种粮农民利益,也保护粮食规模生产经营者等其他粮食生产者利益,利益保护对象更加全面。

二、政策性粮食收储的决定主体是国务院

本条明确了政策性粮食收储行为的决定主体是国务院。决定主体要区别于执行主体和具体实施主体,其执行主体主要是中国储备粮管理集团有限公司。中国储备粮管理集团有限公司受国家有关部门委托,组织指导有关分公司和直属企业进一步做好政策性粮食收储工作,确保国家政策落实到位、执行规范。具体从事政策性粮食收储业务的各类企业,应承担企业收储和管理主体责任,对其收储政策性粮食的数量、质量、储存安全、库存管理、销售出库以及出现风险造成的损失负全部责任。

此外,地方粮食行政管理部门作为监管主体,负责对国家政策性粮食政策执行情况,以及国家政策性粮食数量、质量、储存安全、库存管理、销售出库等进行监督检查。同时,要在地方政府的统一领导下,按照职责分工,切实加强对食品安全和安全生产的属地管理。财政部门负责制定和完善相关财政政策,按照全面实施预算绩效管理的有关规定,督促中国储备粮管理集团有限公司加强补贴资金监管。农业发展银行及分支机构对政策性粮食收购资金实施信贷监管。

三、政策性粮食收储的实施范围和实施对象是在粮食主产区的重点粮食品种

我国实施的政策性粮食收储政策，是针对特定品种和地区实施的。本条明确规定，国务院可以决定的政策性粮食收储范围和对象是在粮食主产区的重点粮食品种。

1. 将实施范围限定在粮食主产区，有利于相关企业对产区粮食就地采取收购和储备措施，尤其是在紧急情形下，在粮食主产区实行政策性收储，能够及时保障粮食市场供应。我国粮食主产区集中在黑龙江、河南、山东、四川、江苏、河北、吉林、安徽、湖南、湖北、内蒙古、江西、辽宁 13 个省、自治区。全国粮食主产区包含 100 个粮食生产大县。

2. 将实施对象限定在重点粮食品种，是因为重点粮食品种种植范围广、产量大，能够保障人们基本的口粮需求。重点粮食品种属于重要农产品范畴，相较一般粮食作物，重点粮食品种主要包括小麦、水稻和玉米等谷类粮食作物，以及大豆等豆类粮食作物。

为了更好地集中资源有针对性地实施粮食收储政策，根据深入推进农业供给侧结构性改革的设想和安排，可以考虑放弃对早籼稻实施最低收购价政策，放弃在淡水资源紧张地区实施稻谷最低收购价政策，放弃在淮河以南地区实施小麦最低收购价政策。随着人们生活水平的提高，早籼稻的用途由直接食用转向加工原料，与口粮绝对安全关联性小。同时种植早籼稻的地区和农民也越来越少，截至 2017 年主要集中在江西和湖南两省。取消早籼稻最低收购价政策，对新形势下国家粮食安全和粮农增收影响相对较小。取消早籼稻最低收购价政策的过渡措施可以采取类似取消油菜籽临时收储政策时由中央财政给予主产区适当补助，以缓解早籼稻收储制度改革可能出现的矛盾。为了促进农业结构调整，在水资源相对紧缺地区，应放弃实施中晚稻最低收购价政策，以减少农业用水。淮河以南地区不是优质小麦主产区，生产的小麦品

质较差。为了促进优质小麦生产，可以考虑取消在淮河以南地区实施小麦最低收购价政策。[①]

四、政策性粮食收储特定情形的考虑因素是“粮食安全形势和财政状况”

政策性粮食收储是在特定情形下决定和实施的，该特定情形通常需要同时考虑两个因素：一是国内外粮食安全形势；二是国家财政状况。譬如，当国际粮食供应趋于紧张，威胁国内粮食供应安全时，为保障国内粮食市场供应充足，我国政府可以决定实行政策性收储；与此同时，政府必须考虑国内财政资金是否充足，因为国家要给予执行主体在粮食收购环节和储存环节多项财政补贴。相关资料显示，国家实施玉米临时收储政策时，会向执行主体补偿收购费 50 元/吨，做囤费 70 元/吨，保管费每年 92 元/吨，收购资金 5% 利息。如果按照 2015 年临时收储价格每公斤 2 元计算，收储 1.5 亿吨玉米，国家需要支付的各项收储费用补贴金额达到 468 亿元。[②]

相关规定

《粮食流通管理条例》第二十九条　为保障市场供应、保护种粮农民利益，必要时可由国务院根据粮食安全形势，结合财政状况，决定对重点粮食品种在粮食主产区实行政策性收储。

当粮食价格显著上涨或者有可能显著上涨时，国务院和省、自治区、直辖市人民政府可以按照《中华人民共和国价格法》的规定，采取价格干预措施。

---

① 参见李国祥：《深化我国粮食政策性收储制度改革的思考》，载《中州学刊》2017 年第 7 期。

② 参见李经谋主编：《2016 中国粮食市场发展报告》，中国财政经济出版社 2016 年版，第 117 页。

法条

第三十九条 从事粮食收购、加工、销售的规模以上经营者,应当按照所在地省、自治区、直辖市人民政府的规定,执行特定情况下的粮食库存量。

法条释义

本法第三十九条明确规定了粮食规模经营者执行特定情况下粮食库存量的具体要求。概括而言:(1)执行粮食库存量的行为主体是从事粮食收购、加工、销售的规模以上经营者;(2)执行粮食库存量的标准应当按照所在地省、自治区、直辖市人民政府规定的最低库存量标准和最高库存量标准;(3)执行粮食库存量的特定情况由供需关系和粮食价格决定。

一、执行粮食库存量的行为主体是从事粮食收购、加工、销售的规模以上经营者

《粮食流通管理条例》第八条规定,粮食经营者是指从事粮食收购、销售、储存、运输、加工、进出口等经营活动的自然人、法人和非法人组织。根据《海南省特定情况下粮食经营者最低和最高库存量标准实施办法》的明确规定,粮食规模以上经营者,结合海南省实际情况,原则上是指省内年收购量大于1000吨(含)的收购企业、年加工量大于2000吨(含)的加工企业、年销售量大于3000吨(含)的批发零售企业。

二、执行粮食库存量的标准应当按照所在地省、自治区、直辖市人民政府的规定

各省、自治区、直辖市人民政府,结合当地经济状况,制定出台了关于粮食经营者执行最低和最高库存量标准的规定。其中,部分省、自治区、直辖市人民政府的规定已失效或者部分无效,在此列举几例现行有效的规定。

1. 粮食经营者保持的库存量不得低于最低库存量标准

对于粮食经营者的最低库存量标准，不同粮食经营者具有一定差异性。(1)粮食收购经营者：海南省、吉林省规定的最低库存量标准为上年度正常经营情况下月平均收购量的20%，如值新粮集中上市期间，为上年度正常经营情况下月平均收购量的25%；安徽省规定的最低库存量标准为上年度月均收购量的30%。(2)粮食加工经营者：海南省规定的最低库存量标准为上年度正常经营情况下月平均加工量的15%；吉林省规定的原粮最低库存量应保持不低于上年度月均加工量的20%，成品粮油最低库存量应保持不低于上年度月均销售量的10%；安徽省规定的原粮最低库存量标准为上年度月均加工量的30%，成品粮最低库存量为上年度月均加工量的25%。(3)粮食销售经营者：海南省规定的最低库存量标准为上年度正常经营情况下月平均销售量的20%；吉林省规定的原粮销售最低库存量应保持不低于上年度月均销售量的20%，成品粮销售最低库存量应保持不低于上年度月均销售量的10%；安徽省规定的原粮销售最低库存量标准为上年度月均销售量的30%，成品粮销售最低库存量标准为上年度月均销售量的25%。

2. 粮食经营者保持的库存量不得高于最高库存量标准

与前述最低库存量相类似，粮食经营者应保持的最高库存量标准亦应按照不同粮食经营者予以区分。(1)粮食收购经营者：海南省、吉林省规定的最高库存量标准为上年度正常经营情况下月平均收购量的30%，如值新粮集中上市期间，为上年度正常经营情况下月平均收购量的35%；安徽省规定的最高库存量标准为上年度月均收购量的20%。(2)粮食加工经营者：海南省规定的最高库存量标准为上年度正常经营情况下月平均加工量的35%；吉林省规定的原粮最高库存量应保持不高于上年度月均加工量的30%，成品粮油最高库存量应保持不高于上年度月均销售量的

20%；安徽省规定的原粮最高库存量标准为上年度月均加工量的20%，成品粮最高库存量标准为上年度月均加工量的15%。(3)粮食销售经营者：海南省规定的最高库存量标准为上年度正常经营情况下月平均销售量的40%；吉林省规定的最高库存量标准应保持不高于上年度月均销售量的30%，成品粮最高库存量应保持不高于上年度月均销售量的20%；安徽省规定的原粮销售最高库存量标准为上年度月均销售量的20%，成品粮销售最高库存量标准为上年度月均销售量的15%。

三、执行粮食库存量的特定情况由供需关系和粮食价格所决定

根据上述各省、自治区、直辖市人民政府制定出台的粮食经营者最低和最高库存量标准，特定情况下的粮食库存量是由粮食市场供给与需求关系，以及粮食价格变化来决定的。当处于粮食市场严重供过于求、粮食价格出现较大幅下跌的情况下，粮食经营者保持的库存量不得低于最低库存量标准；当处于粮食市场严重供不应求、粮食价格出现较大幅上涨的情况下（海南省规定出现重大或者特别重大粮食突发事件，吉林省规定出现省级一级应急响应时），粮食经营者保持的库存量不得高于最高库存量标准。

相关规定

《粮食流通管理条例》第十九条　从事粮食收购、加工、销售的规模以上经营者，应当按照所在地省、自治区、直辖市人民政府的规定，执行特定情况下的粮食库存量。

法条

第四十条　粮食供求关系和价格显著变化或者有可能显著变化时，县级以上人民政府及其有关部门可以按照权限采取下列措施调控粮食市场：

（一）发布粮食市场信息；

（二）实行政策性粮食收储和销售；

（三）要求执行特定情况下的粮食库存量；

（四）组织投放储备粮食；

（五）引导粮食加工转化或者限制粮食深加工用粮数量；

（六）其他必要措施。

必要时，国务院和省、自治区、直辖市人民政府可以依照《中华人民共和国价格法》的规定采取相应措施。

法条释义

本法第四十条明确规定政府对粮食市场采取宏观调控措施。概括而言：（1）粮食市场宏观调控的实施主体是县级以上人民政府及其有关部门；（2）粮食市场宏观调控的具体措施包括发布粮食市场信息、实行政策性粮食收储和销售、要求执行特定情况下的粮食库存量、组织投放储备粮食、引导粮食加工转化或者限制粮食深加工用粮数量等，必要时为价格干预措施；（3）粮食市场宏观调控需在一定条件或者特殊情形下实施。

一、针对粮食市场宏观调控的实施主体

原则上，粮食市场宏观调控由县级以上人民政府及其有关部门实施，必要时，由国务院和省、自治区、直辖市人民政府实施。

县级以上人民政府及其有关部门有权采取措施予以粮食市场宏观调控。在此，“有关部门”需要作范围上的界定。根据《江西省粮食流通条例》第二十一条第一款的规定，县级以上人民政府粮食主管部门应当会同发展改革、农业农村、市场监督管理、统计等有关部门建立健全粮食市场监测预警和信息共享机制，完善粮食供需平衡调查制度，对本行政区域内主要粮食品种的生产、需求、库存、价格情况等实行动态监测、分析和预警。由此可知，采取宏观调控措施的县级以上政府有关部门应当是以粮食主管部门为主,发展改革、农业农村、市场监督管理、统计等部门协助。

二、针对粮食市场宏观调控的具体措施

按照主体类型不同,粮食市场宏观调控具体措施不同。

1. 本条第一款由县级以上人民政府及其有关部门采取的具体措施

(1)发布粮食市场信息。该措施的本质是实现粮食市场信息共享。政府通过收集和发布粮食市场信息,促使信息在粮食生产者、经营者、销售者、消费者之间共享,解决相关利益主体之间信息不对称的问题,缓解粮食供不应求或者供过于求的结构性矛盾,以及减小粮食市场价格大幅上涨或者下降的波动风险,稳定国内粮食市场,从而保障我国粮食安全。

(2)实行政策性粮食收储和销售。根据本法第三十八条的规定,当出现粮食价格剧烈波动,影响粮食供求关系变化时,国务院可以根据粮食安全形势和财政状况,决定对重点粮食品种在粮食主产区实行政策性收储。

(3)要求执行特定情况下的粮食库存量。根据本法第三十九条的规定,县级以上人民政府及其有关部门可以要求从事粮食收购、加工、销售的规模以上经营者执行特定情况下的粮食库存量。

(4)组织投放储备粮食。组织投放储备粮食,可以在一定程度上缓解粮食市场供不应求和粮食价格上涨的问题,有利于稳定粮食市场。我国储备粮食分为中央储备粮食和地方储备粮食。国务院根据《中央储备粮管理条例》第四章关于中央储备粮的动用规定,组织实施投放中央储备粮。该条例第三十九条明确规定动用中央储备粮,由国务院发展改革部门及国家粮食行政管理部门会同国务院财政部门提出动用方案,报国务院批准。动用方案应当包括动用中央储备粮的品种、数量、质量、价格、使用安排、运输保障等内容。同理,各地方政府及其有关部门根据地方储备粮管理办法,在组织投放地方储备粮食前,也应按照动用方案和动用程序实施。

(5)引导粮食加工转化或者限制粮食深加工用粮数量。该项措施本质上是通过引导粮食加工转化或限制粮食深加工，控制粮食数量，保障充足的口粮，为减小粮食市场波动风险做准备。

(6)兜底措施。除上述列举的具体措施外，该项是以“其他必要措施”作为本条的兜底项，给予县级以上人民政府在粮食供求关系和价格变化时实施宏观调控行为的自由裁量权限。

2. 本条第二款规定国务院和省、自治区、直辖市人民政府依照《价格法》采取的相应措施

(1)粮食收购中实施价格保护。《价格法》第二十九条规定，政府在粮食等重要农产品的市场购买价格过低时，可以在收购中实行保护价格，并采取相应的经济措施保证其实现。

(2)对部分价格采取限定差价率或者利润率、规定限价、实行提价申报制度和调价备案制度。《价格法》第三十条规定，当重要商品和服务价格显著上涨或者有可能显著上涨，国务院和省、自治区、直辖市人民政府可以对部分价格采取限定差价率或者利润率、规定限价、实行提价申报制度和调价备案制度等干预措施。省、自治区、直辖市人民政府采取价格干预措施，应当报国务院备案。

(3)采取临时集中定价权限、部分或者全面冻结价格。《价格法》第三十一条规定，当市场价格总水平出现剧烈波动等异常状态时，国务院可以在全国范围内或者部分区域内采取临时集中定价权限、部分或者全面冻结价格的紧急措施。

三、粮食市场宏观调控应在一定条件或者特殊情形下实施

政府在一定条件或者特殊情形下对粮食市场实施宏观调控，主要考量粮食供求关系和粮食价格变化等因素。具体而言，粮食供求关系，是指粮食供过于求或者粮食供不应求的情形，粮食价格显著变化或者有可能显著变化是指价格出现较大幅度的上涨或者下跌。

《粮食流通管理条例》第二十九条第二款规定，当粮食价格显著上涨或者有可能显著上涨时，国务院和省、自治区、直辖市人民政府可以按照《价格法》的规定，采取价格干预措施。对照上述规定，本条第二款“必要时”可以作“粮食价格显著上涨或者有可能显著上涨的特定情形”的对应理解。

相关规定

（1）《价格法》第二十九条　政府在粮食等重要农产品的市场购买价格过低时，可以在收购中实行保护价格，并采取相应的经济措施保证其实现。

（2）《价格法》第三十条　当重要商品和服务价格显著上涨或者有可能显著上涨，国务院和省、自治区、直辖市人民政府可以对部分价格采取限定差价率或者利润率、规定限价、实行提价申报制度和调价备案制度等干预措施。

省、自治区、直辖市人民政府采取前款规定的干预措施，应当报国务院备案。

（3）《价格法》第三十一条　当市场价格总水平出现剧烈波动等异常状态时，国务院可以在全国范围内或者部分区域内采取临时集中定价权限、部分或者全面冻结价格的紧急措施。

（4）《粮食流通管理条例》第二十六条　国家采取政策性粮食购销、粮食进出口等多种经济手段和必要的行政手段，加强对粮食市场的调控，保持全国粮食供求总量基本平衡和市场基本稳定。

（5）《粮食流通管理条例》第二十七条　国家实行中央和地方分级粮食储备制度。粮食储备用于调节粮食供求、稳定粮食市场，以及应对重大自然灾害或者其他突发事件等情况。

政策性粮食的采购和销售，原则上通过规范的粮食交易中心公开进行，也可以通过国家规定的其他方式进行。

（6）《粮食流通管理条例》第二十九条　为保障市场供应、保护种粮农民利益，必要时可由国务院根据粮食安全形势，结合财政状况，决定对重点粮食品种在粮食主产区实行政策性收储。

当粮食价格显著上涨或者有可能显著上涨时，国务院和省、自治区、直辖市人民政府可以按照《中华人民共和国价格法》的规定，采取价格干预措施。

(7)《粮食流通管理条例》第三十条　国务院发展改革部门及国家粮食和储备行政管理部门会同国务院农业农村、统计、市场监督管理等部门负责粮食市场供求形势的监测和预警分析，健全监测和预警体系，完善粮食供需抽查制度，发布粮食生产、消费、价格、质量等信息。

(8)《中央储备粮管理条例》第三十八条　出现下列情况之一的，可以动用中央储备粮：

(一)全国或者部分地区粮食明显供不应求或者市场价格异常波动；

(二)发生重大自然灾害或者其他突发事件需要动用中央储备粮；

(三)国务院认为需要动用中央储备粮的其他情形。

(9)《中央储备粮管理条例》第三十九条　动用中央储备粮，由国务院发展改革部门及国家粮食行政管理部门会同国务院财政部门提出动用方案，报国务院批准。动用方案应当包括动用中央储备粮的品种、数量、质量、价格、使用安排、运输保障等内容。

法条

第四十一条　国家建立健全粮食风险基金制度。粮食风险基金主要用于支持粮食储备、稳定粮食市场等。

法条释义

本法第四十一条明确规定国家建立健全粮食风险基金制度。概括而言，本条分别规定了粮食风险基金的两个主要用途：(1)用于支持粮食储备；(2)用于稳定粮食市场。

随着经济体制改革的深化，为了用经济手段稳定粮食市场，防止粮食价格大幅波动，国家建立粮食风险基金制度。所谓粮食风险基金，是指中央和地方政府用于平抑粮食市场价格、维护粮食正常流通秩序、实施经济调控的专项资金。粮食风险基金由中央粮食风险基金和地方粮食风险基金两部分构成，资金来源为中央财政预算安排、中央补助和地方财政预算安排。粮食风险基金制度作为我国粮油宏观调控的一项基本制度，通过保证粮食储备制度有效运作和粮食价格支持政策有效落实，进而促进粮食市场稳定和保障国家粮食安全。粮食风险基金有两个方面的主要用途，即支持粮食储备和稳定粮食市场。

一、粮食风险基金用于支持粮食储备

1995 年，国务院《关于粮食部门深化改革实行两条线运行的通知》明确划分了中央和地方的粮食事权。自此，国家粮食储备局实行垂直管理的国家专项储备粮油，也被称为新体制专储粮，它的利息费用直接由中央财政拨付至国家粮食储备局，再由国家粮食储备局拨付至各承储库点。1998 年国务院《关于进一步深化粮食流通体制改革的决定》提出，完善粮食储备体系，建立健全储备粮管理制度，实行储备和经营分开。1999 年，国家粮食局负责中央储备粮的行政管理；中国储备粮管理总公司负责中央储备粮的经营管理，中央储备粮的利息和费用由中央财政承担，增强政府对粮食市场的调控能力。地方实行省长负责制，全面负责本地粮食的生产和流通，负责本地区粮食仓储等流通设施的规划、建设、维修和改造。地方储备粮的亏损则由粮食风险基金弥补；地方政府根据本地需要落实省级(或者市、县级)粮食储备，地方储备粮的费用补贴标准参照中央储备粮，主要由粮食风险基金和地方财政承担。[①]

二、粮食风险基金用于稳定粮食市场

稳定粮食市场具体包括增强政府调控粮食市场能力和提高政府调控粮食市场效率。随着粮食市场化改革进程的推进，粮食宏观调控的任务变得更加繁重，特别是国际金融危机后，国内外粮食市场联系愈加紧密，国内粮食市场价格变化更加复杂和不确定。为保持国内粮食市场和价格的基本稳定，应对可能出现的粮食市场风险，我国政府增加粮食风险基金总量，与经济发展水平和调控粮食市场的需要相适应，从而进一步增强粮食宏观调控能力。

与此同时，我国粮食风险基金提高了政府调控粮食市场的效率：(1)保持现有对种粮农民直接补贴规模不变，积极探索直补与粮食种植面积挂钩、与商品粮特别是优质粮挂钩的办法，调动农民种粮积极性，提高促进粮食安全的效用。(2)1998 年以后的政策性挂账利息补贴不再从粮食风险基金中开支，由中央财政单列预算解决。除实行粮食直补外的粮食风险基金，主要用于粮食宏观调控方面的开支，尤其是要优先保证地方储备粮油的相关支出，确保粮油储备规模达到规定要求，增强区域粮食市场调控能力。(3)保护和促进粮食产业发展。发展现代粮食流通产业是促进种粮农民增粮增收、提高粮食企业在国内和国际市场上的竞争力和增强粮食安全保障能力的重要基础。由于粮食流通产业的微利性和高风险性，需要通过有效风险支持措施，才能切实增强粮食流通产业的市场竞争力。因此，我国立法应明确将粮食风险基金作为促进现代粮食流通产业发展的重要手段，支持粮食仓储、物流设施

① 参见亢霞：《新中国 70 年我国政府粮食储备体系的演变》，载《中国粮食经济》2019 年第 10 期。

建设以及粮食产业化发展，进一步提升粮食宏观调控效率。[①]

相关规定

（1）《农业法》第三十五条　国家建立粮食风险基金，用于支持粮食储备、稳定粮食市场和保护农民利益。

（2）《粮食流通管理条例》第二十八条　国务院和地方人民政府建立健全粮食风险基金制度。粮食风险基金主要用于支持粮食储备、稳定粮食市场等。

国务院和地方人民政府财政部门负责粮食风险基金的监督管理，确保专款专用。

① 参见邓亦武、亢霞：《进一步完善我国粮食风险基金制度》，载《宏观经济管理》2010年第9期。

第六章　粮 食 加 工

法条

> **第四十二条**　国家鼓励和引导粮食加工业发展，重点支持在粮食生产功能区和重要农产品生产保护区发展粮食加工业，协调推进粮食初加工、精深加工、综合利用加工，保障粮食加工产品有效供给和质量安全。
>
> 粮食加工经营者应当执行国家有关标准，不得掺杂使假、以次充好，对其加工的粮食质量安全负责，接受监督。

法条释义

本法第四十二条规定，国家鼓励和引导粮食加工业发展，以及粮食加工经营者的行为规范。概括而言，本条分别从两个方面予以规定：(1)立法倡导粮食就地加工；(2)粮食加工经营者应执行国家标准，对其加工的粮食质量安全负责。

一、国家鼓励和引导粮食加工业发展，重点支持在粮食生产功能区和重要农产品生产保护区发展粮食加工业，协调推进粮食初加工、精深加工、综合利用加工，保障粮食加工产品有效供给和质量安全

1. 发展粮食加工业的重点区域是粮食生产功能区和重要农产品生产保护区

近年来，国家出台了一系列强农惠农富农政策，实现了粮食连年丰收,重要农产品生产能力不断增强。但是,我国农业生产基础还不牢固,工业化、城镇化发展和农业生产用地矛盾不断凸显,保障粮食和重要农产品供给任务仍然艰巨。为优化农业生产布局,聚焦主要品种和优势产区,实行精准化管理,国家建立粮食生产功能区和重要农产品生产保护区。重点支持粮食生产功能区和重要农产品生产保护区发展粮食加工业,存在两个方面的主要原因:一是粮食生产功能区和重要农产品生产保护区的粮食生产条件较好、产量相对高,从而促进粮食加工产品的质优量足。一般而言,粮食生产功能区和重要农产品生产保护区会选择水土资源条件较好、相对集中成片、农业基础设施比较完备的区域,经过科学确定而划定的粮食生产功能区和重要农产品生产保护区范围,本质上是把种植粮食和重要农产品的优势区域相对固定下来,保障粮食作物及加工品。二是财政金融等政策支持力度会向粮食生产功能区和重要农产品生产保护区倾斜,无论是粮食生产还是粮食加工,国家将增加基础建设投入、加大对粮食生产功能区和重要农产品生产保护区的政策支持,激励和引导粮食生产者、加工者,确保粮食作物及加工品有效供给和质量安全。

根据国务院《关于建立粮食生产功能区和重要农产品生产保护区的指导意见》规定,粮食生产功能区和重要农产品生产保护区具体包括:(1)粮食生产功能区。划定粮食生产功能区 9 亿亩,其中 6 亿亩用于稻麦生产。以东北平原、长江流域、东南沿海优势区为重点,划定水稻生产功能区 3.4 亿亩;以黄淮海地区、长江中下游、西北及西南优势区为重点,划定小麦生产功能区 3.2 亿亩(含水稻和小麦复种区 6000 万亩);以松嫩平原、三江平原、辽河平原、黄淮海地区以及汾河和渭河流域等优势区为重点,划定玉米生产功能区 4.5 亿亩(含小麦和玉米复种区 1.5 亿亩)。(2)重要农产品生产保护区。划定重要农产品生产保护区 2.38 亿亩(与粮食生产功能区重叠 8000 万亩)。以东北地区为重点,黄淮海地区为补充，划定大豆生产保护区 1 亿亩（含小麦和大豆复种区 2000 万亩）；以新疆为重点，黄河流域、长江流域主产区为补充，划定棉花生产保护区 3500 万亩；以长江流域为重点，划定油菜籽生产保护区 7000 万亩（含水稻和油菜籽复种区 6000 万亩）；以广西、云南为重点，划定糖料蔗生产保护区 1500 万亩；以海南、云南、广东为重点，划定天然橡胶生产保护区 1800 万亩。

2. 厘清粮食初加工、精深加工、综合利用加工 3 种形式之间的内在逻辑

粮食加工业的主要形式包括初加工、精深加工、综合利用加工。3 种加工形式通过利用一定技术手段，从利用设施设备的初加工，到改进工艺装备的精深加工，再到利用绿色先进技术的综合利用加工，层层递进，来实现粮食加工环节减损增供、减损增收、减损增效，提升粮食作物的附加价值，促进粮食加工业高质量发展，保障粮食主产区的利益。

根据农业农村部《关于促进农产品加工环节减损增效的指导意见》（农产发〔2020〕9 号）的规定，粮食初加工、精深加工和综合利用加工呈现出各自特点。（1）粮食初加工主要是指粮食等耐储农产品，重点发展烘干、储藏、脱壳、去杂、磨制等初加工，实现保值增值。（2）粮食精深加工主要是指在粮食初加工基础上，对原材料或半成品通过一定科技手段进行工艺处理，使之成为可以直接使用的具有高附加值的产品。① 粮食精深加工要注意“度”的问题。一方面，要促进口粮品种适度加工，引导加工企业合理确定小麦、稻谷等口粮品种加工精度，减少精面、精米等过度加工造成的资源浪费和营养流失，提高出粉和出米率，发展专用粉、全麦粉和

① 参见《粮食深加工遇“瓶颈”，加快产业发展迫在眉睫！》，载北方农资周刊网 2020 年 10 月 10 日，https://www.sohu.com/a/423688793_491799，最后访问日期：2024 年 1 月 12 日。

专用米、糙米等新型健康产品，增加营养成分，减少加工损失；另一方面，要促进粮食深度加工，挖掘玉米、大豆等粮食品种的多种功能价值，提取营养因子、功能成分和活性物质，开发营养均衡、养生保健、食药同源的加工食品和质优价廉、物美实用的非食用加工产品。(3)粮食综合利用加工。如引导加工企业应用低碳低耗、循环高效的绿色加工技术，综合利用碎米、米糠、稻壳、麦麸、胚芽、玉米芯、饼粕等副产物，开发米粉、米线、米糠油、胚芽油、膳食纤维、功能物质、多糖多肽等食品或食品配料，生产白炭黑、活性炭、助滤剂等产品，提高粮食综合利用效率，开发高附加值新产品，提升增值空间，减轻生态环境压力。

3. 粮食就地加工的目的是促使粮食加工产品数量和质量得到双保障

一方面，保障粮食加工产品有效供给。从数量来说，国家引导粮食加工业发展，确保粮食加工产品稳定地向市场供给。国家重点支持粮食生产功能区和重要农产品生产保护区发展粮食加工业，基于就地就近原则，粮食从产出到加工，缩短了运输、仓储环节的时间成本、人力成本和资金成本，形成了较高效的“粮食投入—粮食加工品产出”的加工业链条，为市场提供了稳定而有效的粮食加工产品供给。

另一方面，保障粮食加工产品质量安全。从质量来讲，国家支持就地就近加工，保障粮食加工产品的质量安全。粮食是一类特殊的农产品，它具有一定的质量保存期限，如果经过长时间的运输和异地转移储存，部分粮食会发生变质、毁损等不利后果，直接影响粮食加工产品的质量安全，加大消费者食用加工产品的安全风险。因此，粮食就地就近加工，可以保障粮食经产出后，尽快投入加工，在一定程度上保障粮食在优质期限内能够及时转化为加工产品。

二、粮食加工经营者应当执行国家有关标准，不得掺杂使假、以次充好，对其加工的粮食质量安全负责，接受监督

1. 粮食加工经营者应当执行国家有关标准

国家针对粮食加工领域制定了一系列标准，涵盖了粮食加工厂房建设、设备选型、生产工艺、品质检测要求等方面。例如，修订后的大米、小麦粉、菜籽油等推荐性国家标准，合理确定了粮食加工精度等指标，引导企业从过度加工转向适度加工，大幅降低了粮食损失浪费。如大米国家标准通过设置加工精度上限，总出米率约提高1.25%；小麦粉国家标准降低加工精度要求，将原来的4个加工等级修改为“精制粉”“标准粉”“普通粉”3个类别，以普通粉为例，总出粉率提高0.5%～3%。

根据《标准化法》的规定，粮食加工经营者应当遵守并严格执行国家有关标准，如《稻米加工技术规程》（LS/T 1231－2023）、《食品安全国家标准　谷物加工卫生规范》（GB 13122－2016）、《食品安全国家标准　食品添加剂使用标准》（GB 2760－2014）等。

2. 粮食加工经营者不得掺杂使假、以次充好，对其加工的粮食质量安全负责，接受监督

我国《产品质量法》《食品安全法》等法律法规中，均有规定禁止经营者销售掺杂、掺假、以假充真、以次充好的产品，以及《粮食流通管理条例》规定，粮食经营者不得以掺杂使假、以次充好的方式来从事政策性粮食经营活动。粮食加工经营者作为上述经营者之一，对其加工的粮食产品要确保质量安全，禁止在粮食加工产品里混入杂质、以劣质产品冒充合格产品，并接受社会公众的监督。

相关规定

（1）《食品安全法》第三十四条　禁止生产经营下列食品、食品添加剂、食品相关产品：

（一）用非食品原料生产的食品或者添加食品添加剂以外的

化学物质和其他可能危害人体健康物质的食品，或者用回收食品作为原料生产的食品；

（二）致病性微生物，农药残留、兽药残留、生物毒素、重金属等污染物质以及其他危害人体健康的物质含量超过食品安全标准限量的食品、食品添加剂、食品相关产品；

（三）用超过保质期的食品原料、食品添加剂生产的食品、食品添加剂；

（四）超范围、超限量使用食品添加剂的食品；

（五）营养成分不符合食品安全标准的专供婴幼儿和其他特定人群的主辅食品；

（六）腐败变质、油脂酸败、霉变生虫、污秽不洁、混有异物、掺假掺杂或者感官性状异常的食品、食品添加剂；

（七）病死、毒死或者死因不明的禽、畜、兽、水产动物肉类及其制品；

（八）未按规定进行检疫或者检疫不合格的肉类，或者未经检验或者检验不合格的肉类制品；

（九）被包装材料、容器、运输工具等污染的食品、食品添加剂；

（十）标注虚假生产日期、保质期或者超过保质期的食品、食品添加剂；

（十一）无标签的预包装食品、食品添加剂；

（十二）国家为防病等特殊需要明令禁止生产经营的食品；

（十三）其他不符合法律、法规或者食品安全标准的食品、食品添加剂、食品相关产品。

(2)《粮食流通管理条例》第二十条　粮食经营者从事政策性粮食经营活动，应当严格遵守国家有关规定，不得有下列行为：

（一）虚报粮食收储数量；

（二）通过以陈顶新、以次充好、低收高转、虚假购销、虚假轮换、违规倒卖等方式，套取粮食价差和财政补贴，骗取信贷资金；

（三）挤占、挪用、克扣财政补贴、信贷资金；

（四）以政策性粮食为债务作担保或者清偿债务；

（五）利用政策性粮食进行除政府委托的政策性任务以外的其他商业经营；

（六）在政策性粮食出库时掺杂使假、以次充好、调换标的物，拒不执行出库指令或者阻挠出库；

（七）购买国家限定用途的政策性粮食，违规倒卖或者不按照规定用途处置；

（八）擅自动用政策性粮食；

（九）其他违反国家政策性粮食经营管理规定的行为。

(3)《粮食流通管理条例》第四十九条　从事政策性粮食经营活动，有下列情形之一的，由粮食和储备行政管理部门责令改正，给予警告，没收违法所得，并处50万元以上200万元以下罚款；情节严重的，并处200万元以上500万元以下罚款：

（一）虚报粮食收储数量；

（二）通过以陈顶新、以次充好、低收高转、虚假购销、虚假轮换、违规倒卖等方式，套取粮食价差和财政补贴，骗取信贷资金；

（三）挤占、挪用、克扣财政补贴、信贷资金；

（四）以政策性粮食为债务作担保或者清偿债务；

（五）利用政策性粮食进行除政府委托的政策性任务以外的其他商业经营；

（六）在政策性粮食出库时掺杂使假、以次充好、调换标的物，拒不执行出库指令或者阻挠出库；

（七）购买国家限定用途的政策性粮食，违规倒卖或者不按照规定用途处置；

（八）擅自动用政策性粮食；

（九）其他违反国家政策性粮食经营管理规定的行为。

粮食应急预案启动后，不按照国家要求承担应急任务，不服从国家的统一安排和调度的，依照前款规定予以处罚。

法条

第四十三条 国家鼓励和引导粮食加工结构优化，增加优质、营养粮食加工产品供给，优先保障口粮加工，饲料用粮、工业用粮加工应当服从口粮保障。

法条释义

本法第四十三条规定了粮食加工结构优化制度。概括而言，本条分别从以下三个方面展开：(1)国家鼓励和引导粮食加工结构优化；(2)立法明确优先保障口粮加工；(3)饲料用粮、工业用粮加工应当服从口粮保障。

一、国家鼓励和引导粮食加工结构优化，结构优化的目标是增加优质、营养的粮食加工产品供给

为了增加优质、营养的粮食加工产品供给，立法倡导粮食加工结构优化既是粮食加工环节的总体要求，也是原则性规定。粮食作物的用途主要包括口粮、饲料用粮和工业用粮等，通过调整和改进口粮、饲料用粮、工业用粮等粮食加工产业的各环节、流程和技术，以提高粮食作物的利用效率，增加粮食作物的附加值，满足人们多样化、高品质、安全、便捷的消费需求；同时，通过加强管理，规范生产流程，严格把控原材料、生产环境和工艺过程，确保粮食加工产品符合食品安全标准。从全局来看，口粮加工、饲料用粮加工和工业用粮加工作为粮食加工结构的组成部分都处于重要地位，但是优化粮食加工结构必须有优先序。因此，粮食加工结构的应然状态是，口粮加工处于基础地位、优先位序，饲料用粮、工业用粮加工服务于口粮供给，处于保障地位、后续顺位。

二、国家优先保障口粮加工

保障口粮加工是粮食加工结构优化的前提和基础。口粮用于保障人们的基本生存需求，口粮加工是粮食产业发展和保障国家粮食安全的重要环节之一。口粮加工涉及原材料收购、研发设计、生产加工、物流运输等多领域，可以将小麦、水稻、玉米等转化为更耐储存、便于运输、易于消费的食品，推动整个粮食加工产业链的发展。同时能够延长口粮保鲜期限，减少粮食损失和浪费，国家优先保障口粮加工的目的是确保口粮供给充足、稳定和安全。通过就地就近加工口粮，小麦、水稻、玉米等粮食作物的附加值得到提升，农民的经济收入也会相应增加。

因此，政府将口粮加工作为重要的战略性产业进行关注和支持，并采取一系列政策、措施加强对口粮加工的监督管理和检验机制，确保口粮加工品符合国家标准和质量要求，以确保粮食安全、满足人民对口粮的需求。

三、饲料用粮、工业用粮加工应当服从口粮保障

中国是世界第一大饲料生产国。随着人口增长，收入水平提升、城镇化推进，中国的肉奶蛋消费需求仍呈刚性增长状态，因此，饲料实际需求也将呈现持续增加状态，而工业用粮亦将呈现“在一定时期内有一定幅度增长”的态势。[①] 然而，有限的粮食资源需要合理分配，以满足不同领域的需求。饲料用粮和工业用粮作为非直接供给人们消费的用途，在加工处理时，应该遵守相关的政策法规和管理规定，执行相应的标准和准则，即使饲料用粮和工业用粮的需求在持续增加，也不应当减少口粮的需求量，以确保不会影响基本的口粮供给和国家粮食安全。

相关规定

《乡村振兴促进法》第八条　国家实施以我为主、立足国内、

---

①　参见孙光梅：《从饲料与工业用粮看国内粮食安全问题》，载山东畜牧经济研究会官网 2020 年 8 月 28 日，http://www.sdxmjingji.com/zhengwugongkai/renshixinxi/257.html，最后访问日期：2024 年 1 月 13 日。

确保产能、适度进口、科技支撑的粮食安全战略，坚持藏粮于地、藏粮于技，采取措施不断提高粮食综合生产能力，建设国家粮食安全产业带，完善粮食加工、流通、储备体系，确保谷物基本自给、口粮绝对安全，保障国家粮食安全。

国家完善粮食加工、储存、运输标准，提高粮食加工出品率和利用率，推动节粮减损。

法条

第四十四条　县级以上地方人民政府应当根据本行政区域人口和经济社会发展水平，科学布局粮食加工业，确保本行政区域的粮食加工能力特别是应急状态下的粮食加工能力。

县级以上地方人民政府应当在粮食生产功能区和重要农产品生产保护区科学规划布局粮食加工能力，合理安排粮食就地就近转化。

法条释义

本法第四十四条是关于县级以上地方人民政府科学布局粮食加工业，确保区域粮食加工能力的规定。概括而言，本条第一款针对所有区域，规定县级以上地方人民政府应当科学布局粮食加工业；第二款针对粮食生产功能区和重要农产品生产保护区，规定县级以上地方人民政府应当科学规划布局粮食加工能力。

一、县级以上地方人民政府应当根据本行政区域人口和经济社会发展水平，科学布局粮食加工业，确保本行政区域的粮食加工能力特别是应急状态下的粮食加工能力

县级以上地方人民政府即县（区）级、地（市）级和省级人民政府，视一般情形和应急状态的两种不同情况，根据本行政区域的人口规模和经济社会发展水平，合理规划和安排粮食加工业的发展布局。一方面，科学布局粮食加工业可以使粮食加工设施更均衡地分布在各个区域，便利粮食采购、运输和加工，降低物流成本和损耗，提高加工效率，确保粮食能够及时转化为加工产品，满足日益增长的市场需求；另一方面，根据不同地区的特色和优势，可以促进地方产业的协调发展，在资源丰富的农业区域，适当配置粮食加工业可以进一步提升粮食作物及加工品的附加值，提升粮食产业链的完整性。总之，根据人口和经济发展状况，科学布局粮食加工业有助于调整地区产业结构，譬如，可以为农村地区创造就业机会，推动当地农业生产的发展，提高农民收入水平，促进农村经济的可持续发展，平衡城乡区域经济发展。尤其是在应急状态下，科学合理布局可以确保各地区的产业结构得到充分利用和优化调整，满足人们对应急粮食加工品的基本需求。

二、县级以上地方人民政府应当在粮食生产功能区和重要农产品生产保护区科学规划布局粮食加工能力，合理安排粮食就地就近转化

本条规定鼓励和引导政府在粮食生产功能区和重要农产品生产保护区就地就近实施粮食加工转化。粮食生产功能区和重要农产品生产保护区可以划在粮食主产区，也可以划在粮食主销区，其划定标准是以永久基本农田为基础，将粮食和重要农产品生产能力细化落实到具体地块。国家加强粮食生产功能区和重要农产品生产保护区建设的目的在于，引导农业生产者种植目标粮食作物，鼓励经营者在此区域加工，从而促进粮食就地就近转化。一方面，合理安排粮食就地就近转化，在粮食生产功能区和重要农产品生产保护区规划布局粮食加工能力，可以实现粮食从产地到加工厂的最短路径，缩短运输时间和距离，有利于降低粮食损耗和污染风险，确保粮食品质和卫生安全。另一方面，通过创造就业机会、引进先进技术和设备以及加工农产品副产品，可以有效地将粮食作物转化为高附加值产品，增加农民收入，促进农村经济的发展。总之，要科学规划布局粮食加工能力，在粮食主产区等特定区域建设加工厂和相应配套设施，从而促进当地产业链的延伸和完整性，实现各地区间产业协调发展，缩小城乡发展差距，促进区域经济平衡发展。

相关规定

(1)《农业法》第九条 各级人民政府对农业和农村经济发展工作统一负责，组织各有关部门和全社会做好发展农业和为发展农业服务的各项工作。

国务院农业行政主管部门主管全国农业和农村经济发展工作，国务院林业行政主管部门和其他有关部门在各自的职责范围内，负责有关的农业和农村经济发展工作。

县级以上地方人民政府各农业行政主管部门负责本行政区域内的种植业、畜牧业、渔业等农业和农村经济发展工作，林业行政主管部门负责本行政区域内的林业工作。县级以上地方人民政府其他有关部门在各自的职责范围内，负责本行政区域内有关的为农业生产经营服务的工作。

(2)《农业法》第二十九条 国家支持发展农产品加工业和食品工业，增加农产品的附加值。县级以上人民政府应当制定农产品加工业和食品工业发展规划，引导农产品加工企业形成合理的区域布局和规模结构，扶持农民专业合作经济组织和乡镇企业从事农产品加工和综合开发利用。

国家建立健全农产品加工制品质量标准，完善检测手段，加强农产品加工过程中的质量安全管理和监督，保障食品安全。

法条

第四十五条 国家鼓励粮食主产区和主销区以多种形式建立稳定的产销关系，鼓励粮食主销区的企业在粮食主产区建立粮源基地、加工基地和仓储物流设施等，促进区域粮食供求平衡。

法条释义

本法第四十五条明确规定，国家鼓励通过粮食加工协作的方式，稳定粮食产销关系，促进粮食产销关系利益平衡。概括而言：(1)国家鼓励粮食主产区和主销区以多种形式建立稳定的产销关系；(2)国家鼓励粮食主销区的企业在粮食主产区建立粮源基地、加工基地和仓储物流设施等，是稳定产销关系的重要形式之一；(3)建立稳定的产销关系的目的是促进区域粮食供求平衡。

一、国家鼓励粮食主产区和主销区以多种形式建立稳定的产销关系

1. 关于粮食主产区和主销区的范围

在我国，粮食主产区和粮食主销区的划分源于2001年粮食流通体制改革。截至2023年年底，全国被划分为13个粮食主产区、7个主销区和11个基本平衡区。我国粮食主产区为黑龙江、吉林、辽宁、河南、内蒙古、河北、安徽、山东、四川、湖南、湖北、江苏、江西13个省份。主销区为北京、天津、上海、浙江、福建、广东、海南7个省市。基本平衡区为山西、广西、贵州、重庆、云南、西藏、陕西、甘肃、青海、宁夏、新疆11个省、自治区。粮食主产区是粮食生产的核心区，其粮食生产状况直接关涉国家粮食安全。据统计，全国75%的粮食产量、80%以上的商品粮、90%以上的调出量来自13个主产省。对于粮食主产区，政府鼓励其增加粮食生产，并为其提供必要的政策、技术和金融支持，以提高农业生产效率和增产，主产区可以采取合理的农业管理措施，优化农作物品种结构和种植布局，从而提高粮食产量和质量。对于粮食主销区，政府鼓励其积极开拓市场渠道，制定合理的价格政策，提高粮食采购能力，保障粮食市场的稳定供应。主销区可以与主产区建立长期合作关系，确保稳定的供应来源，并推动粮食流通环节的规范化与现代化。

2. 通过多种形式，建立粮食主产区与主销区协作机制

根据《粮食流通管理条例》《国家粮食安全中长期规划纲要（2008—2020 年）》的相关规定，多种形式产销协作包括粮食主产区与主销区之间的生产、收购、储备、加工、物流运输等协作行为。譬如，铁路和交通部门要加强对跨区域粮食运输的组织、指导和协调，优先安排履行产销合作协议的粮食运输；粮食主销区要支持销区的粮食企业到产区建立粮食生产基地，参与产区粮食生产、收购并定向运往销区；鼓励产区粮食企业到销区建立粮食销售网络，保证销区粮食供应；主产区粮食企业在销区建立物流配送中心和仓储设施的，主销区地方人民政府要给予必要支持。

产销协作是一种利益补偿机制，在利益补偿机制中，除中央政府的转移支付外，还应在中央政府组织协调下，建立起粮食主产区与主销区之间的以财政经济为纽带的产销协作关系，主销区向主产区提供与粮食输入规模相适应的财政补贴资金，或者投资粮食生产建设。中央政府作为统筹全局的主体，当粮食主产区政府为了国家粮食安全战略而主要以粮食生产为业时，其享受由此带来的政治、经济和社会上的好处；而主销区作为粮食的主要销售地，由主产区政府为其提供粮食，得以让主销区政府能够集中辖区内的所有资源来大力发展经济效益高的第二、第三产业。因此，粮食主销区应当按照“谁受益，谁补偿”的原则对粮食主产区政府的利益损失予以一定程度的补偿。立法应当鼓励主销区与主产区建立长期稳定互利互惠的区域合作机制。一方面，将粮食储备向主销区转移，减轻主产区粮食储备负担；另一方面，粮食加工企业尽量建在主产区以延长生产链条，把粮食增值收益留在主产区。

3. 建立稳定的产销关系，促使粮食主产区和主销区实现互利共赢

通过建立稳定的产销关系，主产区能够获得稳定的销售渠道和价格保障，从而增加农民收入，提高农民的积极性和生产热情。

主销区则能够获得稳定的粮食供应量，以此满足消费需求、稳定粮食市场价格。

二、国家鼓励粮食主销区的企业在粮食主产区建立粮源基地、加工基地和仓储物流设施等

粮食主产区和主销区借助粮食加工加强产销协作，是建立稳定产销关系的一种重要形式。本质上，这是鼓励培育生产、收购、储存、加工、销售一体化的粮食企业，支持建设粮食生产、加工、物流基地或者园区。

国家鼓励粮食主销区的企业在粮食主产区建立粮源基地、加工基地和仓储物流设施，意味着政府支持粮食主销区的企业将其生产基地和物流设施建设更多地放在粮食主产区，以便更有效地获取原料、进行加工并进行仓储和物流管理，降低粮食的运输成本和损耗，同时加强粮食加工和仓储能力。

三、建立稳定的产销关系的目的是促进区域粮食供求平衡

国家鼓励粮食主产区和主销区以多种形式建立稳定的产销关系，旨在促进区域粮食供求平衡。政府支持建立稳定的合作机制和贸易渠道，使粮食从主产区流向主销区，满足主销区的粮食需求，避免粮食出现在主产区过剩或在主销区短缺的情况，实现区域粮食供给与需求平衡。

相关规定

(1)《农业法》第三十二条　国家在政策、资金、技术等方面对粮食主产区给予重点扶持，建设稳定的商品粮生产基地，改善粮食收贮及加工设施，提高粮食主产区的粮食生产、加工水平和经济效益。

国家支持粮食主产区与主销区建立稳定的购销合作关系。

(2)《粮食流通管理条例》第三十一条　国家鼓励粮食主产区和主销区以多种形式建立稳定的产销关系，鼓励培育生产、收购、储存、加工、销售一体化的粮食企业，支持建设粮食生产、加工、物流基地或者园区,加强对政府储备粮油仓储物流设施的保护,鼓励发展订单农业。在执行政策性收储时国家给予必要的经济优惠,并在粮食运输方面给予优先安排。

法条

第四十六条　国家支持建设粮食加工原料基地、基础设施和物流体系,支持粮食加工新技术、新工艺、新设备的推广应用。

法条释义

本法第四十六条原则性规定了国家对粮食加工的支持机制。概括而言,本条分别规定了以下两项具体支持机制:(1)国家支持建设粮食加工原料基地、基础设施和物流体系;(2)国家支持粮食加工新技术、新工艺、新设备的推广应用。

一、国家支持建设粮食加工原料基地、基础设施和物流体系

本条规定是国家对粮食加工的基础条件的支持:(1)支持粮食加工原料基地建设。政府鼓励在适宜地区建设粮食加工原料基地,以便供应足够数量和质量的粮食原料给加工企业。这些基地的建设将有助于提高粮食加工的稳定性和可持续性,并为粮食产业链的发展提供坚实的基础。(2)支持基础设施建设。政府支持完善粮食加工业的基础设施,包括道路、仓储设施、电力和水源等。优质的基础设施能够提高粮食加工的效率和运作质量,降低成本,并推动粮食产业的发展。(3)支持物流体系建设。政府鼓励并支持建立高效的粮食物流体系,包括供应链管理、仓储、运输和配送等环节。通过提升物流效率和减少粮食损耗,可以保证粮食原料的及时采购、加工和销售,同时提高产品品质和市场竞争力。

建设粮食加工原料基地、基础设施和物流体系的政策旨在促进粮食产业结构优化,提高附加值和经济效益。通过这些措施,可以促进粮食深度加工、产品升级和市场开拓,为农民增加收入,推动农村经济发展，并提高国家粮食安全水平。

二、国家支持粮食加工新技术、新工艺、新设备的推广应用

本条规定是国家对粮食加工的科技方面的支持，表明政府致力推动粮食加工业的创新与发展。(1)支持粮食加工新技术。政府鼓励投入资金和资源用于研发和应用新的粮食加工技术。这些新技术包括先进的加工方法、智能化控制系统、传感器技术、数据分析等，以提高生产效率、降低能耗和减少环境影响。(2)支持粮食加工新工艺。政府支持创新粮食加工工艺，以提高产品质量和市场竞争力。新工艺包括新型的烘干、蒸煮、研磨、浸泡等工艺方法，有助于保留粮食的营养成分，改善产品口感和品质。(3)支持粮食加工新设备。政府鼓励引进和开发新型的粮食加工设备和机械。这些新设备采用先进的工程设计、自动化技术和智能控制，能够提高生产效率，降低劳动成本，并确保加工过程的安全性和卫生标准。

通过支持粮食加工新技术、新工艺和新设备的推广应用，政府旨在推动粮食加工业实现技术创新、产业升级和提质增效，有助于提高产品附加值、扩大市场份额、促进农产品深加工和品牌建设。此外，新技术、新工艺和新设备的应用还可以提高加工效率和产品安全性，提供更多就业机会，并推动农村经济的发展，其最终目标是通过技术创新和科技进步，提高粮食加工业的竞争力和可持续发展能力，为国家粮食产业的发展作出贡献。

相关规定

《农业法》第三十二条　国家在政策、资金、技术等方面对粮食主产区给予重点扶持，建设稳定的商品粮生产基地，改善粮食收贮及加工设施，提高粮食主产区的粮食生产、加工水平和经济效益。

国家支持粮食主产区与主销区建立稳定的购销合作关系。

第七章　粮 食 应 急

法条

> **第四十七条**　国家建立统一领导、分级负责、属地管理为主的粮食应急管理体制。
>
> 县级以上人民政府应当加强粮食应急体系建设，健全布局合理、运转高效协调的粮食应急储存、运输、加工、供应网络，必要时建立粮食紧急疏运机制，确保具备与应急需求相适应的粮食应急能力，定期开展应急演练和培训。

法条释义

本法第四十七条是关于建立粮食应急管理体制机制的规定。概括而言，按照主体不同，建立健全粮食应急管理体制机制分为中央和地方人民政府两级：(1)国家建立统一领导、分级负责、属地管理为主的粮食应急管理体制；(2)县级以上人民政府建立健全粮食应急体系，包括健全粮食应急储存、运输、加工、供应网络，建立粮食紧急疏运机制，以及定期开展应急演练和培训。

一、本条第一款是关于国家建立粮食应急管理体制的规定

我国《突发事件应对法》是应对所有类型突发事件的基本法律规范，该法规定对突发事件的预防与应急准备、监测与预警、应急处置与救援、事后恢复与重建等。其第四条规定，国家建立统一领导、综合协调、分类管理、分级负责、属地管理为主的应急管理体制。针对粮食领域的应急管理，国家根据《突发事件应对法》第四条的原则性规定，建立统一领导、分级负责、属地管理为主的粮食应急管理体制。

《国家粮食应急预案》将“统一领导、分级负责”解释为，在国务院统一领导下，对不同等级的粮食应急工作，由中央和省级人民政府按照中央和地方的粮食事权各负其责。“属地管理”在《国家粮食应急预案》中没有体现，但在《突发事件应对法》的原则性条款中有规定。该管理体制具体含义如下：(1)统一领导，是指在粮食应急管理方面国务院负责协调与规划全国范围内的粮食应急工作，保证粮食应急管理的统一性和高效性，以应对突发的粮食安全问题。(2)分级负责，是指为了能够在各级责任单位之间实现信息共享、协同作战、资源整合等方面的有效合作，提高应急响应能力，国家在不同行政区域内，设立省级、地(市)级、县(区)级不同层级、上下分明的相应粮食应急管理机构。(3)属地管理，是指根据各地的实际情况和需求，各级政府采取针对性的粮食应急措施，将粮食应急管理的责任下放到具体的地方层面，由地方政府和相关部门负责执行，确保及时有效地处理各种粮食安全问题。

二、本条第二款是关于县级以上人民政府建立健全粮食应急体系的规定

1. 县级以上人民政府应当加强粮食应急体系建设，健全布局合理、运转高效协调的粮食应急储存、运输、加工、供应网络

建立健全粮食应急体系的主体是县级以上人民政府，包括县(区)级、地(市)级、省级人民政府以及国务院。在粮食应急管理中，各级政府层面应加强对粮食应急系统的建设与管理，确保其在储存、运输、加工和供应环节的合理布局并能够高效、协调地运作。

(1)粮食应急储存，是指在应急情况下能够提供足量粮食的储备体系。地方政府应合理规划粮食仓储设施的分布，确保覆盖区域的完整性和有效性。储存设施应按照标准进行建设，包括仓

库、冷藏库等,以确保粮食质量和安全。

(2)粮食应急运输,是指在应急情况下快速、高效地将粮食从储存地点运送至有需要的地方。地方政府应落实相关的运输设施和基础建设,确保畅通的道路、铁路、水路或航空运输网络,以便及时响应和满足粮食应急需求。

(3)粮食应急加工,是指在应急情况下能够迅速进行粮食初加工的设施与机构。地方政府应建立一定规模的粮食加工厂、磨坊、面点作坊等基础设施,并提供必要的技术指导和支持,以确保在突发情况下能够高效快速地加工供应可食用的粮食产品。

(4)粮食应急供应,是指在应急情况下能够向受灾地区或紧急事项区域供应足够的粮食。

2.必要时建立粮食紧急疏运机制,确保具备与应急需求相适应的粮食应急能力

为确保人们在紧急情况下能够得到足够的粮食供应,并避免粮食短缺导致的蔓延风险,在出现紧急情况或应急需求时,要对粮食进行及时、高效的运输和调配,提升粮食应急保障能力。

(1)提高响应速度:建立紧急疏运机制有助于政府在粮食紧缺或灾害等突发事件发生时,作出更快的响应,迅速组织粮食的调拨和运输。例如,在自然灾害期间,如洪水、干旱或地震,通过紧急疏运机制,政府和相关机构可以迅速将粮食运送到受灾地区,满足当地居民的基本需求。

(2)加强资源调配:政府建立紧急疏运机制能够及时调配资源,包括收集、储存并分配粮食,满足应急状态下人们对粮食的需求。

3.定期开展应急演练和培训

开展粮食应急管理培训有助于增强有关人员的风险防范意识,切实增强对粮食应急管理工作的认识水平。同时,组织相关人员开展粮食应急演练,帮助大家熟悉掌握粮食应急预案的响应和

处置程序，切实锻炼粮食应急队伍，检验粮食应急预案的科学性和可操作性，进一步增强应对和处置粮食突发事件的能力。

《国家粮食应急预案》对培训、演练作出规定：国务院有关部门（单位）和省级人民政府有关部门要加强对该预案及本省（区、市）粮食应急预案的学习培训，并结合日常工作进行演练，尽快形成一支熟悉日常业务管理，能够应对各种突发公共事件的训练有素的专业化队伍，保障各项应急措施的贯彻落实。

《突发事件应对法》也对应急演练和培训分别作出了规定：首先，县级人民政府及其有关部门、乡级人民政府、街道办事处应当组织开展应急知识的宣传普及活动和必要的应急演练。居民委员会、村民委员会、企业事业单位应当根据所在地人民政府的要求，结合各自的实际情况，开展有关突发事件应急知识的宣传普及活动和必要的应急演练。其次，县级以上人民政府应当建立健全突发事件应急管理培训制度，对人民政府及其有关部门负有处置突发事件职责的工作人员定期进行培训。

相关规定

（1）《突发事件应对法》第四条　国家建立统一领导、综合协调、分类管理、分级负责、属地管理为主的应急管理体制。

（2）《突发事件应对法》第二十五条　县级以上人民政府应当建立健全突发事件应急管理培训制度，对人民政府及其有关部门负有处置突发事件职责的工作人员定期进行培训。

（3）《突发事件应对法》第二十九条　县级人民政府及其有关部门、乡级人民政府、街道办事处应当组织开展应急知识的宣传普及活动和必要的应急演练。

居民委员会、村民委员会、企业事业单位应当根据所在地人民政府的要求，结合各自的实际情况，开展有关突发事件应急知识的宣传普及活动和必要的应急演练。

新闻媒体应当无偿开展突发事件预防与应急、自救与互救知识的公益宣传。

(4)《粮食流通管理条例》第三十三条 国家建立突发事件的粮食应急体系。国务院发展改革部门及国家粮食和储备行政管理部门会同国务院有关部门制定全国的粮食应急预案,报请国务院批准。省、自治区、直辖市人民政府根据本地区的实际情况,制定本行政区域的粮食应急预案。

法条

第四十八条 国务院发展改革、粮食和储备主管部门会同有关部门制定全国的粮食应急预案,报请国务院批准。省、自治区、直辖市人民政府应当根据本行政区域的实际情况,制定本行政区域的粮食应急预案。

设区的市级、县级人民政府粮食应急预案的制定,由省、自治区、直辖市人民政府决定。

法条释义

本法第四十八条规定了粮食应急预案的具体机制。

概括而言,按照主体不同,本条规定了粮食应急预案由国务院到省级人民政府,再到设区的市级、县级人民政府的制定情形。具体包括三个层面:(1)国家发展和改革委员会、国家粮食和物资储备局会同有关部门制定全国粮食应急预案;(2)省、自治区、直辖市人民政府制定本行政区域的粮食应急预案;(3)地(市)级、县(区)级人民政府制定所辖区域的粮食应急预案。

一、国务院发展改革、粮食和储备主管部门会同有关部门制定全国的粮食应急预案,报请国务院批准

2005年《国家粮食应急预案》的制定主体是国务院办公厅,此次法律明确了全国粮食应急预案的制定主体是国家发展和改革委员会以及其所属的副部级机构国家粮食和物资储备局。国家粮食和物资储备局是牵头单位，也是预案制定的直接负责单位，在制定粮食应急预案时，它可以会同宣传部门、财政部门、民政部门、商务部、公安部、教育部等有关部门[①]对全国粮食应急预案予以研判，进而提出科学、可行的应急方案。

为确保国家粮食安全，在应对突发情况时能够快速、有效地采取措施，预案将包括各类应急情况的预警机制、应对措施以及调配和储备粮食的具体安排等内容。制定完毕后，该粮食应急预案将会提交给国务院，需要国务院批准。国务院作为我国中央政府的执行机关，负责国家的宏观管理和行政决策，对于重要政策文件的审批具有权威性。

国务院批准之后，粮食应急预案将正式生效，并由相关部门负责落实执行。这将有助于保障国家的粮食供应和储备体系在紧急情况下的运转，确保人民群众的基本生活需求得到满足。

二、省、自治区、直辖市人民政府应当根据本行政区域的实际情况，制定本行政区域的粮食应急预案

为了更好地适应各地不同的自然和社会条件，确保地方粮食安全，并能够在应对紧急情况时采取及时有效的措施，根据国家相关法律法规的规定，省、自治区、直辖市人民政府应当根据本行政区域的实际情况制定本行政区域的粮食应急预案。

制定本行政区域的粮食应急预案的主体是省、自治区、直辖市人民政府。该预案包括但不限于灾害性天气等突发情况下的粮食供应保障、调控措施、储备粮调配等具体安排。地方政府可以根据实际需要和情况，在国家粮食应急预案基础上进行细化、完善和补

① 参照青海省粮食局等多部门联合制定的《青海省粮食应急预案实施细则》(青粮办〔2007〕137号)，有关部门包括青海省委宣传部、发展改革委、经济委员会、财政厅、民政厅、商务厅、公安厅、教育厅、工商局、质量技术监督局和中国农业发展银行青海省分行。

充，以确保应急措施更贴近本地区的具体情况。通过制定本地区的粮食应急预案，地方政府能够更好地应对突发情况，保障本地区粮食供应的稳定性和安全性，以满足人民群众的基本生活需求。

三、设区的市级、县级人民政府粮食应急预案的制定，由省、自治区、直辖市人民政府决定

设区的市级、县级人民政府粮食应急预案的制定，由上级政府即省、自治区、直辖市人民政府决定。这意味着对于是否制定，省一级政府有决定权。省一级政府对下级行政区域的粮食应急预案制定具有权威性决定权，下级政府需要根据省一级政府的要求和指导进行制定。

在这种情况下，设区的市级、县级人民政府须遵循省一级政府的指导方针和要求，结合本地区的实际情况、资源分布、灾害风险等因素，制定本地区的粮食应急预案。这些预案可能会根据本地区的特点和需求进行个性化的调整和完善，以确保在突发情况下能够快速、有效地采取相应的应对措施，并保障本地区的粮食供应安全。

总之，省一级政府扮演着引领和协调的角色，以确保各级政府在粮食应急预案的制定中都能够达到统一标准和目标，以应对紧急情况并保障粮食供应的稳定性。

相关规定

(1)《突发事件应对法》第十七条　国家建立健全突发事件应急预案体系。

国务院制定国家突发事件总体应急预案，组织制定国家突发事件专项应急预案；国务院有关部门根据各自的职责和国务院相关应急预案，制定国家突发事件部门应急预案。

地方各级人民政府和县级以上地方各级人民政府有关部门根据有关法律、法规、规章、上级人民政府及其有关部门的应急预案以及本地区的实际情况，制定相应的突发事件应急预案。

应急预案制定机关应当根据实际需要和情势变化，适时修订应急预案。应急预案的制定、修订程序由国务院规定。

(2)《突发事件应对法》第十八条　应急预案应当根据本法和其他有关法律、法规的规定，针对突发事件的性质、特点和可能造成的社会危害，具体规定突发事件应急管理工作的组织指挥体系与职责和突发事件的预防与预警机制、处置程序、应急保障措施以及事后恢复与重建措施等内容。

(3)《粮食流通管理条例》第三十三条　国家建立突发事件的粮食应急体系。国务院发展改革部门及国家粮食和储备行政管理部门会同国务院有关部门制定全国的粮食应急预案，报请国务院批准。省、自治区、直辖市人民政府根据本地区的实际情况，制定本行政区域的粮食应急预案。

(4)《粮食流通管理条例》第三十四条　启动全国的粮食应急预案，由国务院发展改革部门及国家粮食和储备行政管理部门提出建议，报国务院批准后实施。

启动省、自治区、直辖市的粮食应急预案，由省、自治区、直辖市发展改革部门及粮食和储备行政管理部门提出建议，报本级人民政府决定，并向国务院报告。

设区的市级、县级人民政府粮食应急预案的制定和启动，由省、自治区、直辖市人民政府决定。

法条

第四十九条　国家建立粮食市场异常波动报告制度。发生突发事件，引起粮食市场供求关系和价格异常波动时，县级以上地方人民政府发展改革、农业农村、粮食和储备、市场监督管理等主管部门应当及时将粮食市场有关情况向本级人民政府和上一级人民政府主管部门报告。

法条释义

本法第四十九条是关于粮食市场异常波动报告制度的规定。概括而言，国家建立粮食市场异常波动报告制度。对于粮食市场异常波动报告制度可从三个方面来理解：(1)报告主体是县级以上地方人民政府发展改革、农业农村、粮食和储备、市场监督管理等主管部门；(2)报告对象是本级人民政府和上一级人民政府主管部门；(3)报告时点是发生突发事件，引起粮食市场供求关系和价格异常波动时。

一、报告主体为县级以上地方人民政府发展改革、农业农村、粮食和物资储备、市场监督管理等主管部门

县级以上地方人民政府发展改革、农业农村、粮食和物资储备、市场监督管理等主管部门有及时汇报、沟通和协调的义务，其可以提供准确、全面的信息，使其本级政府和上一级政府发展改革、农业农村、粮食和物资储备、市场监督管理等主管部门及时了解粮食市场的动态，并能够采取必要的措施来维护市场稳定和粮食供应安全。

二、报告对象为本级人民政府和上一级人民政府主管部门

与报告主体相对应的主体，是本级人民政府和上一级人民政府发展改革、农业农村、粮食和物资储备等主管部门。及时报告有助于本级人民政府和上一级政府主管部门做好粮食安全风险防范和粮食市场宏观调控工作，预防可能的供需不平衡、价格异常波动等问题，并确保粮食的供应和价格稳定。

三、报告时点是发生突发事件，引起粮食市场供求关系和价格异常波动时

突发事件易引起粮食市场供不应求和价格异常波动。突发事件包括洪水、地震以及其他严重自然灾害，重大传染性疫情、群体性不明原因疾病、重大食物中毒和职业中毒等突发公共卫生事件，以及贸易变动等与粮食相关的紧急事态。

相关规定

《粮食流通管理条例》第三十二条　在重大自然灾害、重大疫情或者其他突发事件引起粮食市场供求异常波动时，国家实施粮食应急机制。

法条

第五十条　县级以上人民政府按照权限确认出现粮食应急状态的，应当及时启动应急响应，可以依法采取下列应急处置措施：

（一）本法第四十条规定的措施；

（二）增设应急供应网点；

（三）组织进行粮食加工、运输和供应；

（四）征用粮食、仓储设施、场地、交通工具以及保障粮食供应的其他物资；

（五）其他必要措施。

必要时，国务院可以依照《中华人民共和国价格法》的规定采取相应措施。

出现粮食应急状态时，有关单位和个人应当服从县级以上人民政府的统一指挥和调度，配合采取应急处置措施，协助维护粮食市场秩序。

因执行粮食应急处置措施给他人造成损失的，县级以上人民政府应当按照规定予以公平、合理补偿。

法条释义

本法第五十条规定了粮食应急处置措施。概括而言，粮食应急状态下的应对行为包括：(1)县级以上人民政府采取应急处置措施，必要时国务院采取相应价格措施；(2)有关单位和个人配合采取应急处置措施；(3)执行粮食应急处置措施造成损失的，政府予以补偿。

一、本条第一款和第二款明确县级以上人民政府按照权限采取粮食应急处置措施,包括必要时国务院采取相应价格措施

《国家粮食应急预案》所指的粮食应急状态,是指因各类突发公共事件或者其他原因,引起国内粮食供求关系突变,在较大地域范围内出现群众大量集中抢购、粮食脱销断档、价格大幅上涨等粮食市场急剧波动的状况。当出现粮食应急状态时,有关省级粮食应急工作指挥部应立即进行研究分析,指导有关地区迅速采取措施稳定市场。确认出现省级(Ⅱ级)粮食应急状态时,要按照本省(区、市)粮食应急预案的规定,立即作出应急反应,对应急工作进行安排部署,并向国家粮食应急工作指挥部办公室报告。接到省级粮食应急工作指挥部紧急报告后,国家粮食应急工作指挥部应立即组织有关人员迅速掌握分析有关情况,并作出评估和判断,确认出现国家级(Ⅰ级)粮食应急状态时,要按照该预案的规定,迅速做出应急响应。

县级以上人民政府,包括县(区)级、地(市)级、省级以及国务院,在及时启动应急响应后,依照相应的法律法规采取粮食应急处置措施。这些措施的适用情形包括一般情形和必要情形,旨在保障民众的基本生活需求,确保粮食供应充足稳定,并防止粮食价格过高或市场恶性竞争。

1. 本条第一款规定了一般情形下的粮食应急处置措施

一般情形,是指粮食市场供求和价格出现变化时,政府可以采取措施,其包括但不限于调配和配置储备粮食、加强对粮食生产、储存和流通环节的监管、调整市场机制以促进粮食供给等。政府可能还会推出一系列政策和措施,如提供补贴支持、运输优先、市场调节等手段,以维护粮食市场稳定。本条具体列出了以下4个措施和1个兜底措施:(1)根据本法第四十条第一款的规定,县级以上人民政府及其有关部门可以按照权限采取发布粮食市场信息、实行政策性粮食收储和销售、要求执行特定情况下的粮食库存量、组织投放储备粮食、引导粮食加工转化或限制粮食深加工用粮数量等措施；(2)增设粮食应急供应网点；(3)组织进行粮食加工、运输和供应；(4)征用粮食、仓储设施、场地、交通工具以及保障粮食供应的其他物资。

2. 本条第二款规定了国务院在必要时采取的粮食应急处置措施

根据我国《价格法》第二十九条、第三十条、第三十一条的规定，“必要时”，是指当粮食市场价格总水平出现剧烈波动等异常状态时，国务院在必要情形下可以在全国范围内或者部分区域内采取下列价格措施：(1)执行粮食收购价格保护；(2)对部分价格限定差价率或者利润率、规定限价、实行提价申报制度和调价备案制度；(3)临时集中定价权限、部分或者全面冻结价格。

二、本条第三款是有关单位和个人对粮食应急处置措施的配合和协助义务

“有关单位和个人”，是指与粮食生产、流通、储备和消费等环节相关的各个组织、机构、企业和个人，具体包括：粮食生产单位，如农民、农业合作社、农场、种植园等；粮食流通单位，如粮油加工企业、批发商、零售商、市场经营者等；粮食储备单位，如粮库、仓储企业、储备粮管理部门等；监管部门和行政机构，如食品安全监管部门、农业部门、商务部门、物价部门等；其他相关行业和群体，如运输企业、销售渠道、消费者等。

当出现粮食应急状态时，有关单位和个人应当遵守县级以上人民政府制定的应急方案和措施，主动配合执行。他们应当按照政府的要求参与粮食调度、储备或分发工作，确保粮食的正常流通和供给。同时，有关单位和个人还应积极配合政府加强粮食市场秩序的维护，包括配合做好价格监测，打击倒卖、操纵市场行为，以及举报违法违规行为等。维护粮食市场秩序对于保障公平交易、防止恶性竞争、维护粮食供应稳定具有重要意义，通过有关单位和个人服从指挥调度、配合采取应急处置措施、协助维护粮食市场秩序，可以协同政府的努力，有效地处理粮食应急情况，并确保粮食供应和市场的正常运行。

三、本条第四款是政府采取粮食应急处置措施造成损失后的补偿规定

政府采取粮食应急处置措施，可能涉及农民的种植收益、粮食流通企业的经营利润、储备粮库的存储管理等方面的合法权益。本条款着眼政府依法行使粮食紧急状态处置权，对于私主体权利造成侵害时，应依法给予合理的补偿及救济。如果政府采取的应急措施导致其他单位或个人遭受了经济损失，政府应当承担责任并进行适当的补偿，以此平衡政府应急处置措施的行使权与受损市场主体的合法权益之间的关系，确保处置粮食应急问题时的公平性和稳定性。

《突发事件应对法》第十二条规定，有关人民政府及其部门为应对突发事件，可以征用单位和个人的财产。被征用的财产在使用完毕或者突发事件应急处置工作结束后，应当及时返还。财产被征用或者征用后毁损、灭失的，应当给予补偿。具体的补偿标准和程序应当依据国家和各地制定的相关政策文件规定来执行，譬如，国家粮食和储备部门、农业农村部门等会发布具体的粮食应急处置指南和政策文件，明确应急响应级别、处置程序、补偿标准等细则。

在实际操作中，县级以上人民政府会依据以上法律法规和政策文件的要求来制定应急方案，并进行相应的补偿安排。具体实施和操作细节会根据当地的具体情况、应急状态以及相关部门的指导进行调整和执行，以确保补偿过程公平、透明、合理，并使个人能够得到合理的经济补偿。

相关规定

（1）《突发事件应对法》第十二条　有关人民政府及其部门为

应对突发事件，可以征用单位和个人的财产。被征用的财产在使用完毕或者突发事件应急处置工作结束后，应当及时返还。财产被征用或者征用后毁损、灭失的，应当给予补偿。

（2）《价格法》第二十九条　政府在粮食等重要农产品的市场购买价格过低时，可以在收购中实行保护价格，并采取相应的经济措施保证其实现。

（3）《价格法》第三十条　当重要商品和服务价格显著上涨或者有可能显著上涨，国务院和省、自治区、直辖市人民政府可以对部分价格采取限定差价率或者利润率、规定限价、实行提价申报制度和调价备案制度等干预措施。

省、自治区、直辖市人民政府采取前款规定的干预措施，应当报国务院备案。

（4）《价格法》第三十一条　当市场价格总水平出现剧烈波动等异常状态时，国务院可以在全国范围内或者部分区域内采取临时集中定价权限、部分或者全面冻结价格的紧急措施。

（5）《粮食流通管理条例》第三十五条　粮食应急预案启动后，粮食经营者必须按照国家要求承担应急任务，服从国家的统一安排和调度，保证应急的需要。

法条

第五十一条　粮食应急状态消除后，县级以上人民政府应当及时终止实施应急处置措施，并恢复应对粮食应急状态的能力。

法条释义

本法第五十一条规定了粮食应急处置措施终止的具体要求。本条呼应本法第五十条规定的由县级以上人民政府采取粮食应急处置措施，该行为可以被看作政府行使的一种特殊的公权力，即政府应对紧急状态处置权。它是指政府在面临粮食应急状态时采取特殊处置措施的权力，在维护社会安全和国家利益方面起到至关重要的作用。但是该权力的行使需要具备法律依据，遵循一定的条件。因此，立法应当对该权力的行使边界予以限制，当粮食应急状态消除后，及时终止粮食应急状态处置。

概括而言，粮食应急处置措施终止包括三个方面的内容：(1)终止实施粮食应急处置措施的主体是县级以上人民政府；(2)终止实施粮食应急处置措施的时点是粮食应急状态消除之后；(3)终止实施粮食应急处置措施后的举措是恢复应对粮食应急状态的能力。

一、终止实施粮食应急处置措施的主体是县级以上人民政府

具体而言，县级以上人民政府包括县(区)级、地(市)级、省级人民政府以及国务院。

二、终止实施粮食应急处置措施的时点是粮食应急状态消除之后

一旦粮食供应紧张或中断的紧急情况得到有效解决，县级以上人民政府将根据实际情况和评估结果，作出相应决策来终止应急处置措施。这包括停止储备粮食调配、取消临时限制措施等。

三、终止实施粮食应急处置措施后的举措是恢复应对粮食应急状态的能力

政府还会采取措施恢复应对粮食应急状态的能力。譬如，加强粮食生产、提升储备粮食管理能力、改进市场监管机制等方面的工作。通过提高各个环节的应急响应能力和建立健全粮食管理体系，可以更好地预防和应对潜在的粮食应急情况。恢复应对粮食应急状态的能力有助于未来及时应对类似的紧急情况，保障粮食供应的稳定性和安全性。政府需要不断总结经验教训，加强粮食安全管理与应急准备，以提高对粮食应急状态的处理能力。

相关规定

(1)《突发事件应对法》第五十八条　突发事件的威胁和危害

得到控制或者消除后，履行统一领导职责或者组织处置突发事件的人民政府应当停止执行依照本法规定采取的应急处置措施，同时采取或者继续实施必要措施，防止发生自然灾害、事故灾难、公共卫生事件的次生、衍生事件或者重新引发社会安全事件。

(2)《突发事件应对法》第五十九条　突发事件应急处置工作结束后，履行统一领导职责的人民政府应当立即组织对突发事件造成的损失进行评估，组织受影响地区尽快恢复生产、生活、工作和社会秩序，制定恢复重建计划，并向上一级人民政府报告。

受突发事件影响地区的人民政府应当及时组织和协调公安、交通、铁路、民航、邮电、建设等有关部门恢复社会治安秩序，尽快修复被损坏的交通、通信、供水、排水、供电、供气、供热等公共设施。

(3)《价格法》第三十二条　依照本法第三十条、第三十一条的规定实行干预措施、紧急措施的情形消除后，应当及时解除干预措施、紧急措施。

第八章　粮 食 节 约

法条

第五十二条　国家厉行节约，反对浪费。县级以上人民政府应当建立健全引导激励与惩戒教育相结合的机制，加强对粮食节约工作的领导和监督管理，推进粮食节约工作。

县级以上人民政府发展改革、农业农村、粮食和储备、市场监督管理、商务、工业和信息化、交通运输等有关部门，应当依照职责做好粮食生产、储备、流通、加工、消费等环节的粮食节约工作。

法条释义

本法第五十二条规定了国家粮食节约工作的具体工作机制。概括而言，本条第一款首先提出国家厉行节约，反对浪费的原则性规定，进而规定县级以上人民政府推进粮食节约工作的具体措施。第二款聚焦县级以上人民政府发展改革、农业农村、粮食和储备、市场监督管理、商务、工业和信息化、交通运输等有关部门，明确其粮食节约工作职责。

一、县级以上人民政府的领导和监督管理职责

为更好地推进粮食节约工作，减少粮食浪费，提高粮食利用效率，以实现可持续发展的目标，县级以上人民政府包括县（区）级、地（市）级、省级人民政府以及国务院，通过下列具体措施，建立健全引导激励与惩戒教育相结合的机制，加强对粮食节约工作的领导和监督管理:(1)推进粮食节约宣传教育。政府通过开展培训、宣传活动等方式,加大对粮食节约知识的宣传力度,提高公众对粮食节约意识的认识和重视程度。(2)政府制定相关奖励政策,鼓励个人、企事业单位和组织在工作或生活中尽可能减少粮食浪费。同时,设立相应的惩处机制,对违法浪费粮食行为进行批评、警告和处罚。(3)政府加强对粮食节约工作的领导和指导,明确责任分工,建立科学的执行机制;同时,要加强对各级单位和个人的职责管理,确保粮食节约政策的执行。(4)政府通过引进科学技术和先进设备等手段,加强技术支持,提升粮食生产、加工和储存的效率,降低粮食损耗和浪费。(5)政府建立完善的监督机制,定期评估和检查粮食节约工作的实施情况,发现问题及时进行整改,确保粮食资源的有效利用。

二、县级以上人民政府有关部门的具体工作职责

县级以上人民政府发展改革、农业农村、粮食和储备、市场监督管理、商务、工业和信息化、交通运输等有关部门,依照各部门职责做好粮食生产、储备、流通、加工、消费等环节的粮食节约工作。具体而言:(1)发展改革部门负责制定和实施粮食节约政策和措施,制定规范和标准,促进资源优化配置;(2)农业农村部门加强粮食种植结构调整,提高农业生产效益,推广耕地水肥一体化和精细化管理技术,减少损耗和浪费;(3)粮食和物资储备部门负责建立粮食储备体系,合理规划粮食储备数量,并确保储备粮食的质量和有效利用;(4)市场监督管理部门加强对市场粮食质量和安全的监督检查,打击假冒伪劣粮食产品,促进市场秩序健康发展;(5)商务部门加强与国际粮食组织和外国粮食相关部门的合作,拓宽粮食进口渠道,保障国家粮食安全;(6)工业和信息化部门提高农产品加工技术,推动农产品加工产业升级,减少粮食加工损耗;(7)交通运输部门优化物流运输网络,提高运输效率,减少粮食在运输过程中的损耗和浪费。各有关部门应加强协作配合,形成联动机制，确保粮食节约工作的全面推进，实现粮食资源的有效利用，促进粮食生产和消费的可持续发展。

相关规定

(1)《反食品浪费法》第三条　国家厉行节约，反对浪费。

国家坚持多措并举、精准施策、科学管理、社会共治的原则，采取技术上可行、经济上合理的措施防止和减少食品浪费。

国家倡导文明、健康、节约资源、保护环境的消费方式，提倡简约适度、绿色低碳的生活方式。

(2)《反食品浪费法》第四条　各级人民政府应当加强对反食品浪费工作的领导，确定反食品浪费目标任务，建立健全反食品浪费工作机制，组织对食品浪费情况进行监测、调查、分析和评估，加强监督管理，推进反食品浪费工作。

县级以上地方人民政府应当每年向社会公布反食品浪费情况，提出加强反食品浪费措施，持续推动全社会反食品浪费。

法条

第五十三条　粮食生产者应当加强粮食作物生长期保护和生产作业管理，减少播种、田间管理、收获等环节的粮食损失和浪费。

禁止故意毁坏在耕地上种植的粮食作物青苗。

国家鼓励和支持推广适时农业机械收获和产地烘干等实用技术，引导和扶持粮食生产者科学收获、储存粮食，改善粮食收获、储存条件，保障粮食品质良好，减少产后损失。

法条释义

本法第五十三条明确规定了节粮减损要求。概括而言，本条按照粮食由播种到生长再到生产的时间先后顺序，对粮食作物播种、田间管理、产后收获、储存等环节作出节粮减损的规定：(1)粮食生产者加强粮食作物生长期保护和生产作业管理；(2)所有人禁止

故意毁坏田间青苗;(3)粮食生产者加强科学收获和储存粮食。

一、本条第一款规定了粮食生产者加强粮食作物生长期保护和生产作业管理的义务

所谓“粮食作物生长期”,是指粮食作物从播种到收获的自然生长周期。《粮食节约行动方案》对粮食作物生产环节和储存环节的节粮减损作出规定,围绕粮食作物播种、田间管理、收获储存等生长周期,对粮食生产者和其他主体的行为,提出了明确要求,以防止粮食损耗和浪费的情形发生。粮食生产者作为重要主体,本条在保护和管理粮食作物的生长、生产阶段为其设定义务,以减少粮食在播种、田间管理、收获等环节的损失和浪费。

具体而言,主要措施包括:(1)合理播种。选择适宜的品种、疏密恰当的稀植或密植方式,避免过量播种,确保每株植物都能得到充足的养分和空间,减少竞争导致的废弃情况。(2)科学田间管理。采取科学的灌溉、施肥和药物防治措施,遵循最佳农业实践,提高农作物的产量和质量同时减少损失;及时采取行动对抗病虫害、杂草等问题,防止其危害农作物。(3)加强收获技术。掌握适当的收割时间,使用合适的工具和机械进行收割,避免落粒、散粒和损坏的情况发生;将粮食收割后储存或处理,以避免因霉变、鼠类侵害等问题而造成粮食的浪费。(4)改善储存条件。确保储存设施的安全、干燥、通风和卫生,避免潮湿、霉变、虫害等问题的发生;定期检查粮食的质量和储存条件,及时采取措施进行处理。

二、本条第二款规定了所有主体不得故意毁坏在耕地上种植的粮食作物青苗的禁止性义务

首先,本条款规定行为的主体为所有人,包括青苗种植者及种植者之外的其他社会主体等。其次,行为主观上是故意的,立法禁止所有主体具有主观故意的青苗毁坏行为。最后,行为限定了青苗毁坏的适用范围,即在耕地上种植的青苗作物。立法保护粮食作物青苗,尤其要防止故意毁坏在耕地上种植的青苗作物的行为。

《河北省乡村振兴促进条例》第二十三条明确规定，禁止毁坏以粮食生产为目的的青苗。《安徽省粮食作物生长期保护规定》第六条规定，农民、农业生产经营组织应当加强粮食作物生长期田间管理，不得损毁粮食作物，不得违法割青毁粮。任何单位和个人不得收贮生长期水稻、小麦，用于青贮的密植小麦除外。该保护规定第九条规定，各级人民政府及有关部门应当加强粮食作物生长期保护的宣传教育，提高全社会粮食安全意识。任何单位和个人对割青毁粮行为有权举报投诉。县级以上人民政府农业农村主管部门应当公布举报投诉方式，并依法处理。

粮食作物青苗处于生长期，具有潜在的经济价值和社会公共价值。如果种植者在粮食未成熟阶段就毁坏青苗，粮食产量和质量则会受到影响，社会对粮食的需求将难以得到保障，有违国家粮食安全战略要求；如果种植者以外的其他人毁坏青苗，将阻碍青苗种植者获取粮食收获后的经营收益，不仅侵犯了种植者合法的财产权益，也危害到国家粮食安全，损害了社会公共利益。

三、本条第三款规定粮食生产者可借助农业技术的研发和应用科学收获和储存粮食

粮食“收获环节”可以划分为田间收割、田间运输、脱粒和清粮4个小环节，在这4个环节中损失最严重的是田间收割环节，三大主粮田间收割损失率平均为1.97%。首先是田间收割环节的损失主要由于收割方式，如机械差异等，部分农户在收割过程中也会遇到雨雪等极端天气，造成损失；其次是脱粒环节，三大主粮脱粒环节损失率平均为0.74%；清粮环节和田间运输环节的损失情况较轻。[①]由此可知，适时农业机械收获和产地烘干等实用技术的应用对于

① 参见马嘉：《粮食在收获环节就已损失4%　如何从田间地头节粮减损》，载中国农业大学新闻网，http://news.cau.edu.cn/art/2021/11/2/art_8779_794843.html，最后访问日期：2024年1月15日。

节粮减损很重要,所以国家应当鼓励和支持推广实用技术,引导和扶持粮食生产者科学收获、储存粮食。《安徽省粮食作物生长期保护规定》第八条规定,县级以上人民政府农业农村主管部门应当加强生长期粮食作物的用水、用肥、用药等技术指导,提高粮食产量和质量,县级以上人民政府有关部门应当运用信息化技术手段,加强对生长期粮食作物的监测。

具体而言,政府的鼓励和支持措施主要包括:(1)国家为农业机械技术研发提供资金支持,鼓励企业加大对农机设备研究和创新的投入,也可以直接向农民提供贷款和补贴,鼓励农民购买先进的农机设备。(2)政府通过举办培训班、研讨会等活动,向农民传授农机操作技巧和科学储粮知识;提供技术专家或农机操作员专业指导,以确保农民正确使用农机设备进行作业;根据不同地区和粮食作物特点,政府选择示范基地或农田,向农民推广先进农业机械应用;政府加强与企业、农业科研机构、高校之间的合作,共同开展农业机械设计和应用研究,不断改进农机设备的性能,使其更好地满足粮食生产的需求。

相关规定

《反食品浪费法》第十五条 国家完善粮食和其他食用农产品的生产、储存、运输、加工标准,推广使用新技术、新工艺、新设备,引导适度加工和综合利用,降低损耗。

食品生产经营者应当采取措施,改善食品储存、运输、加工条件,防止食品变质,降低储存、运输中的损耗;提高食品加工利用率,避免过度加工和过量使用原材料。

法条

第五十四条 国家鼓励粮食经营者运用先进、高效的粮食储存、运输、加工设施设备,减少粮食损失损耗。

法条释义

本法第五十四条规定通过鼓励粮食经营者运用先进、高效的设施设备，达到节粮减损目的。

概括而言，本条主要从行为主体、行为方式和行为目的维度予以规范：(1)国家鼓励的行为主体是粮食经营者；(2)行为方式是粮食经营者运用先进、高效的粮食储存、运输、加工设施设备；(3)行为目的是减少粮食损失损耗。先进、高效的粮食储存、运输、加工设施设备是减少粮食损失损耗的物质基础。通过运用先进、高效的粮食储存、运输、加工设施设备以及严格执行管理规范，粮食经营者可以最大限度地减少粮食损失和损耗，提高粮食质量和利用率，促进粮食产业的可持续发展。

一、国家鼓励的行为主体是粮食经营者

对本条规定中的“粮食经营者”应作广义理解，包括粮食储备经营者、运输经营者和加工经营者。

二、鼓励粮食经营者运用先进、高效的粮食储存、运输、加工设施设备，减少粮食损失损耗

具体而言：(1)“粮食储存设施设备”主要指向采用现代化的仓储设备和技术，如密封仓、大型钢筒仓、自动控制系统等，提供良好的环境条件，保证粮食质量和安全。(2)“粮食运输设施设备”主要指向使用专业的粮食运输车辆和容器，确保运输过程中的安全和无损坏。(3)“粮食加工设施设备”主要指向引进先进的粮食加工设备和流程，提高加工效率和产品质量。选择合适的破碎、清洁、分离、磨碾等处理工艺，避免二次损耗和浪费。(4)为减少粮食损失损耗，还应培训和指导粮食经营者掌握操作规范，以减少操作过程中的粮食损失。此外，还可应用信息化技术进行粮食管理和监控，通过远程监测、数据分析和预警系统，实时了解储存环境、运输状态和加工效率等情况，以此及时发现问题并采取措施，减少因操作不当或设备故障导致的损失。

相关规定

《反食品浪费法》第十五条　国家完善粮食和其他食用农产品的生产、储存、运输、加工标准，推广使用新技术、新工艺、新设备，引导适度加工和综合利用，降低损耗。

食品生产经营者应当采取措施，改善食品储存、运输、加工条件，防止食品变质，降低储存、运输中的损耗；提高食品加工利用率，避免过度加工和过量使用原材料。

法条

第五十五条　国家推广应用粮食适度加工技术，防止过度加工，提高成品粮出品率。

国家优化工业用粮生产结构，调控粮食不合理加工转化。

法条释义

本法第五十五条规定了粮食加工环节节粮减损的具体要求，尤其是通过适度加工和优化工业用粮生产结构来实现节粮减损目的。概括而言，国家在粮食加工环节节粮减损，应当做到：(1)推广应用粮食适度加工技术，防止过度加工；(2)优化工业用粮生产结构，调控粮食不合理加工转化。

一、本条第一款是关于粮食适度加工的规定

1. 国家主要采用推广和支持粮食适度加工技术的行为方式

国家制定相关政策和法规，包括指导原则、技术标准和质量要求等方面的内容，鼓励农民和企业选择适宜的加工方法和工艺流程。譬如，农业农村部《关于促进农产品加工环节减损增效的指导意见》（农产发〔2020〕9号）明确规定，促进口粮品种适度加工，引导农产品加工企业合理确定小麦、稻谷等口粮品种加工精度，减少精面、精米等过度加工造成的资源浪费和营养流失，提高出粉和出米率；发展专用粉、全麦粉和专用米、糙米等新型健康产品，增加营养成分,减少加工损失。

2. 前述行为的目的是防止粮食过度加工以提高成品粮的出品率

国家加大对粮食适度加工技术的研发和创新力度,推动适度加工技术的不断提升,鼓励企业和科研机构实现从传统工艺到现代化工艺的转变,提高成品粮出品率和产品质量;国家通过组织培训课程、技术交流会和研讨会,向农民和企业分享适度加工的最佳实践和先进技术,提供专业的技术支持和指导,帮助他们合理选择和运用加工设备和工艺。借助粮食适度加工技术,相关企业充分利用粮食资源,促进粮食适度加工,既保护环境,又减少能源消耗,从而实现粮食产业的可持续发展和满足人民群众对粮食的安全、营养需求。

二、本条第二款规定优化工业用粮生产结构,促进粮食合理加工转化

为了更好地调节粮食资源的合理利用和提高加工转化的效率,国家优化工业用粮生产结构和调控粮食不合理加工转化。本法第四十三条优化粮食加工结构,包括口粮、饲料用粮和工业用粮,规定了工业用粮与其他粮食用途之间的外部关系;而本条款则优化工业用粮内部生产结构,所谓工业用粮,指国家供应工业、手工业用作原料或辅助材料的粮食,主要用于生产酒精、饮料酒、溶剂、医药、浆纱、淀粉、饴糖、糨糊等。国家通过制定相关政策和计划,引导和促进工业用粮生产结构优化,譬如,限制某些领域对粮食的过度依赖,鼓励发展其他替代性原料或资源,减少粮食被工业加工使用的比例。

相关规定

《粮食流通管理条例》第二十五条　国家鼓励和支持开发、推广应用先进的粮食储存、运输、加工和信息化技术,开展珍惜和节约粮食宣传教育。

县级以上人民政府粮食和储备行政管理部门应当加强对粮食经营者的指导和服务，引导粮食经营者节约粮食、降低粮食损失损耗。

法条

第五十六条　粮食食品生产经营者应当依照有关法律、法规的规定，建立健全生产、储存、运输、加工等管理制度，引导消费者合理消费，防止和减少粮食浪费。

公民个人和家庭应当树立文明、健康、理性、绿色的消费理念，培养形成科学健康、物尽其用、杜绝浪费的良好习惯。

法条释义

本法第五十六条规定了对粮食食品生产经营者和消费者节粮减损行为的原则性要求。

概括而言，主要按照不同主体，对其行为予以规范：(1)粮食食品生产经营者应当建立健全粮食产业全链条管理制度，引导消费者合理消费；(2)公民个人和家庭应当树立文明、健康、理性、绿色的消费观，培养良好习惯。

一、本条第一款是关于粮食食品生产经营者节粮减损行为的规定

1. 明确行为主体是粮食食品生产经营者

有学者认为，粮食是最基本、最重要的食品，也是生产、加工其他食品的基本原料，无论是米、面、豆、油等初端产品，还是肉、蛋、奶、酒等高端产品，其80%的部分都直接或间接地源于粮食。[①] 所谓粮食食品，是指以粮食为原料加工而成的食品，因此，粮食食品

① 参见吴晓寅等：《浅析粮食食品安全与现代粮油标准的发展关系》，载《现代食品》2015年第8期。

生产经营者可以理解为以粮食为原料加工而成的食品的生产者和经营者。

2. 强调应依照有关法律、法规的规定

本条款规定强调了粮食食品生产经营者的具体行为依据，主要包括《反食品浪费法》、《食品安全法》、《粮食流通管理条例》、《粮食运输技术指南(试行)》、国务院《关于建立粮食生产功能区和重要农产品生产保护区的指导意见》等法律、法规和规范性文件。

3. 建立健全生产、储存、运输、加工等管理制度，引导消费者合理消费

本条款规定明确了粮食食品生产经营者节粮减损的具体行为方式，主要体现为建立健全生产、储存、运输、加工等管理制度，减少粮食浪费并提高粮食资源利用效率，引导消费者合理消费，确保粮食安全和可持续发展。

具体而言，包括：(1)建立生产管理制度。粮食食品生产经营者应建立完善的生产管理制度，包括供应链管理、生产流程的监控和控制、原料采购和库存管理等方面，制定并遵守相关标准，确保产品质量和安全，减少因生产环节不当而导致的浪费问题。(2)加强储存管理。有效管理粮食和食品的仓储环节，确保储存条件符合标准和要求，及时检查和处理发霉、变质等情况，减少由于储存不当造成的粮食损失；采用先进技术和设备来保持储存环境的稳定，并进行定期检修和维护，确保储存设施的正常运行。(3)规范运输流程。确保在粮食和食品运输过程中对温度、湿度等环境因素的控制，避免由于运输不当导致的粮食损耗和损害；建立完善的物流管理体系，确保粮食和食品安全、及时到达目的地，并减少因滞留而产生的浪费情况。(4)加强加工管理。控制粮食作物的使用量，优化生产工艺，提高生产效率，减少废弃物的产生；同时，加强设备维护和卫生管理，确保加工环节的安全性和质量，

并采取合理的措施减少副产品的浪费。(5)引导消费者合理消费。通过宣传教育、提供信息等方式,向消费者传递节约粮食、减少浪费的理念和知识;倡导食品安全和合理搭配饮食、注意储存保存等消费行为,以减少粮食浪费。

4. 防止和减少粮食浪费

本条款规定明确了本条的立法目的,即防止和减少粮食浪费。粮食食品生产经营者建立健全管理制度,不仅有助于自身在粮食生产、储存、运输、加工等环节节粮减损,还有助于积极引导消费者合理消费,培养消费者节约粮食的好习惯。

二、本条第二款是关于公民个人和家庭的粮食节约行为的规定

首先,粮食节约的行为主体是公民个人和家庭。其次,粮食节约的行为方式主要体现为树立正确的消费观以及培养节约的良好习惯。树立文明、健康、理性、绿色的消费理念旨在促进可持续发展和环境保护,同时提高生活质量并改善社会福祉;培养良好的消费习惯意在促进个人的可持续发展,并为全社会创造更大的环境和经济效益。

具体而言:(1)文明消费主要是指遵守法律法规,尊重他人权益,在购物和服务中保持良好的行为准则。这就要求消费者自觉抵制假冒伪劣、侵权盗版等违法违规的产品和服务,同时鼓励消费者诚实守信,遵守交易合同。(2)健康消费主要是指优先选择对身体健康有益的产品和服务,如天然食品、有机食品、环保清洁产品等。这要求消费者注意防范虚假广告等欺诈行为,了解产品的成分和效果,以健康为导向进行购买。(3)理性消费主要是指审慎决策,即消费者在购买决策之前宜进行适当的调查研究,比较不同品牌和产品的价格、质量、性能等各方面因素。消费者应避免盲目跟风和过度消费,根据实际需求购买并避免浪费。(4)绿色消费主要是指选择环保产品和服务,减少对自然资源的依赖和对环境的污染。同时,消费者宜多使用节能设备、减少使用一次性物品,并积极参与垃圾分类和回收活动,推动可持续发展。

相关规定

《反食品浪费法》第十四条　个人应当树立文明、健康、理性、绿色的消费理念,外出就餐时根据个人健康状况、饮食习惯和用餐需求合理点餐、取餐。

家庭及成员在家庭生活中,应当培养形成科学健康、物尽其用、防止浪费的良好习惯,按照日常生活实际需要采购、储存和制作食品。

法条

第五十七条　机关、人民团体、社会组织、学校、企业事业单位等应当加强本单位食堂的管理,定期开展节约粮食检查,纠正浪费行为。

有关粮食食品学会、协会等应当依法制定和完善节约粮食、减少损失损耗的相关团体标准,开展节约粮食知识普及和宣传教育工作。

法条释义

本法第五十七条是关于政府、市场主体、社会组织、行业协会实施节约粮食行为的原则性规定。

概括而言,主要按照不同主体,对其行为予以规范:(1)政府机关、人民团体、社会组织、企业事业单位等加强对食堂的管理,开展节约粮食工作;(2)行业协会制定和完善相关标准,加强节约粮食宣传教育。

一、本条第一款规定了对单位食堂的粮食节约监督行为

首先,粮食节约监督的行为主体包括政府机关、人民团体、社会组织、企业事业单位;其次,粮食节约监督的行为方式主要体现在加强单位食堂管理和定期开展监督检查两个方面。

1. 加强单位食堂管理

第一，单位应制定有关食堂管理的规章制度，并向单位员工清晰传达，明确责任和要求，包括明确规定员工在餐饮服务中的责任、禁止浪费行为以及必要的惩罚措施等；第二，应根据人数和需求，提供精准盛餐服务，准确计算每个用餐者的食物量，提供适量的菜品和饭食，鼓励自主选择菜品，并提供适量的加餐或点菜服务，避免造成过多的剩余食物；第三，应设立食物损耗监测系统，在食堂中精确记录和统计每项菜品的剩余量和回收食材情况，根据监测数据，分析浪费情况并采取相应措施，有针对性地减少浪费；第四，针对剩余的食物或者未使用的食材，应建立回收再利用机制，与相关社会组织合作，进行剩余食物的集中回收，并进行合理的处理，如捐赠给慈善机构或转化为肥料等。

2. 定期开展监督检查

具体而言，可以通过定期检查单位是否执行合理用餐制度、废弃食物处理规范等，或不定期抽查、核对单据、观察用餐场景等方式，发现问题并及时纠正。

《反食品浪费法》第八条规定，设有食堂的单位应当建立健全食堂用餐管理制度，制定、实施防止食品浪费措施，加强宣传教育，增强反食品浪费意识。单位食堂应当加强食品采购、储存、加工动态管理，根据用餐人数采购、做餐、配餐，提高原材料利用率和烹饪水平，按照健康、经济、规范的原则提供饮食，注重饮食平衡。单位食堂应当改进供餐方式，在醒目位置张贴或者摆放反食品浪费标识，引导用餐人员适量点餐、取餐；对有浪费行为的，应当及时予以提醒、纠正。立法规定，通过加强食堂管理，定期开展节约粮食检查并纠正浪费行为，提高食堂对粮食资源利用效率，减少粮食浪费，以示范带动更广泛的社会节约粮食行动，这不仅能够降低经济成本，还能够促进保护环境，符合可持续发展理念，为保障粮食安全作出贡献。

二、本条第二款规定粮食食品学会、协会的粮食节约促进行为

1. 行为主体是有关粮食食品学会、协会

粮食食品学会、协会包括中国粮油学会、中国粮食行业协会、中国食品工业协会、中国粮食行业协会、中国焙烤食品糖制品工业协会、中国食品工业协会豆制品专业委员会等。

2. 行为方式主要体现为制定和完善团体标准以及开展节约粮食知识普及和宣传教育

具体而言，包括：(1)组织专家委员会或相关工作组，就节约粮食、减少损失损耗等方面制定团体标准。这些标准应当具有可操作性、科学性和实用性，能够规范行业内成员单位的行为，推动行业朝着节约资源和可持续发展方向发展。(2)通过举办培训、研讨会、讲座等形式，向行业从业人员普及节约粮食和减少损失损耗的相关知识；同时，利用多种媒体手段，如网站、微信公众号、宣传平台等，宣传节约粮食的理念和意义，推广先进的技术和管理经验。

相关规定

(1)《反食品浪费法》第六条　机关、人民团体、国有企业事业单位应当按照国家有关规定，细化完善公务接待、会议、培训等公务活动用餐规范，加强管理，带头厉行节约，反对浪费。

公务活动需要安排用餐的，应当根据实际情况，节俭安排用餐数量、形式，不得超过规定的标准。

(2)《反食品浪费法》第八条　设有食堂的单位应当建立健全食堂用餐管理制度，制定、实施防止食品浪费措施，加强宣传教育，增强反食品浪费意识。

单位食堂应当加强食品采购、储存、加工动态管理，根据用餐人数采购、做餐、配餐，提高原材料利用率和烹饪水平，按照健康、经济、规范的原则提供饮食，注重饮食平衡。

单位食堂应当改进供餐方式，在醒目位置张贴或者摆放反食品浪费标识，引导用餐人员适量点餐、取餐；对有浪费行为的，应当及时予以提醒、纠正。

(3)《反食品浪费法》第九条　学校应当对用餐人员数量、结构进行监测、分析和评估，加强学校食堂餐饮服务管理；选择校外供餐单位的，应当建立健全引进和退出机制，择优选择。

学校食堂、校外供餐单位应当加强精细化管理，按需供餐，改进供餐方式，科学营养配餐，丰富不同规格配餐和口味选择，定期听取用餐人员意见，保证菜品、主食质量。

第九章　监督管理

法条

> **第五十八条**　县级以上人民政府发展改革、农业农村、粮食和储备、自然资源、水行政、生态环境、市场监督管理、工业和信息化等有关部门应当依照职责对粮食生产、储备、流通、加工等实施监督检查，并建立粮食安全监管协调机制和信息共享机制，加强协作配合。

法条释义

本法第五十八条规定，县级以上人民政府有关部门对粮食产业链条实施监督检查，以及各部门之间加强协作配合。概括而言，本条规定政府各部门之间在实施监督检查时，既有分工也有协作：(1)监督检查主体是县级以上人民政府发展改革、农业农村、粮食和储备、自然资源、水行政、生态环境、市场监督管理、工业和信息化等部门；(2)实施监督检查的范围是粮食生产、储备、流通、加工等行为；(3)政府各部门实施监督检查应加强协作配合，包括建立粮食安全监管协调机制和信息共享机制。

一、监督检查主体是县级以上人民政府发展改革、农业农村、粮食和储备、自然资源、水行政、生态环境、市场监督管理、工业和信息化等部门

发展改革部门负责指导和推动粮食生产和发展的改革措施。农业农村部门负责组织规划和实施粮食生产，提供农业技术支持。

粮食和储备部门负责粮食的收购、储备管理等工作。自然资源部门负责土地利用规划、耕地保护等与粮食生产有关的自然资源管理。水行政部门负责水资源管理和灌溉设施建设，确保农田灌溉供水。生态环境部门负责监测和保护农田环境，防止污染对粮食生产的影响。市场监督管理部门负责监督粮食流通和市场秩序，避免价格操纵等违法行为。工业和信息化部门负责指导和支持粮食加工业的发展，提高粮食加工品质。

二、政府有关部门对粮食生产、储备、流通、加工等环节实施监督检查

上述政府部门在职责范围内对粮食生产、储备、流通、加工等环节实施监督检查的全覆盖。具体监督检查措施主要包括：(1)有关部门应定期派员或组织专项检查，对农田种植、农药使用、灌溉设施、收获和储存等环节进行检查，以确保粮食生产符合规范要求；(2)应通过抽取粮食样品进行实验室分析和检测，检查粮食的质量、营养成分、农药残留含量等指标，确保符合食品安全标准；(3)监管部门应对粮食市场进行巡查，查处假冒伪劣、过期变质等违法行为，并核查销售商的营业执照、产品资质等相关证件；(4)借助信息化技术，政府部门可通过互联网监测和跟踪粮食流通环节，以便及时发现和防范不法行为。

三、为了保障政府监督检查顺利实施，政府各部门应加强协作配合，包括建立粮食安全监管协调机制和信息共享机制

监管协调机制和信息共享机制作为政府监督检查的重要内容，二者相互关联和促进，信息共享机制可以作为监管协调机制的抓手和具体途径，监管协调机制明确各部门权责，将更好地促进部门之间信息共享。

1. 粮食安全监管协调机制

本法第三条规定，县级以上人民政府发展改革、自然资源、农业农村、粮食和储备等主管部门依照职责协同配合，做好粮食安全保障工作。各相关部门可通过建立会商机制、联席会议等方式,就粮食产业监管中的重要问题进行沟通、研究、协商并达成共识。同时,在实施监督检查过程中,协调机制还可以理顺不同部门的利益、权责间的关系,避免重复检查和执法不统一的问题。例如,发展改革、农业农村、市场监督管理等部门可以定期召开联席会议,共同研究制订监督检查计划、分享经验和解决存在的问题。

2. 粮食安全信息共享机制

相关部门可以共享包括市场价格、供应链信息、农产品质量检测数据等与粮食产业监管相关的信息。监管部门能够及时获取全面准确的信息,便于指导和开展监督检查工作。借助现代信息技术手段,如建立信息平台、共享数据库等,可以实现信息快速传输、实时更新和多方共享。例如,不同部门可在共享平台上提供和查询粮食流通环节的信息,以助力食品安全、市场价格波动等问题的监测和分析。

相关规定

(1)《粮食流通管理条例》第三十八条　粮食和储备行政管理部门依照本条例对粮食经营者从事粮食收购、储存、运输活动和政策性粮食的购销活动,以及执行国家粮食流通统计制度的情况进行监督检查。

粮食和储备行政管理部门在监督检查过程中,可以进入粮食经营者经营场所,查阅有关资料、凭证;检查粮食数量、质量和储存安全情况;检查粮食仓储设施、设备是否符合有关标准和技术规范;向有关单位和人员调查了解相关情况;查封、扣押非法收购或者不符合国家粮食质量安全标准的粮食,用于违法经营或者被污染的工具、设备以及有关账簿资料;查封违法从事粮食经营活动的场所。

(2)《粮食流通管理条例》第三十九条　市场监督管理部门依

照有关法律、法规的规定，对粮食经营活动中的扰乱市场秩序行为、违法交易行为以及价格违法行为进行监督检查。

法条

第五十九条　国务院发展改革、农业农村、粮食和储备主管部门应当会同有关部门建立粮食安全监测预警体系，加强粮食安全风险评估，健全粮食安全信息发布机制。

任何单位和个人不得编造、散布虚假的粮食安全信息。

法条释义

本法第五十九条规定，国务院有关部门加强粮食安全监督管理，以及任何单位和个人编造、散布虚假粮食安全信息的禁止性义务。概括而言：(1)国务院有关部门建立健全粮食安全监测预警体系、风险评估体系、信息发布机制；(2)任何单位和个人不得编造、散布虚假的粮食安全信息。

一、本条第一款是关于国务院有关部门着眼粮食安全风险和信息，对粮食安全监督管理作原则性规定

1.对粮食安全实施监督管理的主体是国家发展改革委、农业农村部、国家粮食和物资储备局等相关部门

我国《粮食流通管理条例》第三十条规定，国务院发展改革部门及国家粮食和储备行政管理部门会同国务院农业农村、统计、市场监督管理等部门负责粮食市场供求形势的监测和预警分析，健全监测和预警体系，完善粮食供需抽查制度，发布粮食生产、消费、价格、质量等信息。其中牵头部门是国家发展改革委、国家粮食和物资储备局，有关部门包括农业农村部、国家统计局、国家市场监督管理总局等。针对粮食产业链条的不同环节存在不同风险点，此次立法在国家发展改革委、国家粮食和物资储备局基础上，增加农业农村部一并作为牵头部门，协同自然资源部、生态环境部、水

利部、工业和信息化部、国家市场监督管理总局、国家数据局等相关部门,实施粮食安全监督管理。

2. 对粮食安全实施监督管理的行为方式包括监测预警、风险评估和信息发布三个方面

具体而言:(1)粮食安全监测预警体系是针对粮食供应、价格、质量等方面的风险进行监测、分析和预警的系统。通过建立监测预警体系,可以更加准确地掌握粮食市场的动态情况,预测和应对潜在的粮食安全问题。相关部门之间需要加强协同合作,共享数据信息、研判指标、预警模型等,以提高监测预警的准确性和时效性。(2)粮食安全风险评估体系包括对天气灾害、病虫害、价格波动、贸易摩擦等多种因素的风险进行分析评估,以提前采取措施应对不利情况。各主管部门需要相互配合,共同参与粮食安全风险评估工作,如农业农村部应当提供生产数据、国家发展改革委提供粮食市场供求信息等,以全面综合地评估粮食安全风险。粮食安全风险评估旨在识别和评估可能对粮食生产、供应和消费造成威胁的因素和事件,以及其潜在影响。(3)粮食安全信息发布机制主要指通过官方网站、新闻发布会、报告通告等途径,发布全面、准确、及时的粮食安全信息,如粮食市场供求形势、灾害预警、政策法规变化等,以此保障公众的知情权和参与权,使公众能够及时了解粮食市场供应、质量安全、价格等方面的信息。

二、本条第二款是对于任何单位和个人编造、散布虚假粮食安全信息行为的禁止性规定

虚假的粮食安全信息,是指与粮食安全相关的信息中带有伪造、虚构、夸大、误导等行为或内容,使信息的真实性受到严重质疑或存在明显失实之处。立法禁止编造和散布虚假的粮食安全信息,意味着在涉及粮食安全领域,无论是单位还是个人,在发布信息时应当确保其真实性、准确性和可靠性,不得故意制造、传播虚

假信息，以免给公众带来不必要的恐慌、困扰，甚至对粮食行业的正常运作造成负面影响。本条款规定旨在维护粮食行业的公信力和稳定发展，创建更加透明、可靠的粮食安全信息环境，更好维护社会秩序和公共利益。

相关规定

(1)《粮食流通管理条例》第三十条　国务院发展改革部门及国家粮食和储备行政管理部门会同国务院农业农村、统计、市场监督管理等部门负责粮食市场供求形势的监测和预警分析，健全监测和预警体系，完善粮食供需抽查制度，发布粮食生产、消费、价格、质量等信息。

(2)《食品安全法》第一百二十条　任何单位和个人不得编造、散布虚假食品安全信息。

县级以上人民政府食品安全监督管理部门发现可能误导消费者和社会舆论的食品安全信息，应当立即组织有关部门、专业机构、相关食品生产经营者等进行核实、分析，并及时公布结果。

法条

第六十条　国家完善粮食生产、储存、运输、加工标准体系。粮食生产经营者应当严格遵守有关法律、法规的规定，执行有关标准和技术规范，确保粮食质量安全。

县级以上人民政府应当依法加强粮食生产、储备、流通、加工等环节的粮食质量安全监督管理工作，建立粮食质量安全追溯体系，完善粮食质量安全风险监测和检验制度。

法条释义

本法第六十条是关于粮食质量安全管理的规定。概括而言，本条对政府和粮食生产经营者不同主体，分别对粮食质量安全的监管和执行安排了不同任务:(1)国家完善粮食产业链条标准体系,粮食生产经营者执行标准规范;(2)县级以上人民政府建立健全粮食质量安全监督管理制度。

一、本条第一款规定国家完善粮食产业链条标准体系,以及粮食生产经营者执行有关标准和技术规范

标准作为一种典型的"软法",与具有强制性和普遍约束力的法律法规(硬法)不同,"标准基于其自身特性与硬法形成了互补,充塞填满了硬法的空隙",[①]标准作为法律规范与技术实践的耦合,是规制与自治之间的衔接点和缓冲区。[②] 因此,国家应当完善粮食生产、储存、运输、加工标准体系,作为对立法原则性规定的细化和填补,与法律规范相衔接。譬如,在生产环节,重点加强种植技术、采收技术、播种机、收获机等生产环节的标准制修订;在仓储环节,着重加强仓储设备建设、虫霉防治和减损降耗等相关标准研制;在运输环节,着重降低包装、装卸抛洒、散漏损失率等相关标准研制;在加工环节,着重限制产品过度加工、科学界定产品加工等级以及副产物综合利用率等相关标准研制。[③]

我国已经建立了较完整的粮食标准体系。在推动粮食产业高质量发展的新形势下,为持续保障国家粮食质量安全,粮食生产者和粮食经营者应当按照《粮食流通管理条例》《粮食质量安全监管办法》《粮食质量安全风险监测管理暂行办法》等相关规定,严格

---

① 参见罗豪才、周强:《软法研究的多维思考》,载《中国法学》2013 年第 5 期。

② 参见柳经纬:《标准的类型划分及其私法效力》,载《现代法学》2020 年第 2 期。

③ 参见刘慧:《节粮减损要强化标准引领》,载《经济日报》2022 年 10 月 13 日,第 4 版。

执行规则标准和技术规范,[①]严禁以陈顶新、掺杂使假、以次充好、多扣水杂、压级压价等行为,确保粮食质量安全。

二、本条第二款是县级以上人民政府建立健全粮食质量安全监督管理制度

县级以上人民政府,包括县(区)级、地(市)级、省级等地方政府和国务院,应依法加强粮食生产、储备、流通、加工等环节的粮食质量安全监督管理工作。

1. 建立健全粮食质量安全监督管理制度,实现粮食生产、储备、流通、加工等环节全覆盖

具体而言,(1)政府应依法加强粮食生产的管理,包括监督农业生产过程中的使用农药和化肥情况,推广高效、环保的农业生产技术,减少土壤污染和农药残留问题。此外,对于粮食种植中可能存在的病虫害等问题,政府应加强科学引导和防控措施,以保证产量和质量。(2)政府应加强粮食储备和流通环节的管理。粮食储备是国家粮食安全的重要保障,政府应定期检查储备粮品质,并采取适当的措施保持粮食储备的安全性。在粮食流通方面,政府应加强市场监管,打击假冒伪劣粮食和不合格产品的生产和销售行为,保护消费者的权益。(3)政府还应加强粮食加工环节的管理。

① 《粮食质量安全监管办法》第十三条规定,粮食经营者收购粮食,应当严格执行国家粮食质量标准和政策,按质论价,按照国家有关规定进行质量安全检验,并执行下列规定:(1)告知售粮者或者在收购场所醒目位置公示粮食的品种、质量标准、收购价格等内容。(2)按照有关标准、技术规范和政策规定进行入库和平仓环节扦样、检验,把好入库质量关。发现不符合食品安全国家标准的粮食,应当及时向收购地县级粮食和储备行政管理等部门报告,跨省收购的,应当向收购地和粮食收购企业所在地的县级粮食和储备行政管理等部门报告。(3)杂质、水分等质量指标超过标准限量或者政策规定的政策性粮食,应当及时整理达标或者符合相关要求。水分较高时应当合理降水、降温,确保安全储粮。《粮食质量安全监管办法》第十六条第一款规定,粮食经营者储存粮食应当遵守粮油仓储管理制度规定和相关标准,规范仓储管理业务,合理应用粮油储藏技术。储存过程中发现粮食质量不符合要求的,应当及时按规定进行处置。

粮食加工是粮食从原始状态到最终产品的重要环节。政府应强化对加工企业的监管，确保其符合相关食品安全标准和规范，严禁使用有害物质和不合格原材料。

2. 建立健全粮食质量安全监督管理制度

具体而言，粮食质量安全监督管理制度主要包括安全追溯体系、安全风险监测和安全检验制度三个方面：

（1）建立粮食质量安全追溯体系。完备的粮食质量安全追溯体系，可以追踪粮食的生产、加工、流通等全过程，一旦发现问题，可以快速采取措施进行处理和追责。国务院办公厅制定出台《关于加快推进农业供给侧结构性改革大力发展粮食产业经济的意见》（国办发〔2017〕78号），要求建立覆盖从产地到餐桌全程的粮食质量安全追溯体系和平台，进一步健全质量安全监管衔接协作机制，加强粮食种植、收购、储存、销售及食品生产经营监管，严防不符合食品安全标准的粮食流入口粮市场或用于食品加工。

（2）完善粮食质量安全风险监测制度。根据《粮食质量安全风险监测管理暂行办法》第三条的规定，通过系统性收集粮食质量品质、污染情况以及粮食中有害因素的监测数据及相关信息，并综合分析、及时报告和通报的活动，为粮食调控政策制定、粮食质量安全标准制修订、粮食质量安全风险评估、预警和交流、监督管理等提供科学支持。粮食质量安全风险监测，包括收购粮食质量安全监测（以下简称收购监测）、库存粮食质量安全监测（以下简称库存监测）、应急粮食质量安全监测（以下简称应急监测）和其他专项粮食质量安全监测（以下简称其他专项监测）。其中，收购监测，是指为指导粮食企业收购粮食、有效保护种粮农民利益、服务相关部门单位政策制定，对当年新收获粮食的常规质量、内在品质（营养品质、加工品质、食用品质等）情况和食品安全状况按程序和规范进行采样、检验、分析和评价等活动，一般分为质量调查、品质测报、安全监测等形式。库存监测，是指为加强库存粮食质量安全管理,对库存粮食常规质量、储存品质和食品安全状况,按程序和规范进行采样、检验、分析和评价等活动。应急监测,是指发现粮食可能存在质量安全隐患、处置粮食质量安全事故需要、应对公众关注的粮食质量安全风险等情况而开展的监测。其他专项监测,是指用于评价特定粮食质量安全状况而开展的监测。

(3)完善粮食质量安全检验制度。粮食质量安全风险监测可提前发现潜在的风险和问题,及时采取措施预防和控制;粮食质量安全检验是对粮食产业链条过程中粮食及加工品的质量检验。根据《粮食质量安全风险监测管理暂行办法》第十六条的规定,粮食和储备部门应当与承担采样和检验任务的粮食质量安全检验机构(以下简称承检机构)签订委托协议,明确委托要求以及双方权利和义务。同时,明确委托方可以对采样单位和承检机构开展的采样、检验工作进行监督,监督内容主要包括与监测相关的技术能力、管理措施、保密工作等。

相关规定

《粮食流通管理条例》第三十七条 国家建立健全粮食流通质量安全风险监测体系。国务院卫生健康、市场监督管理以及国家粮食和储备行政管理等部门,分别按照职责组织实施全国粮食流通质量安全风险监测;省、自治区、直辖市人民政府卫生健康、市场监督管理、粮食和储备行政管理等部门,分别按照职责组织实施本行政区域的粮食流通质量安全风险监测。

法条

第六十一条 县级以上人民政府有关部门依照职责开展粮食安全监督检查,可以采取下列措施:

(一)进入粮食生产经营场所实施现场检查;

(二)向有关单位和人员调查了解相关情况;

（三）进入涉嫌违法活动的场所调查取证；

（四）查阅、复制有关文件、资料、账簿、凭证，对可能被转移、隐匿或者损毁的文件、资料、账簿、凭证、电子设备等予以封存；

（五）查封、扣押涉嫌违法活动的场所、设施或者财物；

（六）对有关单位的法定代表人、负责人或者其他工作人员进行约谈、询问。

县级以上人民政府有关部门履行监督检查职责，发现公职人员涉嫌职务违法或者职务犯罪的问题线索，应当及时移送监察机关，监察机关应当依法受理并进行调查处置。

法条释义

本法第六十一条规定，县级以上人民政府开展粮食安全监督检查采取的具体措施。概括而言，本条主要规定以下两个方面的内容：(1)县级以上人民政府有关部门依照职责开展粮食安全监督检查，采取相应措施；(2)监察机关对县级以上人民政府有关部门在监督检查中发现公职人员职务违法或职务犯罪行为的问题线索，依法受理并调查处置。

一、本条第一款规定县级以上人民政府有关部门对粮食安全采取监督检查的具体措施

1. 行为主体为县级以上人民政府有关部门

根据本法第五十八条的规定，该主体包括县级以上人民政府发展改革、农业农村、粮食和储备、自然资源、水行政、生态环境、市场监督管理、工业和信息化等部门。

2. 行为措施旨在加强粮食安全监督检查工作的力度，确保粮食生产经营环节的合规性和安全性，减少潜在风险，保障公众的饮食安全

具体措施包括：(1)进入粮食生产经营场所实施现场检查。有关部门可以进入粮食生产经营场所，进行实地检查，包括检查仓储设施、生产线、加工环节等，以了解生产经营过程中是否存在不

符合相关法规和标准的情况。(2)向有关单位和人员调查了解相关情况。相关部门可以向涉及的单位和人员调查了解粮食生产、存储、运输、销售等环节的具体情况,获取必要的信息和数据。(3)进入涉嫌违法活动的场所调查取证。如果存在涉嫌违法活动的场所,有关部门可以进入该场所进行调查,搜集证据并保留现场。(4)查阅、复制有关文件、资料、账簿、凭证。相关部门有权查阅和复制与粮食安全相关的文件、资料、账簿、凭证等,以便开展深入调查和分析。如有必要,相关部门可以封存可能被转移、隐匿或损毁的文件、资料、账簿、凭证、电子设备等,保护相关证据不被破坏。(5)查封、扣押涉嫌违法活动的场所、设施或财物。在发现涉嫌违法活动的情况下,相关部门可以采取查封、扣押有关场所、设施或财物的措施,以保障调查的进行和证据的完整性。(6)对有关单位的法定代表人、负责人或其他工作人员进行约谈、询问。相关部门有权对有关单位的法定代表人、负责人或其他工作人员进行约谈、询问,了解相关情况、解释相关规定,并要求其配合调查工作。

二、本条第二款规定对于县级以上人民政府有关部门在监督检查过程中发现问题线索时,监察机关依法调查处置

县级以上人民政府的有关部门应承担对公职人员履职的监督检查职责。各级纪检监察机关负责监督公职人员依法行使职权,保障法律法规的实施,防止职务违法和职务犯罪等行为的发生。职务违法是指公职人员在履行职务过程中违反法律法规、滥用职权、以权谋私等行为,职务犯罪则是指公职人员在履行职责过程中涉及《刑法》规定的贪污、挪用公款等犯罪行为。

如果县级以上人民政府有关部门在监督检查过程中发现公职人员存在涉嫌职务违法或职务犯罪的问题线索,有关部门应当及时将相关材料和线索移交给监察机关。监察机关依照《监察法》《监察法实施条例》《公职人员政务处分法》等法律对涉嫌违法犯罪行为展开调查,对违法人员进行相应处理。

相关规定

《食品安全法》第一百一十条 县级以上人民政府食品安全监督管理部门履行食品安全监督管理职责，有权采取下列措施，对生产经营者遵守本法的情况进行监督检查：

（一）进入生产经营场所实施现场检查；

（二）对生产经营的食品、食品添加剂、食品相关产品进行抽样检验；

（三）查阅、复制有关合同、票据、账簿以及其他有关资料；

（四）查封、扣押有证据证明不符合食品安全标准或者有证据证明存在安全隐患以及用于违法生产经营的食品、食品添加剂、食品相关产品；

（五）查封违法从事生产经营活动的场所。

法条

第六十二条 国务院发展改革、自然资源、农业农村、粮食和储备主管部门应当会同有关部门，按照规定具体实施对省、自治区、直辖市落实耕地保护和粮食安全责任制情况的考核。

省、自治区、直辖市对本行政区域耕地保护和粮食安全负总责，其主要负责人是本行政区域耕地保护和粮食安全的第一责任人，对本行政区域内的耕地保护和粮食安全目标负责。

县级以上地方人民政府应当定期对本行政区域耕地保护和粮食安全责任落实情况开展监督检查，将耕地保护和粮食安全责任落实情况纳入对本级人民政府有关部门负责人、下级人民政府及其负责人的考核评价内容。

对耕地保护和粮食安全工作责任落实不力、问题突出的地方人民政府，上级人民政府可以对其主要负责人进行责任约谈。被责任约谈的地方人民政府应当立即采取措施进行整改。

法条释义

本法第六十二条聚焦耕地保护和粮食安全责任制，规定政府内部的考核机制。概括而言，本条从国务院有关部门到县级以上地方人民政府，层层压实责任，确保各行政区域耕地保护和粮食安全责任制的履行和落实：(1)国务院有关部门对省级人民政府的考核；(2)省级人民政府对本行政区域负总责，以及其主要负责人是第一责任人；(3)县级以上地方人民政府对本级人民政府部门、下级人民政府及其负责人，开展监督检查和考核评价；(4)上级人民政府对下级人民政府主要负责人进行责任约谈。

一、本条第一款规定国务院有关部门对省、自治区、直辖市政府落实耕地保护和粮食安全责任制情况的考核

1. 实施主体

《粮食安全省长责任制考核办法》第二条规定："国务院对各省(区、市)人民政府粮食安全省长责任制落实情况进行年度考核，由发展改革委、农业部、粮食局会同中央编办、财政部、国土资源部、环境保护部、水利部、工商总局、质检总局、食品药品监管总局、统计局、农业发展银行等部门和单位组成考核工作组负责具体实施。考核工作组办公室设在粮食局，承担考核日常工作。"实施考核的主体为国务院有关部门，具体而言，是以国家发展改革委、自然资源部、农业农村部、国家粮食和物资储备局为牵头单位，会同中央编办、财政部、生态环境部、水利部、食品药品监管总局、统计局、农业发展银行等部门和单位，组成考核组，对各省落实耕地保护和粮食安全责任制情况予以考核。

2. 考核内容

根据《粮食安全省长责任制考核办法》第五条的规定，考核内容包括增强粮食可持续生产能力、保护种粮积极性、增强地方粮食储备能力、保障粮食市场供应、确保粮食质量安全、落实保障措施六个方面。

具体而言,包括:(1)确保耕地面积基本稳定、质量不下降,粮食生产稳定发展,粮食可持续生产能力不断增强;(2)保护种粮积极性,财政对扶持粮食生产和流通的投入合理增长,提高种粮比较收益,落实粮食收购政策,不出现卖粮难问题;(3)落实地方粮食储备,增强粮食仓储能力,加强监督管理,确保地方储备粮数量真实、质量安全;(4)完善粮食调控和监管体系,保障粮食市场供应和价格基本稳定,不出现脱销断档,维护粮食市场秩序,完善粮食应急保障体系,及时处置突发事件,确保粮食应急供应;(5)加强耕地污染防治,提高粮食质量安全检验监测能力和超标粮食处置能力,禁止不符合食品安全标准的粮食流入口粮市场;(6)按照保障粮食安全的要求,落实农业、粮食等相关行政主管部门的职责任务,确保责任落实、人员落实。

二、本条第二款规定省、自治区、直辖市对本行政区域耕地保护和粮食安全负总责

1. 省级政府在监督、组织和指导等方面发挥重要的领导作用,确保各项政策措施得以有效执行

具体而言,(1)耕地保护责任主要是指各省、自治区、直辖市要加强对本行政区域耕地资源的保护和管理,防止耕地流失和非法占用,确保可持续利用。本法第十条、第十一条规定了政府对耕地保护的义务,本条款是对其义务的责任承接。(2)粮食安全责任主要是指各省、自治区、直辖市应牢记粮食安全的重要性,采取措施确保本行政区域粮食供应充足、质量安全,加强粮食种植、储备、流通、价格调控等方面的工作,以应对潜在的供应短缺或价格波动等问题,保障人民群众的口粮需求。本法第三章至第八章部分条款规定了政府对粮食安全保障的义务,本条款是对其义务的责任承接。

2. 各省省长、自治区主席、直辖市市长作为主要负责人

各省省长、自治区主席、直辖市市长是本行政区域的第一责任

人,应当对耕地保护和粮食安全目标负责,这一规定也是粮食安全省长责任制的具体履行和落实。

三、本条第三款规定县级以上地方人民政府对本级人民政府有关部门负责人、下级人民政府及其负责人,开展监督检查和考核评价

为了确保耕地保护和粮食安全工作得到有效推进,根据国家在耕地保护和粮食安全方面制定的政策和管理要求,各级政府要明确责任分工,并建立相应的考核机制。首先,主体是县级以上地方人民政府,包括县(区)级、地(市)级、省级政府。其次,行为方式包括开展监督检查和考核评价。具体表现在:

1. 对本级政府有关部门负责人的考核

县级以上地方人民政府将对耕地保护和粮食安全工作的责任主体(如农业农村、自然资源、发展改革等部门)进行考核。考核的内容涵盖落实耕地保护和粮食安全责任制工作计划的制定与执行、政策措施的推动与落实、数据报告的准确性等。

2. 对下级政府及其负责人的考核

县级以上地方人民政府除对有关部门负责人的考核外,还包括对下级政府及其负责人(如县级政府官员等)在耕地保护和粮食安全工作方面的落实情况进行考核,要求下级政府切实履行责任,按照上级政府制定的要求,采取措施推进耕地保护和粮食安全工作。

四、本条第四款规定上级人民政府对下级人民政府因耕地保护和粮食安全工作责任落实不力的责任约谈

责任约谈是一种行政指导方式,包括上级政府对下级政府主要负责人进行口头沟通、提醒、警示等具体行为。上级人民政府通过与下级人民政府主要负责人面对面地交流,明确问题、解释要求,并敦促其认真履行工作责任。这一措施的目的是督促地方政府主要负责人认识到问题的严重性,并迅速采取纠正措施,改进工作,提升耕地保护和粮食安全工作的整体水平。

具体而言:(1)责任约谈的主体是上级人民政府。(2)责任约谈的对象是下级人民政府主要负责人。(3)责任约谈的事由是对耕地保护和粮食安全工作责任落实不力、问题突出的地方。在耕地保护和粮食安全工作中,当地政府未能有效履行责任、工作成效不佳或存在突出问题的情况,包括未能采取积极措施保护耕地、未能有效监管粮食安全等问题。(4)责任约谈后,被责任约谈的地方政府应该立即采取具体措施,针对问题进行整改和改进,在加强领导、优化组织结构、完善政策措施、加大监管力度等方面采取具体行动。

相关规定

《黑土地保护法》第二十六条 国务院对四省区人民政府黑土地保护责任落实情况进行考核,将黑土地保护情况纳入耕地保护责任目标。

法条

第六十三条 外商投资粮食生产经营,影响或者可能影响国家安全的,应当按照国家有关规定进行外商投资安全审查。

法条释义

本法第六十三条规定外商投资粮食生产经营时,国家对外商投资进行安全审查。

概括而言,(1)外商投资安全审查的事由是外商投资粮食生产经营活动;(2)外商投资安全审查的情形是影响或可能影响国家安全;(3)外商投资安全审查的法律法规依据。

一、外商投资安全审查的事由是外商投资粮食生产经营活动

所谓外商投资粮食生产经营,是指外国投资者在粮食生产、种植、加工、储备、流通等领域进行投资经营活动,包括直接投资、合作开展、合资经营等形式。我国《外商投资安全审查办法》第四条规定了外国投资者对包括粮食在内的重要农产品领域企业取得实际控制权的内涵界定。

二、外商投资安全审查的情形是影响或可能影响国家安全

这一判断标准可能根据具体国家的法律和规定而有所不同。在通常情况下，影响国家安全体现在粮食供应安全，外商投资可能对国家的粮食供应带来重大影响，如掌握过多粮食生产和流通环节，可能给国家的粮食供应链带来风险；还体现在资源控制，外商投资可能导致国家重要粮食资源被外国实体垄断，从而对国家经济和安全产生不利影响。

三、外商投资安全审查的法律法规依据主要有《外商投资法》以及外商投资准入负面清单等相关规定

《外商投资法》第二十八条规定，外商投资准入负面清单规定禁止投资的领域，外国投资者不得投资。外商投资准入负面清单规定限制投资的领域，外国投资者进行投资应当符合负面清单规定的条件。外商投资准入负面清单以外的领域，按照内外资一致的原则实施管理。《外商投资法实施条例》第四条规定，外商投资准入负面清单由国务院投资主管部门会同国务院商务主管部门等有关部门提出，报国务院发布或者报国务院批准后由国务院投资主管部门、商务主管部门发布。国家根据进一步扩大对外开放和经济社会发展需要，适时调整负面清单。

就外商投资粮食生产经营而言，粮食生产经营属于农业领域，参照《外商投资准入特别管理措施（负面清单）》（2021 年版）最新规定执行，即（1）小麦新品种选育和种子生产的中方股比不低于 34%，玉米新品种选育和种子生产须由中方控股；（2）禁止投资中国稀有和特有的珍贵优良品种的研发、养殖、种植以及相关繁殖材料的生产（包括种植业、畜牧业、水产业的优良基因）；（3）禁止投资农作物、种畜禽、水产苗种转基因品种选育及其转基因种子

(苗)生产。

相关规定

(1)《国家安全法》第二十二条　国家健全粮食安全保障体系,保护和提高粮食综合生产能力,完善粮食储备制度、流通体系和市场调控机制,健全粮食安全预警制度,保障粮食供给和质量安全。

(2)《外商投资法》第二十八条　外商投资准入负面清单规定禁止投资的领域,外国投资者不得投资。

外商投资准入负面清单规定限制投资的领域,外国投资者进行投资应当符合负面清单规定的条件。

外商投资准入负面清单以外的领域,按照内外资一致的原则实施管理。

(3)《外商投资法》第三十五条　国家建立外商投资安全审查制度,对影响或者可能影响国家安全的外商投资进行安全审查。

依法作出的安全审查决定为最终决定。

(4)《外商投资法实施条例》第四条　外商投资准入负面清单(以下简称负面清单)由国务院投资主管部门会同国务院商务主管部门等有关部门提出,报国务院发布或者报国务院批准后由国务院投资主管部门、商务主管部门发布。

国家根据进一步扩大对外开放和经济社会发展需要,适时调整负面清单。调整负面清单的程序,适用前款规定。

(5)《外商投资安全审查办法》第二条　对影响或者可能影响国家安全的外商投资,依照本办法的规定进行安全审查。

本办法所称外商投资,是指外国投资者直接或者间接在中华人民共和国境内(以下简称境内)进行的投资活动,包括下列情形:

(一)外国投资者单独或者与其他投资者共同在境内投资新建项目或者设立企业;

(二)外国投资者通过并购方式取得境内企业的股权或者

资产；

（三）外国投资者通过其他方式在境内投资。

(6)《外商投资安全审查办法》第四条 下列范围内的外商投资，外国投资者或者境内相关当事人（以下统称当事人）应当在实施投资前主动向工作机制办公室申报：

（一）投资军工、军工配套等关系国防安全的领域，以及在军事设施和军工设施周边地域投资；

（二）投资关系国家安全的重要农产品、重要能源和资源、重大装备制造、重要基础设施、重要运输服务、重要文化产品与服务、重要信息技术和互联网产品与服务、重要金融服务、关键技术以及其他重要领域，并取得所投资企业的实际控制权。

前款第二项所称取得所投资企业的实际控制权，包括下列情形：

（一）外国投资者持有企业50%以上股权；

（二）外国投资者持有企业股权不足50%，但其所享有的表决权能够对董事会、股东会或者股东大会的决议产生重大影响；

（三）其他导致外国投资者能够对企业的经营决策、人事、财务、技术等产生重大影响的情形。

对本条第一款规定范围（以下称申报范围）内的外商投资，工作机制办公室有权要求当事人申报。

法条

第六十四条 县级以上人民政府发展改革、农业农村、粮食和储备等主管部门应当加强粮食安全信用体系建设，建立粮食生产经营者信用记录。

单位、个人有权对粮食安全保障工作进行监督，对违反本法的行为向县级以上人民政府有关部门进行投诉、举报，接到投诉、举报的部门应当按照规定及时处理。

法条释义

本法第六十四条规定政府部门粮食安全信用体系建设，以及粮食安全社会监督。概括而言，本条两款分别聚焦不同主体予以规定：(1)县级以上人民政府有关部门建立健全粮食安全信用体系；(2)单位和个人对粮食安全实施社会监督。

一、县级以上人民政府有关部门应建立健全粮食安全信用体系

1. 行为主体是县级以上人民政府有关部门

县级以上人民政府发展改革、农业农村、粮食和储备等主管部门承担在本级行政区域内推进粮食安全信用体系建设的重要职责。上述部门将负责与粮食安全相关的风险监测、管理、统计和发布信息等相关工作。

2. 行为方式是加强粮食安全信用体系建设，建立粮食生产经营者信用记录

粮食安全信用体系是一个抽象的概念范畴，该信用体系包含粮食生产经营者信用记录等内容。质言之，粮食生产经营者信用记录，可以作为粮食安全信用体系建设的重要内容和抓手。所谓粮食生产经营者，是指粮食生产者和粮食经营者，他们既可以是企业、组织，也可以是个人。同时，信用体系还需要加强对粮食生产经营者的评估和考核工作，形成一个全面的信用评价体系。

二、本条第二款规定单位和个人对粮食安全实施社会监督，对违反本法行为进行投诉、举报，接到投诉、举报的部门应当按照规定及时处理

1. 本条规定的行为主体是单位和个人

任何单位和个人在日常生活中对粮食的购买、消费以及从事相关行业的工作中，有权对粮食作物及加工品是否符合安全标准，如质量、卫生、加工等方面的标准，进行监督和检查。

2. 行为方式包括监督、投诉、举报

如果发现粮食行业中存在违反粮食安全相关法律法规的行为，任何单位和个人均可以通过信件、电话、邮箱等适当的渠道提出投诉或举报，包括向相关政府部门、粮食行业监管机构、食品药品监管部门等提交书面材料或提供口头信息举报。

3. 行为处置是由接到投诉、举报的部门按照规定及时处理

单位和个人的投诉或举报行为应受到法律的保护，相关政府主管部门或者纪检监察机关有权受理并调查相关投诉和举报行为，并根据调查结果采取相应的行动来维护粮食安全和惩治违法行为。

相关规定

(1)《农业法》第四十五条　国家建立健全农村金融体系，加强农村信用制度建设，加强农村金融监管。

有关金融机构应当采取措施增加信贷投入，改善农村金融服务，对农民和农业生产经营组织的农业生产经营活动提供信贷支持。

农村信用合作社应当坚持为农业、农民和农村经济发展服务的宗旨，优先为当地农民的生产经营活动提供信贷服务。

国家通过贴息等措施，鼓励金融机构向农民和农业生产经营组织的农业生产经营活动提供贷款。

(2)《粮食流通管理条例》第二十四条　县级以上人民政府粮食和储备行政管理部门应当建立粮食经营者信用档案，记录日常监督检查结果、违法行为查处情况，并依法向社会公示。

粮食行业协会以及中介组织应当加强行业自律，在维护粮食市场秩序方面发挥监督和协调作用。

(3)《粮食流通管理条例》第四十一条　任何单位和个人有权对违反本条例规定的行为向有关部门检举。有关部门应当为检举人保密，并依法及时处理。

第十章　法律责任

法条

> **第六十五条**　违反本法规定，地方人民政府和县级以上人民政府有关部门不履行粮食安全保障工作职责或者有其他滥用职权、玩忽职守、徇私舞弊行为的，对负有责任的领导人员和直接责任人员依法给予处分。

法条释义

本法第六十五条明确规定了地方人民政府和县级以上人民政府有关部门违反本法的责任后果。

概括而言，本条首先规定了地方人民政府和县级以上人民政府有关部门违反本法规定的具体行为类型，进而规定了对负有责任的领导人员和直接责任人员依法给予处分的具体责任追究机制。

一、违反本法规定，地方人民政府和县级以上人民政府有关部门不履行粮食安全保障工作职责或者有其他滥用职权、玩忽职守、徇私舞弊行为

本条规定主要概括列举了地方人民政府和县级以上人民政府有关部门违反本法的具体行为类型。具体而言，(1)“不履行粮食安全保障工作职责”体现为对耕地保护、粮食生产、粮食储备、粮食流通、粮食加工、粮食应急、粮食节约等各环节积极的粮食安全保障工作职责的违反。(2)“其他滥用职权、玩忽职守、徇私舞弊行为”不仅包括违反应履行的积极职责,还包括违反消极的禁止性规定。滥用职权主要是指地方人民政府和县级以上人民政府有关部门及其工作人员超越职权范围或者违反法定程序行使粮食安全保障相关职权。玩忽职守主要体现为地方人民政府和县级以上人民政府有关部门及其工作人员严重不负责任,不履行或者不正确履行本法规定职责的违法行为。徇私舞弊主要是指地方人民政府和县级以上人民政府有关部门及其工作人员为私人关系或自身利益而违背事实和法律规定行使相关职权。

二、对负有责任的领导人员和直接责任人员依法给予处分

本条规定在前述违法行为内容规定的基础上,明确了具体的责任后果。具体而言,(1)“负有责任的领导人员和直接责任人员”分别指向应承担违法行为责任的地方人民政府和县级以上人民政府有关部门的领导人员和从事具体违法行为的工作人员。(2)“依法给予处分”主要依据《公职人员政务处分法》《公务员法》《行政机关公务员处分条例》《财政违法行为处罚处分条例》《中国共产党纪律处分条例》等法律法规,按照具体违法行为的类型、行为危害、具体情节等,分别给予相应的处分。

相关规定

(1)《农业法》第九十条　违反本法规定,侵害农民和农业生产经营组织的土地承包经营权等财产权或者其他合法权益的,应当停止侵害,恢复原状;造成损失、损害的,依法承担赔偿责任。

国家工作人员利用职务便利或者以其他名义侵害农民和农业生产经营组织的合法权益的,应当赔偿损失,并由其所在单位或者上级主管机关给予行政处分。

(2)《粮食流通管理条例》第四十二条　违反本条例规定,粮食和储备行政管理部门和其他有关部门不依法履行粮食流通管理和监督职责的,对负有责任的领导人员和直接责任人员依法给予处分。

(3)《中央储备粮管理条例》第四十九条　国家机关工作人员违反本条例规定,有下列行为之一的,给予警告直至撤职的行政处分;情节严重的,给予降级直至开除的行政处分;构成犯罪的,依法追究刑事责任:

(一)不及时下达中央储备粮收购、销售及年度轮换计划的;

(二)给予不具备代储条件的企业代储中央储备粮资格,或者发现中央储备粮代储企业不再具备代储条件不及时取消其代储资格的;

(三)发现中国储备粮管理总公司直属企业存在不适于储存中央储备粮的情况不责成中国储备粮管理总公司对其限期整改的;

(四)接到举报、发现违法行为不及时查处的。

法条

第六十六条　违反本法规定,种植不符合耕地种植用途管控要求作物的,由县级人民政府农业农村主管部门或者乡镇人民政府给予批评教育;经批评教育仍不改正的,可以不予发放粮食生产相关补贴;对有关农业生产经营组织,可以依法处以罚款。

法条释义

本法第六十六条明确规定了违反耕地种植用途管控制度的具体责任后果。概括而言,(1)规定本条的适用情形,即"违反本法规定,种植不符合耕地种植用途管控要求作物"。(2)规定应由县级人民政府农业农村主管部门或者乡镇人民政府给予批评教育;经批评教育仍不改正的,可以不予发放粮食生产相关补贴。(3)针对有关农业生产经营组织,规定可以对其依法处以罚款。

一、本条的适用情形为"违反本法规定，种植不符合耕地种植用途管控要求作物"

本条规定为违反本法第十三条的责任规范。对于"种植不符合耕地种植用途管控要求作物"的理解，主要应结合自然资源部、农业农村部、国家林业和草原局《关于严格耕地用途管制有关问题的通知》（自然资发〔2021〕166号）的具体规定，一般耕地主要用于粮食和棉、油、糖、蔬菜等农产品及饲草饲料生产。在不破坏耕地耕作层且不造成耕地地类改变的前提下，农业生产经营者也可以适度种植其他农作物。此外，国务院办公厅《关于防止耕地"非粮化"稳定粮食生产的意见》（国办发〔2020〕44号）"明确耕地利用优先序"的具体要求中亦规定，永久基本农田是依法划定的优质耕地，要重点用于发展粮食生产，特别是保障稻谷、小麦、玉米三大谷物的种植面积。一般耕地应主要用于粮食和棉、油、糖、蔬菜等农产品及饲草饲料生产。耕地在优先满足粮食和食用农产品生产基础上，适度用于非食用农产品生产。

二、由县级人民政府农业农村主管部门或者乡镇人民政府给予批评教育；经批评教育仍不改正的，可以不予发放粮食生产相关补贴

本条规定明确，(1)"县级人民政府农业农村主管部门或者乡镇人民政府"为责任实施主体。(2)责任对象为种植者，包括农民个体和有关农业生产经营组织。"批评教育"与"不予发放粮食生产相关补贴"针对农民个体，行政处罚针对农业生产经营组织。(3)规定"批评教育"与"不予发放粮食生产相关补贴"的具体责任类型以及二者的责任顺位。(4)需要注意的是，"批评教育"与"不予发放粮食生产相关补贴"均不是行政处罚类型。相较行政处罚的刚性执法，二者属于柔性执法方式，体现了对于相关违法行为的适度规范。本条规定通过强调对相对人的引导和教育，能够引导相对人自觉遵守法律法规，从而提高对具体违法行为的执法效能，避免相对人产生抵触心理。同时，也彰显了对相对人合法权益的适度保障，有利于增进民生福祉。

对于具体责任后果，(1)“批评教育”主要是指对种植不符合耕地种植用途管控要求作物的行为人指出错误，并通过教育指导促使其改正相关违法行为。(2)根据《黑土地保护法》的规定，“不予发放粮食生产相关补贴”主要指不予发放耕地保护相关补贴。(3)“不予发放粮食生产相关补贴”的适用应以经批评教育仍不改正为前提。此外，“可以”不予发放，表明不予发放粮食生产相关补贴的适用，需视具体情形予以判断，并非绝对适用。

三、对有关农业生产经营组织，可以依法处以罚款

本条规定仅针对农业生产经营组织，明确可以对其处以罚款这一具体处罚措施。(1)根据《农业法》第二条的规定，“有关农业生产经营组织”主要是指种植不符合耕地种植用途管控要求作物的农村集体经济组织、农民专业合作经济组织、农业企业和其他从事农业生产经营的组织。相较一般小农户，前述农业生产经营组织具备更大的组织规模。相较针对农民个体的批评教育以及不予发放粮食生产相关补贴，本法对其规定了更严格的处罚措施。(2)需要注意的是，根据《行政处罚法》第二十三条的规定，“行政处罚由县级以上地方人民政府具有行政处罚权的行政机关管辖”。因此，该条规定中罚款措施的实施主体原则上为县级人民政府农业农村主管部门。根据《行政处罚法》第二十四条的规定，“省、自治区、直辖市根据当地实际情况，可以决定将基层管理迫切需要的县级人民政府部门的行政处罚权交由能够有效承接的乡镇人民政府、街道办事处行使，并定期组织评估。决定应当公布。承接行政处罚权的乡镇人民政府、街道办事处应当加强执法能力建设，按照规定范围、依照法定程序实施行政处罚”。故而乡镇人民政府行使罚款这一行政处罚权，需经省级政府明确授权，且应按照规定范围和法定程序实施。

相关规定

(1)《黑土地保护法》第三十一条　违法将黑土地用于非农建设的,依照土地管理等有关法律法规的规定从重处罚。

违反法律法规规定,造成黑土地面积减少、质量下降、功能退化或者生态环境损害的,应当依法治理修复、赔偿损失。

农业生产经营者未尽到黑土地保护义务,经批评教育仍不改正的,可以不予发放耕地保护相关补贴。

(2)《野生动物保护法》第五十三条　违反本法第三十一条第一款、第四款规定,食用或者为食用非法购买本法规定保护的野生动物及其制品的,由县级以上人民政府野生动物保护主管部门和市场监督管理部门按照职责分工责令停止违法行为,没收野生动物及其制品,并处野生动物及其制品价值二倍以上二十倍以下罚款;食用或者为食用非法购买其他陆生野生动物及其制品的,责令停止违法行为,给予批评教育,没收野生动物及其制品,情节严重的,并处野生动物及其制品价值一倍以上五倍以下罚款;构成犯罪的,依法追究刑事责任。

违反本法第三十一条第三款规定,生产、经营使用本法规定保护的野生动物及其制品制作的食品的,由县级以上人民政府野生动物保护主管部门和市场监督管理部门按照职责分工责令停止违法行为,没收野生动物及其制品和违法所得,责令关闭违法经营场所,并处违法所得十五倍以上三十倍以下罚款;生产、经营使用其他陆生野生动物及其制品制作的食品的,给予批评教育,没收野生动物及其制品和违法所得,情节严重的,并处违法所得一倍以上十倍以下罚款;构成犯罪的,依法追究刑事责任。

(3)《农产品质量安全法》第七十三条　违反本法规定,有下列行为之一的,由县级以上地方人民政府农业农村主管部门按照职责给予批评教育,责令限期改正;逾期不改正的,处一百元以上一千元以下罚款:

（一）农产品生产企业、农民专业合作社、从事农产品收购的单位或者个人未按照规定开具承诺达标合格证；

（二）从事农产品收购的单位或者个人未按照规定收取、保存承诺达标合格证或者其他合格证明。

(4)《人口与计划生育法》第四十五条　拒绝、阻碍卫生健康主管部门及其工作人员依法执行公务的，由卫生健康主管部门给予批评教育并予以制止；构成违反治安管理行为的，依法给予治安管理处罚；构成犯罪的，依法追究刑事责任。

(5)《家庭教育促进法》第四十八条　未成年人住所地的居民委员会、村民委员会、妇女联合会，未成年人的父母或者其他监护人所在单位，以及中小学校、幼儿园等有关密切接触未成年人的单位，发现父母或者其他监护人拒绝、怠于履行家庭教育责任，或者非法阻碍其他监护人实施家庭教育的，应当予以批评教育、劝诫制止，必要时督促其接受家庭教育指导。

未成年人的父母或者其他监护人依法委托他人代为照护未成年人，有关单位发现被委托人不依法履行家庭教育责任的，适用前款规定。

(6)《安全生产法》第一百零七条　生产经营单位的从业人员不落实岗位安全责任，不服从管理，违反安全生产规章制度或者操作规程的，由生产经营单位给予批评教育，依照有关规章制度给予处分；构成犯罪的，依照刑法有关规定追究刑事责任。

(7)《公职人员政务处分法》第二十二条　基层群众性自治组织中从事管理的人员有违法行为的，监察机关可以予以警告、记过、记大过。

基层群众性自治组织中从事管理的人员受到政务处分的，应当由县级或者乡镇人民政府根据具体情况减发或者扣发补贴、奖金。

(8)《行政处罚法》第二十二条　行政处罚由违法行为发生地

的行政机关管辖。法律、行政法规、部门规章另有规定的，从其规定。

法条

第六十七条　违反本法规定，承储政府粮食储备的企业或者其他组织有下列行为之一的，依照有关行政法规的规定处罚：

（一）拒不执行或者违反政府粮食储备的收购、销售、轮换、动用等规定；

（二）未对政府粮食储备的收购、销售、轮换、动用等进行全过程记录；

（三）未按照规定保障政府粮食储备数量、质量安全。

从事粮食收购、储存、加工、销售的经营者以及饲料、工业用粮企业未按照规定建立粮食经营台账，或者报送粮食基本数据和有关情况的，依照前款规定处罚。

法条释义

本法第六十七条明确规定了粮食和储备主管部门对违反粮食储备及流通具体规范的处罚规定。概括而言，本条第一款规定，承储政府粮食储备的企业或者其他组织违反本法规定的3类具体行为及具体处罚规定；第二款规定，从事粮食收购、储存、加工、销售的经营者以及饲料、工业用粮企业未按照规定建立粮食经营台账，或者报送粮食基本数据和有关情况的具体处罚规定。

一、本条第一款规定承储政府粮食储备的企业或者其他组织违反本法规定的3类具体行为及具体处罚规定

1. 受到行政处罚的对象是承储政府粮食储备的企业或者其他组织

承储政府粮食储备的企业或者其他组织，是指由政府委托，负责接收、储存和管理国家粮食储备的企业或者其他组织。该类主体通常是在粮食行业具有经验和实力的大型企业或专门成立的国家粮食储备管理机构。

2. 依照有关行政法规的规定

依照与粮食储备、流通有关行政法规，主要包括《中央储备粮管理条例》《政府储备粮食质量安全管理办法》等规定，实施行政处罚。

3. 行政处罚行为包括3种类型

(1)拒不执行或者违反政府粮食储备的收购、销售、轮换、动用等规定

本项为违反本法第二十九条第三款以及第三十条第三款的责任后果。拒不执行或违反政府粮食储备的收购、销售、轮换、动用等规定主要是指承储政府粮食储备的企业或其他组织在粮食储备管理中故意不履行职责或违反相关规定的行为。具体而言，主要包括以下方面：①收购规定，如价格规定、质量标准和收购限额等；②销售规定，如销售期间、销售对象、销售价格等；③轮换规定，如未按照规定参与轮换，或主动阻碍轮换活动；④动用规定，如拒绝按照规定参与储备粮的动用，或擅自动用储备粮而未经授权。对于拒不执行或违反政府粮食储备规定的行为，粮食和储备主管部门应视具体情形，依据《粮食流通管理条例》第四十五条、第四十九条、第五十一条、第五十三条，以及《中央储备粮管理条例》第四十九条至第五十八条等规定采取相应的处罚措施。

(2)未对政府粮食储备的收购、销售、轮换、动用等进行全过程记录

本项为违反本法第三十条第三款的责任后果。概括而言，全过程记录主要是指在粮食储备管理中详细记录和追踪粮食经过的环节、数量和质量等信息的工作。承储政府粮食储备的企业或其他组织若未能严格执行收购、销售、轮换、动用等的全过程纪录要求，粮食和储备主管部门应视具体情形，根据《粮食流通管理条例》第四十九条以及《中央储备粮管理条例》第四十九条至第五十

八条的规定依法给予处罚。

(3)未按照规定保障政府粮食储备数量和质量安全

本项为违反本法第三十条第一款、第三十一条第二款的责任后果。具体体现为承储政府粮食储备的企业或者其他组织未能“遵守法律、法规和国家有关规定,实行储备与商业性经营业务分开,建立健全内部管理制度,落实安全生产责任和消防安全责任,对承储粮食数量、质量负责,实施粮食安全风险事项报告制度”以及未能“执行储备粮食质量安全检验监测制度,保证政府粮食储备符合规定的质量安全标准、达到规定的质量等级”。对此,粮食和储备主管部门应视具体情形,根据《粮食流通管理条例》第四十九条、第五十一条、第五十三条以及《中央储备粮管理条例》第四十九条至第五十八条等规定依法给予处罚。

二、从事粮食收购、储存、加工、销售的经营者以及饲料、工业用粮企业未按照规定建立粮食经营台账,或者报送粮食基本数据和有关情况,依照第一款规定处罚

本项为违反本法第三十七条的责任后果。行为主体为从事粮食收购、储存、加工、销售的经营者以及饲料、工业用粮企业,具体行为主要体现为未能按照规定建立粮食经营台账,及时如实记载粮食收购、销售、储存、加工、转化等情况,或者未能向所在地的县级人民政府粮食和储备主管部门报送粮食购进、储存、销售等基本数据和有关情况。对此,粮食和储备主管部门应视具体情形,根据《粮食流通管理条例》第四十五条的规定依法给予处罚。

相关规定

(1)《粮食流通管理条例》第四十五条　有下列情形之一的,由粮食和储备行政管理部门责令改正,给予警告,可以并处20万元以下罚款;情节严重的,并处20万元以上50万元以下罚款:

(一)粮食收购者未执行国家粮食质量标准;

(二)粮食收购者未及时向售粮者支付售粮款;

（三）粮食收购者违反本条例规定代扣、代缴税、费和其他款项；

（四）粮食收购者收购粮食，未按照国家有关规定进行质量安全检验，或者对不符合食品安全标准的粮食未作为非食用用途单独储存；

（五）从事粮食收购、销售、储存、加工的粮食经营者以及饲料、工业用粮企业未建立粮食经营台账，或者未按照规定报送粮食基本数据和有关情况；

（六）粮食储存企业未按照规定进行粮食销售出库质量安全检验。

（2）《粮食流通管理条例》第四十九条　从事政策性粮食经营活动，有下列情形之一的，由粮食和储备行政管理部门责令改正，给予警告，没收违法所得，并处50万元以上200万元以下罚款；情节严重的，并处200万元以上500万元以下罚款：

（一）虚报粮食收储数量；

（二）通过以陈顶新、以次充好、低收高转、虚假购销、虚假轮换、违规倒卖等方式，套取粮食价差和财政补贴，骗取信贷资金；

（三）挤占、挪用、克扣财政补贴、信贷资金；

（四）以政策性粮食为债务作担保或者清偿债务；

（五）利用政策性粮食进行除政府委托的政策性任务以外的其他商业经营；

（六）在政策性粮食出库时掺杂使假、以次充好、调换标的物，拒不执行出库指令或者阻挠出库；

（七）购买国家限定用途的政策性粮食，违规倒卖或者不按照规定用途处置；

（八）擅自动用政策性粮食；

（九）其他违反国家政策性粮食经营管理规定的行为。

粮食应急预案启动后，不按照国家要求承担应急任务，不服从国家的统一安排和调度的，依照前款规定予以处罚。

(3)《粮食流通管理条例》第五十一条　从事粮食经营活动的企业有违反本条例规定的违法情形且情节严重的，对其法定代表人、主要负责人、直接负责的主管人员和其他直接责任人员处以其上一年度从本企业取得收入的1倍以上10倍以下罚款。

(4)《粮食流通管理条例》第五十三条　违反本条例规定，构成违反治安管理行为的，由公安机关依法给予治安管理处罚；构成犯罪的，依法追究刑事责任。

(5)《中央储备粮管理条例》第四十九条　国家机关工作人员违反本条例规定，有下列行为之一的，给予警告直至撤职的行政处分；情节严重的，给予降级直至开除的行政处分；构成犯罪的，依法追究刑事责任：

(一)不及时下达中央储备粮收购、销售及年度轮换计划的；

(二)给予不具备代储条件的企业代储中央储备粮资格，或者发现中央储备粮代储企业不再具备代储条件不及时取消其代储资格的；

(三)发现中国储备粮管理总公司直属企业存在不适于储存中央储备粮的情况不责成中国储备粮管理总公司对其限期整改的；

(四)接到举报、发现违法行为不及时查处的。

(6)《中央储备粮管理条例》第五十条　中国储备粮管理总公司及其分支机构违反本条例规定，有下列行为之一的，由国家粮食行政管理部门责令改正；对直接负责的主管人员和其他直接责任人员，责成中国储备粮管理总公司给予警告直至撤职的纪律处分；情节严重的，对直接负责的主管人员和其他直接责任人员给予降级直至开除的纪律处分；构成犯罪的，依法追究刑事责任：

(一)拒不组织实施或者擅自改变中央储备粮收购、销售、年度轮换计划及动用命令的；

（二）选择未取得代储中央储备粮资格的企业代储中央储备粮的；

（三）发现中央储备粮的数量、质量存在问题不及时纠正，或者发现危及中央储备粮储存安全的重大问题，不立即采取有效措施处理并按照规定报告的；

（四）拒绝、阻挠、干涉国家粮食行政管理部门、国务院财政部门、审计机关的监督检查人员依法履行监督检查职责的。

(7)《中央储备粮管理条例》第五十一条　承储企业违反本条例规定，有下列行为之一的，由国家粮食行政管理部门责成中国储备粮管理总公司对其限期改正；情节严重的，对中央储备粮代储企业，还应当取消其代储资格；对直接负责的主管人员和其他直接责任人员给予警告直至开除的纪律处分；构成犯罪的，依法追究刑事责任：

（一）入库的中央储备粮不符合质量等级和国家标准要求的；

（二）对中央储备粮未实行专仓储存、专人保管、专账记载，中央储备粮账账不符、账实不符的；

（三）发现中央储备粮的数量、质量和储存安全等方面的问题不及时处理，或者处理不了不及时报告的；

（四）拒绝、阻挠、干涉国家粮食行政管理部门、国务院财政部门、审计机关的监督检查人员或者中国储备粮管理总公司的检查人员依法履行职责的。

(8)《中央储备粮管理条例》第五十二条　承储企业违反本条例规定，有下列行为之一的，由国家粮食行政管理部门责成中国储备粮管理总公司对其限期改正；有违法所得的，没收违法所得；对直接负责的主管人员给予降级直至开除的纪律处分；对其他直接责任人员给予警告直至开除的纪律处分；构成犯罪的，依法追究刑事责任；对中央储备粮代储企业，取消其代储资格：

（一）虚报、瞒报中央储备粮数量的；

（二）在中央储备粮中掺杂掺假、以次充好的；

（三）擅自串换中央储备粮的品种、变更中央储备粮储存地点的；

（四）造成中央储备粮陈化、霉变的；

（五）拒不执行或者擅自改变中央储备粮收购、销售、轮换计划和动用命令的；

（六）擅自动用中央储备粮的；

（七）以中央储备粮对外进行担保或者清偿债务的。

(9)《中央储备粮管理条例》第五十三条　承储企业违反本条例规定，以低价购进高价入账、高价售出低价入账、以旧粮顶替新粮、虚增入库成本等手段套取差价，骗取中央储备粮贷款和贷款利息、管理费用等财政补贴的，由国家粮食行政管理部门、国务院财政部门按照各自职责责成中国储备粮管理总公司对其限期改正，并责令退回骗取的中央储备粮贷款和贷款利息、管理费用等财政补贴；有违法所得的，没收违法所得；对直接负责的主管人员给予降级直至开除的纪律处分；对其他直接责任人员给予警告直至开除的纪律处分；构成犯罪的，依法追究刑事责任；对中央储备粮代储企业，取消其代储资格。

(10)《中央储备粮管理条例》第五十四条　中央储备粮代储企业将中央储备粮轮换业务与其他业务混合经营的，由国家粮食行政管理部门责成中国储备粮管理总公司对其限期改正；对直接负责的主管人员给予警告直至降级的纪律处分；造成中央储备粮损失的，对直接负责的主管人员给予撤职直至开除的纪律处分，并取消其代储资格。

(11)《中央储备粮管理条例》第五十五条　违反本条例规定，挤占、截留、挪用中央储备粮贷款或者贷款利息、管理费用等财政补贴，或者擅自更改中央储备粮入库成本的，由国务院财政部门、中国农业发展银行按照各自职责责令改正或者给予信贷制裁；有违法所得的，没收违法所得；对直接负责的主管人员和其他直接责任人员依法给予撤职直至开除的纪律处分；构成犯罪的，依法追究刑事责任。

(12)《中央储备粮管理条例》第五十六条　国家机关和中国农业发展银行的工作人员违反本条例规定，滥用职权、徇私舞弊或者玩忽职守，构成犯罪的，依法追究刑事责任；尚不构成犯罪的，依法给予降级直至开除的行政处分或者纪律处分。

(13)《中央储备粮管理条例》第五十七条　违反本条例规定，破坏中央储备粮仓储设施，偷盗、哄抢、损毁中央储备粮，构成犯罪的，依法追究刑事责任；尚不构成犯罪的，依照《中华人民共和国治安管理处罚法》的规定予以处罚；造成财产损失的，依法承担民事赔偿责任。

(14)《中央储备粮管理条例》第五十八条　本条例规定的对国家机关工作人员的行政处分，依照《中华人民共和国公务员法》的规定执行；对中国储备粮管理总公司及其分支机构、承储企业、中国农业发展银行工作人员的纪律处分，依照国家有关规定执行。

法条

第六十八条　违反本法规定，侵占、损毁、擅自拆除或者迁移政府投资建设的粮食流通基础设施，或者擅自改变其用途的，由县级以上地方人民政府有关部门依照职责责令停止违法行为，限期恢复原状或者采取其他补救措施；逾期不恢复原状、不采取其他补救措施的，对单位处五万元以上五十万元以下罚款，对个人处五千元以上五万元以下罚款。

法条释义

本法第六十八条明确规定了侵占、损毁、擅自拆除或者迁移政府投资建设的粮食流通基础设施，或者擅自改变其用途的处罚规定。概括而言,本条首先规定了本条的具体适用情形,即"违反本法规定,侵占、损毁、擅自拆除或者迁移政府投资建设的粮食流通基础设施,或者擅自改变其用途的",进而明确对前述行为的处罚实施主体以及具体处罚措施。

一、违反本法规定,侵占、损毁、擅自拆除或者迁移政府投资建设的粮食流通基础设施,或者擅自改变其用途的

本条规定主要为违反本法第三十六条第二款的责任后果,具体体现为:(1)以非法占有为目的,将自己代为管护的粮食流通基础设施非法占为己有且拒不退还的侵占行为。(2)破坏粮食流通基础设施导致其部分或全部丧失使用价值的损毁行为。(3)未经政府批准,拆除粮食流通基础设施、改变位置以及改变其功能用途的擅自拆除、迁移、改变用途行为。

二、由县级以上地方人民政府有关部门依照职责责令停止违法行为,限期恢复原状或者采取其他补救措施;逾期不恢复原状、不采取其他补救措施的,对单位处5万元以上50万元以下罚款,对个人处5000元以上5万元以下罚款

1. 实施行政处罚的主体是县级以上地方人民政府有关部门

县级以上地方人民政府包括县(区)级、地(市)级、省级人民政府,其有关部门主要是指粮食和储备主管部门,会同农业农村、交通运输、工业和信息化等主管部门作为实施主体。

2. 实施行政处罚的类型包括责令停止、限期恢复原状或者采取其他补救措施,以及对单位或个人的罚款

具体而言,(1)责令停止违法行为主要指粮食和储备主管部门等相关部门下达命令,要求实施违法行为的个人或单位立即停止违法行为,阻止进一步的破坏。(2)限期恢复原状或采取其他补救措施主要指粮食和储备主管部门等相关部门要求违法行为人限期内将基础设施恢复原状,或采取修复、重建、回填等补救措施。(3)罚款处罚具有适用的前提条件,应以相关行为人逾期不恢复

原状、不采取其他补救措施为前提。若相关行为人逾期不恢复原状、不采取其他补救措施，县级以上地方人民政府有关部门应当根据具体违法情形，对单位处以 5 万元以上 50 万元以下的罚款，对个人处以 5000 元以上 5 万元以下的罚款。

相关规定

（1）《中央储备粮管理条例》第五十七条　违反本条例规定，破坏中央储备粮仓储设施，偷盗、哄抢、损毁中央储备粮，构成犯罪的，依法追究刑事责任；尚不构成犯罪的，依照《中华人民共和国治安管理处罚法》的规定予以处罚；造成财产损失的，依法承担民事赔偿责任。

（2）《粮食安全保障法》第三十六条　县级以上地方人民政府应当加强对粮食仓储、物流等粮食流通基础设施的建设和保护，组织建设与本行政区域粮食收储规模和保障供应要求相匹配，布局合理、功能齐全的粮食流通基础设施，并引导社会资本投入粮食流通基础设施建设。

任何单位和个人不得侵占、损毁、擅自拆除或者迁移政府投资建设的粮食流通基础设施，不得擅自改变政府投资建设的粮食流通基础设施的用途。

法条

第六十九条　违反本法规定，粮食应急状态发生时，不服从县级以上人民政府的统一指挥和调度，或者不配合采取应急处置措施的，由县级以上人民政府有关部门依照职责责令改正，给予警告；拒不改正的，对单位处二万元以上二十万元以下罚款，对个人处二千元以上二万元以下罚款；情节严重的，对单位处二十万元以上二百万元以下罚款，对个人处二万元以上二十万元以下罚款。

法条释义

本法第六十九条明确规定了粮食应急状态下不服从县级以上人民政府的统一指挥和调度，或者不配合采取应急处置措施的处罚规定。

概括而言，本条首先规定了具体适用情形，即"违反本法规定，粮食应急状态发生时，不服从县级以上人民政府的统一指挥和调度，或者不配合采取应急处置措施的"，进而明确对前述行为的处罚实施主体以及具体处罚措施。

一、违反本法规定，粮食应急状态发生时，不服从县级以上人民政府的统一指挥和调度，或者不配合采取应急处置措施

（1）本条规定指向本法第五十条第三款的部分规范要求，为出现粮食应急状态时，有关单位和个人不服从县级以上人民政府的统一指挥和调度，拒不配合采取应急处置措施行为的责任后果，将"协助维护粮食市场秩序"予以排除。（2）不服从县级以上人民政府的统一指挥和调度，不配合采取应急处置措施，包括有关单位和个人不配合政府进行粮食加工、运输和供应，不服从征用粮食、仓储设施、场地、交通工具和保障粮食供应的其他物资等行为。（3）处罚对象应为"有关单位和个人"，主要是指不服从县级以上人民政府的统一指挥和调度、不配合采取应急处置措施的，与粮食生产、储备、流通、加工、应急、消费等多环节相关的组织、机构、企业和个人。

二、由县级以上人民政府有关部门依照职责责令改正，给予警告；拒不改正的，对单位处2万元以上20万元以下罚款，对个人处2000元以上2万元以下罚款；情节严重的，对单位处20万元以上200万元以下罚款，对个人处2万元以上20万元以下罚款

1. 实施行政处罚的主体是县级以上人民政府有关部门

县级以上人民政府有关部门，是指县（区）级、地（市）级、省级以及国家级的各级政府部门，主要包括发展改革、自然资源、交通运输、农业农村、粮食和储备主管部门等。譬如，本法第五十条第一款规定，县级以上人民政府按照权限确认出现粮食应急状态而决定征用粮食、仓储设施、场地等其他物资，如有关单位和个人不配合采取应急处置措施，则县级以上人民政府有关部门应当依照职责予以行政处罚。

2. 具体处罚包括责令改正、给予警告以及罚款

对于粮食应急状态发生时，不服从县级以上人民政府的统一指挥和调度，或者不配合采取应急处置措施的单位或个人，县级以上人民政府有关部门可采取如下措施：(1)应根据各自职责权限，责令违反统一指挥与调度、不配合采取应急处置措施的单位或个人进行改正。有关单位或个人应当立即遵守指挥与调度，并积极配合应急工作。(2)对有关单位或个人给予警告，提醒和警示其严格遵守应急管理规定。(3)对拒不改正的单位和个人，县级以上人民政府有关部门应该视具体情形分别处以罚款。若情节不严重，则对单位处 2 万元以上 20 万元以下罚款，对个人处 2000 元以上 2 万元以下罚款；若情节严重，则对单位处 20 万元以上 200 万元以下罚款，对个人处 2 万元以上 20 万元以下罚款。

相关规定

(1)《粮食流通管理条例》第四十九条　从事政策性粮食经营活动，有下列情形之一的，由粮食和储备行政管理部门责令改正，给予警告，没收违法所得，并处 50 万元以上 200 万元以下罚款；情节严重的，并处 200 万元以上 500 万元以下罚款：

(一)虚报粮食收储数量；

(二)通过以陈顶新、以次充好、低收高转、虚假购销、虚假轮换、违规倒卖等方式，套取粮食价差和财政补贴，骗取信贷资金；

(三)挤占、挪用、克扣财政补贴、信贷资金；

(四)以政策性粮食为债务作担保或者清偿债务；

(五)利用政策性粮食进行除政府委托的政策性任务以外的

其他商业经营；

（六）在政策性粮食出库时掺杂使假、以次充好、调换标的物，拒不执行出库指令或者阻挠出库；

（七）购买国家限定用途的政策性粮食，违规倒卖或者不按照规定用途处置；

（八）擅自动用政策性粮食；

（九）其他违反国家政策性粮食经营管理规定的行为。

粮食应急预案启动后，不按照国家要求承担应急任务，不服从国家的统一安排和调度的，依照前款规定予以处罚。

（2）《粮食安全保障法》第五十条　县级以上人民政府按照权限确认出现粮食应急状态的，应当及时启动应急响应，可以依法采取下列应急处置措施：

（一）本法第四十条规定的措施；

（二）增设应急供应网点；

（三）组织进行粮食加工、运输和供应；

（四）征用粮食、仓储设施、场地、交通工具以及保障粮食供应的其他物资；

（五）其他必要措施。

必要时，国务院可以依照《中华人民共和国价格法》的规定采取相应措施。

出现粮食应急状态时，有关单位和个人应当服从县级以上人民政府的统一指挥和调度，配合采取应急处置措施，协助维护粮食市场秩序。

因执行粮食应急处置措施给他人造成损失的，县级以上人民政府应当按照规定予以公平、合理补偿。

法条

第七十条 违反本法规定,故意毁坏在耕地上种植的粮食作物青苗的,由县级以上地方人民政府农业农村主管部门责令停止违法行为;情节严重的,可以处毁坏粮食作物青苗价值五倍以下罚款。

法条释义

本条规定对故意毁坏在耕地上种植的粮食作物青苗的,视违法行为情节轻重,予以不同的行政处罚。

概括而言,(1)实施行政处罚的主体是县级以上地方人民政府农业农村主管部门;(2)违法行为是故意毁坏在耕地上种植的粮食作物青苗;(3)行政处罚的适用及幅度,情节轻则责令停止违法行为,情节重则处毁坏粮食作物青苗价值5倍以下罚款。

一、实施行政处罚的主体是县级以上地方人民政府农业农村主管部门

县级以上地方人民政府农业农村主管部门包括县(区)级农业农村局、地(市)级农业农村局、省级农业农村厅(委)。

二、违法行为是故意毁坏在耕地上种植的粮食作物青苗

违反本法,是指违反本法第五十三条第二款的规定,即禁止故意毁坏在耕地上种植的粮食作物青苗。此违法行为主观上是故意,立法禁止所有主体具有主观故意的青苗毁坏行为,行为限定在耕地上种植的粮食作物青苗,限缩了毁坏青苗的适用范围。

三、行政处罚的适用及幅度,情节轻则责令停止违法行为,情节重则处毁坏粮食作物青苗价值5倍以下罚款

对故意毁坏在耕地上种植的粮食作物青苗进行处罚,这一规定旨在保护耕地上种植的粮食作物免受故意破坏。毁坏粮食作物不仅会对农民造成经济损失,还会影响粮食生产和供应安全。因此,农业农村主管部门采取措施来制止此类违法行为,并通过罚款等行政处罚手段以起到威慑作用。具体而言,(1)责令停止违法行为主要指农业农村主管部门可以下达命令,要求违法行为的责任人立即停止毁坏行为,阻止其进一步损害在耕地上种植的粮食作物青苗。(2)处以罚款,主要是指在情节严重的情况下,农业农村主管部门可以决定对违法行为的责任人进行罚款。罚款金额将根据被毁坏的粮食作物青苗价值进行计算,但不超过该价值的5倍。

相关规定

《粮食安全保障法》第五十三条　粮食生产者应当加强粮食作物生长期保护和生产作业管理,减少播种、田间管理、收获等环节的粮食损失和浪费。

禁止故意毁坏在耕地上种植的粮食作物青苗。

国家鼓励和支持推广适时农业机械收获和产地烘干等实用技术,引导和扶持粮食生产者科学收获、储存粮食,改善粮食收获、储存条件,保障粮食品质良好,减少产后损失。

法条

第七十一条　违反有关土地管理、耕地保护、种子、农产品质量安全、食品安全、反食品浪费、安全生产等法律、行政法规的,依照相关法律、行政法规的规定处理、处罚。

法条释义

本法第七十一条明确规定了违反有关粮食安全保障专门法律、行政法规的处理与处罚机制。概括而言,本条首先列举具体的与粮食安全保障相关的法律、行政法规。在此基础上,进一步规定违反前述法律、行政法规的处理与处罚机制。

一、违反有关土地管理、耕地保护、种子、农产品质量安全、食品安全、反食品浪费、安全生产等法律、行政法规的

本条规定采用不完全列举方式，对土地管理、耕地保护、种子、农产品质量安全、食品安全、反食品浪费、安全生产等法律、行政法规予以明确。(1)如前文所述，主要包括《土地管理法》《农村土地承包法》《黑土地保护法》《草原法》《种子法》《农产品质量安全法》《食品安全法》《反食品浪费法》《安全生产法》等法律，以及《土地管理法实施条例》《食品安全法实施条例》等行政法规。(2)按照体系解释，“等法律、行政法规”的具体内涵主要为粮食安全保障工作或粮食安全保障相关环节涉及的专门性的法律、行政法规。

二、依照相关法律、行政法规的规定处理、处罚

本条规定明确，违反有关土地管理、耕地保护、种子、农产品质量安全、食品安全、反食品浪费、安全生产等法律、行政法规的，应依照相关法律、行政法规的规定处理、处罚。这一规定主要采取了“特别法优于一般法”的适用原则，有效消解了本法与其他相关法的冲突，并突出体现了对于专门领域粮食安全的特别保障，从而形成以本法为“龙头”，相关法律、行政法规为“骨架”的粮食安全保障法治体系。

相关规定

(1)《土地管理法》第三十条　国家保护耕地，严格控制耕地转为非耕地。

国家实行占用耕地补偿制度。非农业建设经批准占用耕地的，按照“占多少，垦多少”的原则，由占用耕地的单位负责开垦与所占用耕地的数量和质量相当的耕地；没有条件开垦或者开垦的耕地不符合要求的，应当按照省、自治区、直辖市的规定缴纳耕地开垦费，专款用于开垦新的耕地。

省、自治区、直辖市人民政府应当制定开垦耕地计划，监督占用耕地的单位按照计划开垦耕地或者按照计划组织开垦耕地，并进行验收。

(2)《土地管理法》第四十四条　建设占用土地，涉及农用地转为建设用地的，应当办理农用地转用审批手续。

永久基本农田转为建设用地的，由国务院批准。

在土地利用总体规划确定的城市和村庄、集镇建设用地规模范围内，为实施该规划而将永久基本农田以外的农用地转为建设用地的，按土地利用年度计划分批次按照国务院规定由原批准土地利用总体规划的机关或者其授权的机关批准。在已批准的农用地转用范围内，具体建设项目用地可以由市、县人民政府批准。

在土地利用总体规划确定的城市和村庄、集镇建设用地规模范围外，将永久基本农田以外的农用地转为建设用地的，由国务院或者国务院授权的省、自治区、直辖市人民政府批准。

(3)《刑法》第三百四十二条　违反土地管理法规，非法占用耕地、林地等农用地，改变被占用土地用途，数量较大，造成耕地、林地等农用地大量毁坏的，处五年以下有期徒刑或者拘役，并处或者单处罚金。

法条

> **第七十二条**　违反本法规定，给他人造成损失的，依法承担赔偿责任；构成违反治安管理行为的，由公安机关依法给予治安管理处罚；构成犯罪的，依法追究刑事责任。

法条释义

本法第七十二条规定了违反本法的相应责任后果。概括而言，本条首先明确其适用前提，即“违反本法规定”，进而分别针对“给他人造成损失的”“构成违反治安管理行为的”“构成犯罪的”3类行为，分别规定相应的责任机制。

具体而言,(1)若违反本法的行为导致他人的财产或人身损失,违反本法的行为人应当承担赔偿责任,赔偿的范围和方式应当根据实际情况和相关法律法规予以确定。若违反本法的行为构成违反治安管理行为,应由公安机关依法给予治安管理处罚,采取警告、罚款、拘留等具体处罚方式。若违反本法的行为构成犯罪行为,违反本法的行为人应当依法被追究刑事责任,由司法机关依法审判和处理。如未经许可或违反规定,擅自改变耕地用途或破坏耕地,相关责任人将依法承担赔偿责任,并可能面临治安管理处罚;未按照规定进行粮食生产和储备,导致粮食短缺或影响市场供应的,相关责任人需要承担赔偿责任,情节严重的将受到刑事追究。(2)这一兜底性责任规定体现了本法对于单位、个人等各类主体全面落实粮食安全保障职责和义务的着重强调。任何违反本法相关规定的主体都应切实承担相应的法律责任,以确保国家粮食安全的有效保障,维护国家安全和社会稳定。

相关规定

(1)《农业法》第九十条 违反本法规定,侵害农民和农业生产经营组织的土地承包经营权等财产权或者其他合法权益的,应当停止侵害,恢复原状;造成损失、损害的,依法承担赔偿责任。

国家工作人员利用职务便利或者以其他名义侵害农民和农业生产经营组织的合法权益的,应当赔偿损失,并由其所在单位或者上级主管机关给予行政处分。

(2)《农业法》第九十七条 县级以上人民政府农业行政主管部门的工作人员违反本法规定参与和从事农业生产经营活动的,依法给予行政处分;构成犯罪的,依法追究刑事责任。

(3)《粮食流通管理条例》第四十八条 从事粮食的食品生产,不符合食品安全法律、法规和标准规定的条件和要求的,由市场监督管理部门依照《中华人民共和国食品安全法》、《中华人民共和国食品安全法实施条例》等有关规定予以处罚。

(4)《粮食流通管理条例》第五十三条　违反本条例规定，构成违反治安管理行为的，由公安机关依法给予治安管理处罚；构成犯罪的，依法追究刑事责任。

(5)《中央储备粮管理条例》第五十七条　违反本条例规定，破坏中央储备粮仓储设施，偷盗、哄抢、损毁中央储备粮，构成犯罪的，依法追究刑事责任；尚不构成犯罪的，依照《中华人民共和国治安管理处罚法》的规定予以处罚；造成财产损失的，依法承担民事赔偿责任。

第十一章　附　　则

法条

> **第七十三条**　本法所称粮食，是指小麦、稻谷、玉米、大豆、杂粮及其成品粮。杂粮包括谷子、高粱、大麦、荞麦、燕麦、青稞、绿豆、马铃薯、甘薯等。
>
> 油料、食用植物油的安全保障工作参照适用本法。

法条释义

本法第七十三条规定了粮食的具体内涵，并规定油料、食用植物油的安全保障工作应参照适用本法。概括而言，(1)本条第一款首先明确了粮食的定义，并进一步解释杂粮的具体范畴。(2)本条第二款指明，油料、食用植物油的安全保障工作参照适用本法。

一、本法所称粮食，是指小麦、稻谷、玉米、大豆、杂粮及其成品粮

具体而言，(1)本条规定指出，本法所指的粮食为小麦、稻谷、玉米、大豆、杂粮及其成品粮。尽管这一关于粮食的定义仅适用于本法，但鉴于本法在粮食安全法治保障中的龙头法地位，相关粮食安全保障法律法规对于粮食的定义也应与本法相一致。(2)“小麦、稻谷、玉米、大豆、杂粮”属于“原粮”或“自然粮”，是指未经加工的粮食。相较《粮食流通管理条例》，本法在原粮范畴中纳入了

“大豆”,加强了对大豆这一重要粮食的法治保障力度。(3)“成品粮”,是指由前述原粮加工而成,且符合一定国家标准的成品粮食。

二、杂粮包括谷子、高粱、大麦、荞麦、燕麦、青稞、绿豆、马铃薯、甘薯等

本条规定在前述粮食定义的基础上进一步细化了杂粮的具体范畴,明确杂粮包括“谷子、高粱、大麦、荞麦、燕麦、青稞、绿豆、马铃薯、甘薯等”。(1)这一规定中使用“等”字进行不完全列举。除前述杂粮类型外,还可根据《国家粮食局通告(2017 年第 5 号)》发布的 17 项推荐性行业标准予以认定。按照该行业标准,杂粮主要包括:大麦、燕麦和燕麦米(指裸燕麦、莜麦)、粟、小米、荞麦、荞麦米、高粱、高粱米、黍米(或大黄米、糜子)、藜麦米和薏仁米。(2)相较前述行业标准的规定,本法将谷子、青稞、绿豆、马铃薯、甘薯等列明,加大了对前述谷类、豆类及薯类杂粮的保障力度。

三、油料、食用植物油的安全保障工作参照适用本法

本条规定指明油料、食用植物油的安全保障工作参照适用本法。具体而言,(1)“油料”,是指油脂制取工业的原料,主要包括向日葵、芝麻、花生、油菜籽等。“食用植物油”,主要是指以植物的果实、种子、胚芽等为原材料,经过压榨等加工处理制成,且符合国家安全标准的可食用油。(2)《粮食流通管理条例》第五十五条第一款亦指出,大豆、油料和食用植物油的收购、销售、储存、运输、加工、进出口等经营活动,适用该条例除第九条第二款[①]以外的规定。本法直接将大豆纳入粮食范畴,其安全保障工作可以直接适用本法,而不需参照适用本法。

---

①　具体规定内容为:从事粮食收购的企业,应当向收购地的县级人民政府粮食和储备行政管理部门备案企业名称、地址、负责人以及仓储设施等信息,备案内容发生变化的,应当及时变更备案。

相关规定

(1)《粮食流通管理条例》第二条　在中华人民共和国境内从事粮食的收购、销售、储存、运输、加工、进出口等经营活动(以下统称粮食经营活动),应当遵守本条例。

前款所称粮食,是指小麦、稻谷、玉米、杂粮及其成品粮。

(2)《粮食流通管理条例》第五十五条　大豆、油料和食用植物油的收购、销售、储存、运输、加工、进出口等经营活动,适用本条例除第九条第二款以外的规定。

粮食进出口的管理,依照有关法律、法规的规定执行。

法条

第七十四条　本法自2024年6月1日起施行。